纪连海谈庄子

外篇

纪连海 著

石油工业出版社

图书在版编目（CIP）数据

纪连海谈庄子：外篇 / 纪连海著. —北京：石油工业出版社，2019.1

ISBN 978-7-5183-2916-8

Ⅰ.①纪… Ⅱ.①纪… Ⅲ.①道家②《庄子》-通俗读物 Ⅳ.①B223.5-49

中国版本图书馆CIP数据核字（2018）第219543号

纪连海谈庄子：外篇
纪连海 著

出版发行：石油工业出版社
　　　　　（北京安定门外安华里2区1号 100011）
网　　址：www.petropub.com
编辑部：（010）64523607　图书营销中心：（010）64523633
经　　销：全国新华书店
印　　刷：北京晨旭印刷厂

2019年1月第1版　2019年1月第1次印刷
700×1000毫米　开本：1/16　印张：20.5
字数：270千字

定　价：45.00元
（如发现印装质量问题，我社图书营销中心负责调换）
版权所有，翻印必究

中国历史上下五千年，悠久而漫长，在历史的长河中，中华民族用劳动和智慧创造了光辉灿烂的文明，积淀了独具魅力的文化。

文化是一个民族的标志，更是一个民族的灵魂。

中华文化是中华民族无数古圣先贤、风流人物、仁人志士对自然、人生、社会的思索、探求与总结，是我国各族人民的智慧源泉与精神支柱，是中华民族的尊严与标志，更是中华民族屹立于世界民族之林的形象，它既是中华民族智慧的凝结，更是道德规范、价值取向、行为准则的集中再现。

中华民族之所以历经磨难而不衰，非常重要的一点，就是中华文化营造出的强大的民族向心力。中华传统文化是中华文明成果根本的创造力，是民族历史上道德传承、各种文化思想、精神观念形态的总和。以现在的学科分类，则囊括了中国古代的哲学、宗教、政治、科技、历史、地理、文学、教育、经济、军事、文化、艺术、民俗诸多方面。概括来说，传统文化包括经史子集、十家九流，它以先秦经典及诸子之学为根基，涵盖两汉经学、魏晋玄学、隋唐佛学、宋明理学和同时期的汉赋、六朝骈文、唐宋诗词、元曲与明清小说并历代史学等一套特有而完整的文化、学术体系。观其构成，足见其之广博与深厚。

千百年来，中华文化融入我们每一个炎黄子孙的血液，铸成了中华民族的高尚品格，书写了辉煌灿烂的历史，成为人类文明的不可或缺

的组成部分。"己所不欲,勿施于人"的行为规范、"乐以天下,忧以天下"的政治抱负、"苟利国家,不求富贵"的报国情怀、"富贵不能淫,贫贱不能移,威武不能屈"的浩然正气、"志士仁人,无求生以害仁,有杀身以成仁"的献身精神、"知人者智,自知者明"的通达心态等,都传承着中华民族的精神基因,这是我们最深厚的文化软实力。

凝魂聚气,强基固本,习近平总书记就传承和弘扬中华优秀传统文化做出一系列重要指示。他指出:"我们决不可抛弃中华民族的优秀文化传统,恰恰相反,我们要很好地传承和弘扬,因为这是我们民族的'根'和'魂',丢了这个'根'和'魂',就没有根基了。""一个国家、一个民族的强盛,总是以文化兴盛为支撑的,中华民族伟大复兴需要以中华文化发展繁荣为条件。"

在2017年10月18日召开的中国共产党第十九次全国代表大会上,习近平总书记提出要深入挖掘中华优秀传统文化蕴含的思想观念、人文精神、道德规范,结合时代要求继承创新,让中华文化展现出永久魅力和时代风采。习近平总书记的讲话,为我们继承和弘扬传统文化指明了方向。

一个没有自己文化的国家,可能会成为一个大国甚至富国,但绝对不会成为一个强国。也许它会强盛一时,但绝不能永远屹立于世界强国之林。而一个国家若想健康持续发展,则必然有其凝聚民众的国民精神,且这种国民精神也必然是在其自身漫长的历史发展中由本国人民创造、形成的。中华民族的伟大复兴,中华巨龙的跃起腾飞,离不开传统文化的持久浸润与滋养。

传统文化对于个人的成长更为重要。众多的专家学者认为,一个人的精神启蒙,往往始于不可替代的传统经典。试想,当优秀传统文化的经典了然于心，熟能成诵，孔子、孟子、老子、庄子等伟大的先贤就与你的生命相伴了。有圣贤藏于心，笃于行，德必向善，学必精进，功自然成。潜心于传统文化，我们就会发现其蕴含的无法穷尽的智慧，并从中领略到恒久的治世之道与管理之智，体悟到超脱的人生哲学与立身之术。

中国人民在历经站起来、富起来的历史进步后，将迈入建设中国特色社会主义现代化强国"强起来"的新时代。历史悠久、光辉灿烂的中华传统文化，是一座人类文明的巨大宝库。系统地了解、认识中华文化精华，更好地继承中华民族优秀文化传统，激发民族自豪感，增强民族凝聚力，大力弘扬爱国主义精神，是我们应当担负起来的神圣的历史责任。

为了让更多读者从传统文化中受益，我们特别邀请了中央电视台"百家讲坛"著名主讲纪连海主编了这套"名家谈国学经典"丛书。

"名家谈国学经典"系列将分辑出版，这次出版的是第一辑，分别是《纪连海谈论语》《纪连海谈道德经》《纪连海谈黄帝内经》《纪连海谈孙子兵法》《纪连海谈三十六计》《纪连海谈孟子》《纪连海谈庄子》。这些经典著作高度浓缩了中华五千年文明的精华，包含了中华民族生存的大思想、大智慧。

丛书富有知识性、哲理性和可读性，尽量把艰难晦涩的传统文化予以通俗化、现实化的演绎，以古今中外的精彩案例解析深刻的文化内涵，让传统文化焕发出历久弥新的时代风采。丛书秉承了纪连海一贯的幽默活泼、接地气的语言风格，使读者在轻松愉悦和饶有趣味的阅读中，收获满满的人生感悟。

丛书瑕疵难免，错漏之处敬请读者批评指正。

综述

庄子（约前369—前286），名周，字子休（一说子沐），战国时代宋国蒙（今河南商丘市东北）人。曾做过宋国地方的漆园吏，与梁惠王、齐宣王同时期人。家贫，曾借粟于监河侯（官名），拒绝了楚威王的厚币礼聘。

庄子是中国古代著名思想家、哲学家、文学家，是道家学派的代表人物，老子哲学思想的继承者和发展者，先秦庄子学派的创始人。他的学说涵盖着当时社会生活的方方面面，但根本精神还是归依于老子的哲学。后世将他与老子并称为"老庄"，称他们的哲学为"老庄哲学"。后世道教继承道家学说，经魏晋南北朝的演变，老庄学说成为道家思想的核心内容，庄子其人也被神化，并奉为神灵。《庄子》在唐代正式成为道家的经典之一，《庄子》和《周易》《老子》并称"三玄"。唐玄宗天宝元年（724年）二月，封庄子为"南华真人"，其著作《庄子》诏称《南华真经》。宋徽宗时，庄子又被封为"微妙元通真君"。

《汉书艺文志》著录《庄子》有五十二篇，后来留下来的只有三十三篇，乃由战国中晚期逐步流传、杂糅、附益，至西汉大致成形，然而当时流传版本今已失传。目前所传三十三篇，经西晋玄学家郭象整理，篇目章节与汉代亦有不同。现存《庄子》分"内篇""外篇""杂篇"三个部分，一般认为"内篇"的七篇文字是庄子所写，"外篇"的十五篇是庄子的弟子们所写，或者说是庄子与他的弟子及门人一起合作

写成的,它反映的是庄子真实的思想;"杂篇"十一篇的情形要复杂些,应当是庄子学派或者后来的学者所写,有人认为有些篇幅肯定不是庄子学派所有的思想,如《盗跖》《说剑》等。

《庄子》一书,文章汪洋恣肆,想象力很强,文笔变化多端,具有浓厚的浪漫主义色彩,多采用寓言故事形式,富有幽默讽刺的意味。它的出现,标志着在战国时代,我国的哲学思想和文学语言,已经发展到非常玄远、高深的水平,是我国古代典籍中的瑰宝。庄子不但是我国哲学史上一位著名的思想家,同时也是我国文学史上一位杰出的文学家,无论在哲学思想方面,还是文学语言方面,他都给予我国历代的思想家和文学家以深刻而巨大的影响。在思想、文学风格、文章体制、写作技巧上受《庄子》影响的人很多,以一流作家而论,就有阮籍、陶渊明、李白、苏轼、辛弃疾、曹雪芹等,由此可见其影响之大。鲁迅先生曾说他的作品"汪洋辟阖,仪态万方,晚周诸子之作,莫能先也"。

庄子的文章结构很奇特,看起来并不严密,常常突兀而来,行所欲行,止所欲止,汪洋恣肆,变化多端,有时似乎不相关,任意跳荡起落,但思想却能一线贯穿。句式也富于变化,或顺或倒,或长或短,加之词汇丰富,描写细致,又常常不规则地押韵,显得极富表现力,极有独创性。

庄子的思想包含着朴素辩证法因素,认为一切事物都在变化,他认为"道"是"先天生地"的,从"道未始有封"(即"道"是无界限差别的)。主张"无为",放弃生活中的一切争斗。又认为一切事物都是相对的,因此他否定知识,否定一切事物的本质区别,极力否定现实,幻想一种"天地与我并生,万物与我为一"的主观精神境界,安时处顺,逍遥自得,倒向了相对主义和宿命论。

庄子在中国哲学史上，既是一位有着鲜明特色的伟大哲学家，又富有诗人的气质。在他的著作中，多用生动形象而幽默诡异的寓言故事来阐述自己的思想，这种寓言的方式使庄子的思想和想象具有流水一般的整体性。

庄子继承发扬了老子和道家的思想，形成了自己的哲学思想体系和独特的学风文风。他认为"道"是客观真实的存在，把"道"视为宇宙万物的本源，讲天道自然无为。在政治上主张无为而治，在人类生存方式上主张返璞归真。他把提倡仁义和是非看作是加在人身上的刑罚，对当时统治者的"仁义"和"法治"进行抨击，他对世俗社会的礼、法、权、势进行了尖锐的批判，提出了"圣人不死，大盗不止""窃钩者诛，窃国者为诸侯"的精辟见解。在人类生存方式上，他崇尚自然，提倡"天地与我并生，万物与我为一"的精神境界，并且认为人生的最高境界是逍遥自得，是绝对的精神自由，而不是物质享受与虚伪的名誉。

庄子看来，真正的生活是自然而然的，因此不需要去教导什么，规定什么，而是要去掉什么，忘掉什么，忘掉成心、机心、分别心。人活在世上，犹如"游于羿之彀中"，到处充满危险，所以庄子不愿去做官，因为他认为伴君如伴虎，只能"顺"。"逍遥"的境界是庄子哲学中另一个重要概念，这是个体精神解放的境界，即无矛盾地生存于世界之中。庄子并不否认矛盾，只是强调主观上对矛盾的摆脱。

庄子认为，一般人很虚伪，"人心险于山川，难于知天。天犹有春秋冬夏旦暮之期，人者厚貌深情"。他批评儒家"以仁义撄人之心"，这样会导致"天下脊脊大乱"。而君主的专制统治和对知识的爱好，只会使人心更加败坏，"民之于利甚勤，子有杀父，臣有杀君，正昼为盗，日中穴阫"。

可以说，庄子的这些思想和主张，对后世影响深远，是人类思想史上一笔宝贵的精神财富。无怪乎金圣叹认定《庄子》为"天下奇书"，也无怪李白都要吟诗高叹："万古高风一子休，南华妙道几时修。谁能造入公墙里，如上江边望月楼。"

骈拇	1
马蹄	11
胠箧	19
在宥	30
天地	47
天道	80
天运	99
刻意	126
缮性	137
秋水	150
至乐	184
达生	201
山木	226
田子方	250
知北游	275

骈　拇

原文

　　骈拇枝指①出乎性哉②，而侈于德③；附赘县疣④出乎形哉，而侈于性；多方乎仁义而用之者，列于五藏哉⑤？而非道德之正也⑥。是故骈于足者，连无用之肉也；枝于手者，树无用之指也；多方骈枝于五藏之情者⑦，淫僻于仁义之行⑧，而多方于聪明之用也⑨。

　　是故骈于明者，乱五色⑩，淫文章⑪，青黄黼黻之煌煌非乎⑫？而离朱是已⑬。多于聪者，乱五声⑭，淫六律⑮，金石丝竹黄钟大吕之声非乎⑯？而师旷是已⑰。枝于仁者，擢德塞性以收名声⑱，使天下簧鼓以奉不及之法非乎⑲？而曾史是已⑳。骈于辩者，累瓦结绳窜句㉑，游心于坚白同异之间㉒，而敝跬誉无用之言非乎㉓？而杨、墨是已㉔。故此皆多骈旁枝之道，非天下之至正也㉕。

注释

①骈（pián）：并列，这里是指合在一起。拇：脚的大拇趾。

②性：这里指天生而成，生而有之。

③侈：多余。德：得。

④附：附着。赘：赘瘤。县（xuán）：悬。疣（yóu）：这里用同"瘤"。

⑤藏（zàng）：脏（臟）。

⑥正：中正，这里指千变万化的事态中无所偏执。

⑦五藏：即五脏。

⑧淫：耽滞，迷乱。僻：邪恶，不正。

⑨聪：听觉灵敏。明：视觉清晰。

⑩五色：青、黄、赤、白、黑五种基本颜色。

⑪淫：惑乱。文章：文采，错综而又华美的花纹和色彩。

⑫黼（fǔ）黻（fú）：古代礼服上绣制的花纹。

⑬离朱：人名，亦作离娄，视力过人。

⑭五声：即五音，宫、商、角、徵、羽。

⑮六律：古代用长短不同的竹管制作不同声调的定音器。

⑯金石丝竹：各种乐器无不用金、石、丝、竹为原料。

⑰师旷：晋平公时的著名乐师。

⑱擢（chuó）：拔，提举。塞：闭。"塞性"即闭塞正性。

⑲簧鼓：管乐和打击乐，泛指各种乐器发出的喧嚣。奉：信守，奉行。不及：赶不上。

⑳曾史：曾参和史鳅（qiū）。春秋贤人。曾参为孔子的学生；史鳅是卫灵公的大臣。

㉑累瓦结绳：比喻堆砌无用的词语。窜句：穿凿文句。

㉒游心：驰骋心思。

㉓敝：分外用力而疲惫不堪。跬：半步；举足一次叫跬，左右两脚运行一次叫步。

㉔杨、墨：杨朱和墨翟，战国时著名哲学家。

㉕至正：至道正理。

原文

彼正正者①，不失其性命之情②。故合者不为骈，而枝者不为跂③；长者不为有余，短者不为不足。是故凫胫虽短④，续之则忧；鹤胫虽长，断之则悲。故性长非所断，性短非所续，无所去忧也⑤。意仁义其非人情乎⑥！彼仁人何其多忧也。

且夫骈于拇者，决之则泣⑦；枝于手者，龁之则啼⑧。二者或有余于数，或不足于数，其于忧一也。今世之仁人，蒿目而忧世之患⑨；不仁之人，决性命之情而饕贵富⑩。故意仁义其非人情乎⑪！自三代以下者⑫，天下何其嚣嚣也⑬。

且夫待钩绳规矩而正者⑭，是削其性者也；待绳约胶漆而固者⑮，是侵其德者也⑯；屈折礼乐⑰，呴俞仁义⑱，以慰天下之心者，此失其常然也⑲。天下有常然。常然者，曲者不以钩，直者不以绳，圆者不以规，方者不以矩，附离不以胶漆⑳，约束不以纆索㉑。故天下诱然皆生而不知其所以生㉒；同焉皆得，而不知其所得。故古今不二，不可亏也，则仁义又奚连连如胶漆纆索而游乎道德之间为哉㉓！使天下惑也！

注释

①正正：即言"至正"，"至理正道"的意思。

②性命之情：性，指本性，命，指天命，就是物各自得顺其自然的真情。

③跂：为"歧"字之误。

④凫（fú）：野鸭。胫（jìng）：小腿。

⑤去：摒弃，排除。

⑥噫（yī）：感叹声，又写作"嘻"。

⑦决：裂析，分开。

⑧龁（hé）：咬断。

⑨瞀目：颇费解。

⑩决：断，抛弃。饕（tāo）：贪。

⑪故：衍文。

⑫三代：即夏、商、周。

⑬嚣嚣：喧嚣的样子。

⑭待：依靠。鈎（gōu）："钩"字的古体。

⑮绳约：即绳索。

⑯侵其德：即伤害了事物的天性和自然。

⑰屈折礼乐：就是用礼乐来生硬地改变和矫正人的言行。

⑱呴（xū）俞：抚爱。

⑲常然：常态，指人和事物的本然和真性。

⑳附离：使离析的事物相互附着。

㉑纆（mò）：绳索。

㉒诱然：不知不觉的样子。

㉓连连：不断的、无休止的样子。

纪老师说

"骈拇"指并合的脚趾，跟旁出的歧指和附着的赘瘤一样，都是人体上多余的东西。什么才是事物所固有的呢？那就是合乎自然，顺应人情的东西。

在庄子看来，离朱视觉明晰，但他搅乱五色、迷滥文彩、绣制出青黄相间的华丽服饰而炫人眼目。师旷听觉灵敏，但他搅乱五音、混淆六律，搅混了金、石、丝、竹、黄钟、大吕的各种音调。曾参和史䲡倡导仁义，但他们用矫揉道德、闭塞真性来捞取名声、使天下的人们争相鼓噪信守不可能做到的礼法。杨朱和墨翟善于言辞，但他们堆砌词藻，穿凿文句、将心思驰骋于"坚白"诡辩的是非之中，靠罗列无数废话去追求短暂的声誉。

庄子认为，这些人的追求都是多余的不正之法，绝不是天下的至理和正道。

那什么才是天下的至理和正道？即不违反事物各得其所而又顺应自然的真情。各种事物没有必要去排除忧患，也不必为了追求仁义，去忧虑人间的祸患。

庄子时代乃至更早时期的人们，我们了解甚少，不妨用我们熟知的事例来推理论证一下：

伊拉克战争是以英美军队为主的联合部队在2003年对伊拉克发动的军事行动，美国以伊拉克藏有大规模杀伤性武器并暗中支持恐怖分子为由，绕开联合国安理会，单方面对伊拉克实施军事打击。联军占领伊拉克初期，受到伊拉克民众的广泛欢迎。战后，伊拉克经济得到了一定的恢复，但发展缓慢，失业人口庞大，居民生命安全和日常生活得不到有效保障。据统计，历时近九年的伊拉克战争导致超过10万伊拉克人死亡。而且，伊拉克的游击战，美国18万占领军介入伊拉克战争，深陷比越战更难以自拔的泥沼，使美国无余力对付其他挑战。美军阵亡人数于2008年已突破4000人大关，另有3000多人死于事故，大大超过了9.11恐怖袭击的死亡人数；除此之外，还导致美军50000多人受伤。

战前，战争发动者描绘了一幅美好图景：美国将变得更加安全；中

东将出现一个安定、自由、民主的新伊拉克。现在看来,美国老百姓真的觉得更安全了吗?伊拉克老百姓真的享受到自由、民主、安定了吗?很多伊拉克老百姓认为,目前的生活相对于战前来说也许是自由了些,但他们却没有了任何安全保障,这样的自由代价也太大了。

  用庄子的观点来看,美国人追求的其实是多余的不正之法,绝不是天下的至理和正道。类似于依靠曲尺、墨线、圆规、角尺去端正事物形态,是损伤事物本性的做法;类似于依靠绳索胶漆而使事物相互紧紧粘固,是伤害事物天然禀赋的做法;类似于运用武力对人民生硬地加以改变和矫正,运用所谓的仁义对人民加以抚爱和教化,从而抚慰天下民心,这样做也就失去了人的常态。

  想到这里,我不由大吃一惊。原来,早在两千多年以前,庄子就已经看穿了当下某些国家的本质!

原文

夫小惑易方①，大惑易性。何以知其然邪？自虞氏招仁义以挠天下也②，天下莫不奔命于仁义。是非以仁义易其性与？故尝试论之：自三代以下者，天下莫不以物易其性矣！小人则以身殉利③；士则以身殉名；大夫则以身殉家④；圣人则以身殉天下。故此数子者⑤，事业不同⑥，名声异号，其于伤性以身为殉，一也。臧与谷⑦，二人相与牧羊而俱亡其羊⑧。问臧奚事⑨，则挟策读书⑩；问谷奚事，则博塞以游⑪。二人者，事业不同，其于亡羊均也。伯夷死名于首阳之下⑫，盗跖死利于东陵之上⑬。二人者，所死不同，其于残生伤性均也。奚必伯夷之是而盗跖之非乎⑭？天下尽殉也：彼其所殉仁义也，则俗谓之君子；其所殉货财也，则俗谓之小人。其殉一也，则有君子焉，有小人焉。若其残生损性，则盗跖亦伯夷已，又恶取君子小人于其间哉！

注释

①易：改变。方：方向。

②招仁义：以仁义作号召。挠：搅乱。

③殉：为某一目的而献身。

④家：这里指家族。

⑤数子：指上述四种人。

⑥事业：即从事的工作。

⑦臧、谷：家奴和童仆。

⑧亡：逃跑，丢失。

⑨奚事：事奚，即做什么。

⑩策（cè）：指书简。

⑪博塞：一种类似掷骰子的游戏。

⑫伯夷：殷末贤士，反对武王伐商，饿死于首阳山。死名：为名而死。

⑬盗跖（zhí）：名跖，春秋末年平民起义领袖。死利：为利而死。

⑭是、非：这里引申为赞许和指责。

原文

且夫属其性乎仁义者①，虽通如曾史，非吾所谓臧也②；属其性于五味，虽通如俞儿③，非吾所谓臧也；属其性乎五声，虽通如师旷，非吾所谓聪也④；属其性乎五色，虽通如离朱，非吾所谓明也⑤。吾所谓臧者，非仁义之谓也，臧于其德而已矣；吾所谓臧者，非所谓仁义之谓也，任其性命之情而已矣；吾所谓聪者，非谓其闻彼也，自闻而已矣；吾所谓明者，非谓其见彼也，自见而已矣。夫不自见而见彼，不自得而得彼者，是得人之得而不自得其得者也，适人之适而不自适其适者也。夫适人之适而不自适其适，虽盗跖与伯夷，是同为淫僻也。余愧乎道德⑥，是以上不敢为仁义之操⑦，而下不敢为淫僻之行也。

注释

①属：从属，归向。接连、缀系的意思。

②臧：善，好的意思。

③俞儿：传为齐人，善于辨味。

④聪：听觉灵敏。

⑤明：视觉明晰、敏锐。

⑥道德：这里指对宇宙万物本体和事物变化运动规律的认识。

⑦操：节操，操守。

纪老师说

庄子认为，小的迷惑会使人弄错方向，大的迷惑会使人改变本性。平民百姓为了私利而牺牲，士人为了名声而牺牲，大夫为了家族而牺牲，圣人则为了天下而牺牲。这四种人，所从事的事业不同，名声也有各自的称谓，而他们用生命作出牺牲以损害人的本性，却是一样的。因此，从是否打着高尚的名义残害生命、损伤本性来看，君子和小人其实是不好分的。进一步说，前文提到的曾参和史䲡也不完美，俞儿也不完善，师旷也不聪敏，离朱也不视觉敏锐。

不能看清自己而只能看清别人，不能安于自得而向别人索求的人，这就是索求别人之所得而不能安于自己所应得的人，也就是贪图达到别人所达到而不能安于自己所应达到的境界的人。这种人奉行仁义的节操，反而做出了滞乱邪恶的行径。

我觉得，庄子的观点虽然过于偏颇，甚至过激。但从有些角度来看，还是有一些道理的。

2016年9月，国防大学刘亚洲政委从学校一名英年早逝的教员徐如

燕的事情谈到军队中青年干部的压力和困境。期间，刘亚洲政委几度落泪，他大声呼吁各部门要改进作风，加强对中青年干部的人文关怀，要有管用的措施，要有实际的行动，要有看得见的效果。

徐如燕是国防大学讲师，2016年8月31日病故，年仅40岁，之前她被查出乳腺癌晚期。

刘亚洲提到中青年干部面临着繁重的工作压力、复杂的人际关系、压抑人性的传统习俗、令人窒息的竞争环境，并自问对中青年干部家里的困难各级掌握多少。这些中青年干部工作生活中的所见所感，从他的口中道出，真是直戳心窝。

现代人压力大，中青年干部作为社会建设的骨干，常年夜以继日、无怨无悔地在各自的岗位上工作，体力心力都在不同程度地透支。他们每一个人的情况，家里有什么困难，身体状况怎么样，各级掌握多少，心里有没有数？

改进作风，加强对年轻人的人文关怀。不能只挂在口头上，要有管用的措施，要有实际的行动，要有看得见的效果。后来，国防大学专门印发了《关于加强对中青年干部人文关怀的意见》，刘亚洲强调要抓好中青年干部体检制度的落实，让每一个中青年干部在集体中过得开心快乐，做任何一件事情都要公平公正公开，要有计划地组织中青年干部疗养，不折不扣地落实休假制度，关心单身干部。

人生在世，我们每个人都需要来自各方面的人文关怀，而我们每个人，也应该首要学会关爱自己！

马 蹄

原文

马，蹄可以践霜雪，毛可以御风寒，龁草饮水①，翘足而陆②，此马之真性也。虽有义台路寝③，无所用之。及至伯乐④，曰："我善治马。"烧之⑤，剔之⑥，刻之⑦，雒之⑧，连之以羁馽⑨，编之以皂栈⑩，马之死者十二三矣⑪。饥之，渴之，驰之⑫，骤之，整之⑬，齐之，前有橛饰之患⑭，而后有鞭筴之威⑮，而马之死者已过半矣。陶者曰："我善治埴⑯，圆者中规，方者中矩。"匠人曰："我善治木，曲者中钩，直者应绳。"夫埴木之性，岂欲中规矩钩绳哉？然且世世称之曰"伯乐善治马"而"陶、匠善治埴、木⑰"，此亦治天下者之过也。

注释

①龁（hé）：咬嚼。

②翘（qiáo）：扬起。陆：通作踛（lù），跳跃。

③义（é）：通"峨"，"义台"即高台。路：大，正；寝：居室。

④伯乐：秦穆公时人，善于识马。

⑤烧之：指烧红铁器灼炙马毛。

⑥剔之：指剪剔马毛。

⑦刻之：指凿削马蹄甲。

⑧雒（luò）之："雒"通作"烙"，指用烙铁留下标记。

⑨连：系缀，连结。羁（jī）：马络头。滞（zhì）：绊马脚的绳索。

⑩皁（zào）：饲马的槽枥。栈：安放在马脚下的编木。

⑪十二三：十分之二三。

⑫驰：马快速奔跑。

⑬整：整齐划一。

⑭橛（jué）：马口所衔之木。

⑮筴："策"字的异体。

⑯埴（zhí）：粘土。

⑰称：称举，赞扬。

纪老师说

《马蹄》一文篇幅短小，构思精巧。通过伯乐对马的摧残，揭露了所谓"圣人"之道对人性的摧残，主要宣讲恢复人的自然本性。

文章谈到伯乐对马的摧残，一是用烧红的铁器灼炙马毛，用剪刀修剔马鬃，凿削马蹄甲，烙制马印记，用络头和绊绳来拴连它们，用马槽和马床来编排它们，结果马死掉了十分之二三。二是饿了不给吃，渴了不给喝，让它们快速驱驰，让它们急骤奔跑，让它们步伐整齐，让它们行动划一，前有马口横木和马络装饰的限制，后有皮鞭和竹条的威逼，这样一来，马就死过半数了。

庄子提到的是马，比喻的是人；提到的是伯乐，比喻的是"圣人"。伯乐的所为改变了人与自然原来的和谐状况，使得马和人处于一种对立面，而马的结局也是极为悲惨。

庄子认为"天人合一"，即人类和自然界的其他生物在宇宙当中处于同等的地位，人类并不能凭借主观意志改变生物的天性，不能将人类的主观意志强加于生物。如果那样做了，只能适得其反，甚至会乱了自然界本来的和谐面目。

单纯从庄子阐述的表象出发，反观当今的生态现状，有些事也真的令人叹息。

自然界的事物都有他自己存在的形式，而人们在改造自然，利用自然的过程当中，就有可能盲目改变事物本来的面目，走向反面。

大熊猫已在地球上生存了至少800万年，被誉为"活化石"和"中国国宝"，因而，大熊猫保护就成了一项重要的事情，国家也投资不少，建立了大熊猫自然保护区，建立了几处人工喂养基地。

人工喂养与野生状态最大的不同在于人类给予了大熊猫过多的"照顾"，虽然人工喂养下的大熊猫延长了生命，但它们却在某些功能上出现了退化。比如野生熊猫两年繁殖一胎，毫无问题地生存了数百万年。而人工圈养的大熊猫，脱离了天然的环境，导致繁殖出了障碍。

人工繁育熊猫很有价值，不但让所有人都能见到萌物，也大大增进了我们对熊猫解剖和生理的了解。但是熊猫是演化的产物，将它从所诞生的环境中剥离，就失去了它的生态意义。所以，对大熊猫的保护最理想的状态不是干预，而是取消已经发生的干预。王朗保护区前局长陈佑平说："按道理，我们都不该在这里。最好的保护区应该是没有人的保护区。"

陈佑平的看法，是不是符合庄子所提出的"任其自然"的观点呢？

 纪连海谈 庄子

原文

吾意善治天下者不然①。彼民有常性②，织而衣，耕而食，是谓同德③；一而不党④，命曰天放⑤，故至德之世⑥，其行填填⑦，其视颠颠⑧。当是时也，山无蹊隧⑨，泽无舟梁⑩，万物群生，连属其乡⑪，禽兽成群，草木遂长⑫。是故禽兽可系羁而游⑬，鸟鹊之巢可攀援而窥⑭。夫至德之世，同与禽兽居，族与万物并⑮，恶乎知君子小人哉⑯，同乎无知⑰，其德不离⑱；同乎无欲，是谓素朴⑲。素朴而民性得矣。

及至圣人，蹩躠为仁⑳，踶跂为义㉑，而天下始疑矣，澶漫为乐㉒，摘僻为礼㉓，而天下始分矣。故纯朴不残㉔，孰为牺尊㉕！白玉不毁，孰为珪璋㉖！道德不废㉗，安取仁义㉘！性情不离，安用礼乐！五色不乱，孰为文采㉙！五声不乱，孰应六律！夫残朴以为器，工匠之罪也；毁道德以为仁义，圣人之过也！

注释

①意：意谓，认为。

②常性：不会改变的、固有的本能和天性。

③同德：指人类的共性。

④党：偏私。

⑤命：名，称作。天放：任其自然。

⑥至德之世：即人们常说的原始社会。

⑦填填：稳重的样子。

⑧颠颠：专一的样子。

⑨蹊（xī）：小路。隧：隧道。

⑩梁：桥。

⑪连属：混同的意思。

⑫遂：遂心地。

⑬系羁：用绳子牵引。

⑭攀援：攀登爬越。窥（kuī）：同"窥"，观察、探视。

⑮族：聚合。并：比并。

⑯君子、小人：指统治者和被统治者。

⑰同：通"惷（chǔn）"，愚蠢。

⑱离：背离、丧失。

⑲素：未染色的生绢。朴：未加工的木料。

⑳蹩躠（bié xuē）：步履艰难、勉力行走的样子。

㉑踶跂（zhì qǐ）：足跟上提、竭力向上。

㉒澶（dàn）漫：放纵地逸乐。

㉓摘僻：烦琐。

㉔纯朴：完整的、未曾加过工的木材。

㉕牺（suō）尊：雕刻精致的酒器。"尊"亦作"樽"。

㉖珪璋：玉器；上尖下方的为珪，半珪形为璋。

㉗道德：这里指人类原始的自然本性。

㉘仁义：这里指人为的各种道德规范。

㉙文采：文彩；错杂华丽的色彩。

纪连海谈 庄子

原文

夫马，陆居则食草饮水，喜则交颈相靡①，怒则分背相踶②。马知已此矣。夫加之以衡扼③，齐之以月题④，而马知介倪⑤、闉扼⑥、鸷曼⑦、诡衔⑧、窃辔⑨。故马之知而态至盗者⑩，伯乐之罪也。夫赫胥氏之时⑪，民居不知所为，行不知所之，含哺而熙⑫，鼓腹而游⑬，民能以此矣。及至圣人，屈折礼乐以匡天下之形⑭，县跂仁义以慰天下之心⑮，而民乃始踶跂好知，争归于利，不可止也。此亦圣人之过也。

注释

①靡（mó）：通"摩"，触摩。

②分背：背对着背。踶（dì）：踢。

③衡：车辕前面的横木。扼：亦作"轭"，叉马颈的条木。

④题：额。"月题"即马额上状如月形的佩饰。

⑤介：独。倪：睨，侧目怒视之意。

⑥闉（yīn）：屈曲。扼：轭。闉扼指曲颈不伸，抗拒木轭。

⑦鸷（zhì）：凶猛。曼：狂突。鸷曼指马儿暴戾不驯。

⑧诡衔：意思是诡谲地想吐出口里的橛衔。

⑨窃辔：意思是偷偷地想脱出马络头。

⑩态（態）：能。盗：与人抗敌的意思。

⑪赫胥氏：传说中的古代帝王。

⑫哺：口里所含的食物。熙：通作"嬉"，嬉戏。

⑬鼓腹：鼓着肚子，意指吃得饱饱的。

⑭屈折：矫造的意思。匡：端正，改变。

⑮县（xuán）：同"悬"。跂：通作"企"，企望。

纪老师说

庄子认为，上古时期是人类天性保留最完善的时代，黎民百姓织布而后穿衣，耕种而后吃饭，这是人类共有的德行和本能。在人类天性保留最完善的年代，人类跟禽兽同样居住，跟各种物类相互聚合并存，哪里区分什么君子和小人。人人都蠢笨而无智慧，人类的本能和天性也就不会丧失；人人都愚昧而无私欲，这就叫做"素"和"朴"。

马被人类役使之后，学会了侧目怒视，僵着脖子抗拒，暴戾不驯。而等到世上出了圣人，他们倡导所谓的仁，竭心尽力地去追求所谓的义，于是天下开始出现了迷惑与猜疑。人们放纵无度地追求逸乐的曲章，繁杂琐碎地制定礼仪和法度，于是天下开始分离了。而这一切，在庄子看来都是圣人的过错。

庄子的厉害之处在于，他把司空见惯的养马驯马过程描写得如酷刑，充满血腥与折磨，把伯乐之类圣人讥讽得滑稽而且深刻。虽然他是在借驯马反讽先秦的施政，但他反对圣人之治，反对束缚和羁绊，提倡一切返归自然、"天道无为"的政治主张却跃然纸上。

以今天的眼光看，庄子的主张是很片面性的，但它对于统治阶级的文明施政却有着一定的借鉴与指导意义。

唐太宗贞观四年，唐太宗李世民准备大兴土木，建造宫室。此事却遭到了中牟县丞皇甫德参的直言劝谏，他不顾自己职位低下，大胆上书唐太宗，坚决反对修洛阳宫，认为这是劳民伤财的事，没有什么益处。皇甫德参认为，作为大唐皇帝，唐太宗要吸取隋朝灭亡的教训，轻徭薄赋，休养生息，不要为了个人的享受而滥用人力和财力，给人民造成莫大的危害，应避免大量动用民力，竭力不动或少动工程。

唐太宗李世民看了皇甫德参的奏章，很不满意，他在朝堂上气恼地

说:"难道国家不做任何事情,皇甫德参这个小小的县丞才满意吗?"魏征赶紧上前替皇甫德参辩解说:"皇甫德参的上书言辞过激了一些,但不激烈不能引起你的注意,太激烈又近于诽谤,请皇上理解皇甫德参作为县丞却敢于上书劝谏的忠心。"

唐太宗毕竟是个开明的皇帝,他想了想,觉得魏征的话和皇甫德参的劝谏有道理,就不再生气了,并下了圣旨,表彰皇甫德参敢于直言的忠心。后来,唐太宗把备用的材料送到遭受水灾的地方,帮助农民修了住房,百姓纷纷称颂。

正因为唐太宗李世民善于广开言路,尊重生命,自我克制,虚心纳谏,并采取了以农为本,厉行节约,休养生息,文教复兴,完善科举制度等政策,才使得社会出现了安定的局面,使唐朝在当时与西方国家相比,无论在政治、经济,还是文化上都走在世界的最前列。成就了历史上的"贞观之治",成为古代集权治世最好的榜样。

胠 箧

原文

将为胠箧、探囊、发匮之盗而为守备①，则必摄缄縢、固扃鐍②；此世俗之所谓知也。然而巨盗至，则负匮、揭箧、担囊而趋③；唯恐缄縢、扃鐍之不固也。然则乡之所谓知者④，不乃为大盗积者也？故尝试论之，世俗之所谓知者，有不为大盗积者乎？所谓圣者，有不为大盗守者乎？

何以知其然邪？昔者齐国，邻邑相望，鸡狗之音相闻，罔罟之所布⑤，耒耨之所刺⑥，方二千余里。阖四竟之内⑦，所以立宗庙社稷⑧，治邑屋州闾乡曲者⑨，曷尝不法圣人哉？然而田成子一旦杀齐君而盗其国⑩，所盗者岂独其国邪？并与其圣知之法而盗之。故田成子有乎盗贼之名，而身处尧舜之安，小国不敢非⑪，大国不敢诛⑫，十二世有齐国⑬。则是不乃窃齐国并与其圣知之法，以守其盗贼之身乎？尝试论之，世俗之所谓至知者，有不为大盗积者乎？

何以知其然邪？昔者龙逢斩⑭，比干剖⑮，苌弘胣⑯，子胥靡⑰。故四子之贤而身不免乎戮。故跖之徒问于跖曰："盗亦有道乎⑱？"跖曰："何适而无有道邪？"夫妄意室中之藏⑲，圣也；入先，勇也；出后，义也；知可否，知也；分均，仁也。五者不备而能成大盗者，天下未之有也。由是观之，善人不得圣人之道不立，跖不得圣人之道不行；天下之善不少，而不善人多，则圣人之利天下也少，而害天下

也多。故曰:唇竭而齿寒[20],鲁酒薄而邯郸围[21],圣人生而大道起。掊击圣人[22],纵舍盗贼[23],而天下始治矣!

注释

①胠(qū):从旁打开。箧(qiè):箱子。发:打开。匮(guì):柜子。

②摄:打结,收紧。缄(jiān)、縢(téng):均为绳索。扃(jiōng):插闩。鐍(jué):锁钥。

③揭:举,扛着。

④乡(xiàng):通"向",先前的意思。

⑤罔:网。罟(gǔ):各种网的总称。

⑥耒(lěi):犁。耨(nòu):锄。刺:插入。

⑦阖(hé):全。竟:境。

⑧社稷:指祭祀土神和谷神的地方。

⑨邑、屋、州、闾、乡曲:古代不同行政区划的名称。

⑩田成子:即田常。

⑪非:非议。

⑫诛:讨伐。

⑬"十二世有齐国",指田成子之后世世统治齐国。

⑭龙逢:夏桀时的贤人,为夏桀杀害。

⑮比干:殷纣王的叔叔,谏纣王,被剖心。

⑯苌弘:周灵王时的贤臣。胣(chǐ):剖开肚腹掏出肠子。

⑰子胥:即伍员,吴王夫差时被杀害。靡:同"糜",腐烂。

⑱道:这里指规矩、准绳。

⑲妄意：凭空推测。

⑳揭：揭，举；"唇揭"指嘴唇向外翻开。

㉑鲁酒薄而邯郸围：指楚宣王对鲁恭王不满，带兵攻打鲁国。魏国一直想攻打赵国，担心楚国发兵救赵，楚国和鲁国交兵，魏国于是趁机兵围赵国都城邯郸。

㉒掊（pǒu）：抨击。

㉓纵：放宽。舍（shě）：放弃。

纪老师说

这篇文章，庄子谈论的是各种防盗的手段最终都会被盗贼所利用，指出当时治天下的主张和办法都是统治者、阴谋家的工具，着力批判了"仁义"和"礼法"。

庄子提出，为了对付撬箱子、掏口袋、开柜子的小偷而做防范准备，必定要收紧绳结、加固插闩和锁钥，这就是一般人所说的聪明做法。可是一旦大强盗来了，就背着柜子、扛着箱子、挑着口袋快步跑了，唯恐绳结、插闩与锁钥不够牢固。

得出结论是：既然是这样，那么先前所做的所谓的聪明办法，不就是给大盗做好了积聚和储备吗？

文章还例举了田成子的事情。鲁哀公14年，田恒先杀了齐简公，后来他的曾孙子田和再把齐康公驱逐到海上，自立为齐侯。庄子看到这段历史，认为田恒他们一伙人所窃的不止齐国而已，还包括建立齐国的圣人之道而且最终还是利用这个圣人之道，来守护他们窃得的战利品。

庄子善于运用比喻，他这样写得目的就是为了引起人们的思考，从而为下一步阐述做好准备。后面他要论述什么呢？无非是天下的善人

少，而不善的人多，圣人给天下带来好处也就少，而给天下带来祸患也就多，要想天下太平，必须要抨击圣人，释放盗贼。

庄子的观点是无为而治、绝圣弃智，以今天的眼光来看，自然有它极大的局限性。但他看待问题的角度，无疑能够给我们一些有益的启迪与教益。

我先从一件案例谈起：

1996年4月，呼和浩特市毛纺厂女厕发生强奸杀人案。值班的呼格吉勒图听到呼救与同事前往查看。发现一女子赤裸下体死亡，随即报案。当晚，呼格吉勒图和同事闫峰被带往警局审讯，呼格吉勒图承认杀人。随后，内蒙古中院开庭，认定呼格吉勒图犯流氓罪、故意杀人罪，判处死刑。6月10日，呼格吉勒图被执行枪决，距离案发只有62天。

2005年，系列强奸、抢劫、杀人案的犯罪嫌疑人赵志红落网之后，交代了其1996年在呼和浩特市毛纺厂家属院公厕犯下的杀人案。

2006年，内蒙古政法委对该案进行复核，认定为冤案。2014年11月呼格吉勒图案进入再审程序，呼格吉勒图被判无罪。

这件冤案为何一拖八年？据全国律师协会刑事专业委员会主任表示，"再审程序其实很简单，关键是相关部门愿不愿意启动"。而呼格吉勒图案之所以没能再审，原因还是在人。另据记者调查，如果一旦纠错就会有很多部门受到影响。在内蒙古公检法系统内部，不少人已经认定呼格吉勒图确实被冤，但案件再审乃至平反，就涉及人员问责问题，所以久拖不决。

庄子的观点不是喜欢社会的倒退，而是要抛弃欺诈，回归天真，实现社会的公平正义。改革开放以来的三十多年中，中国经过拨乱反正，已经向法治社会迈进，并且形成了初步的法律制度和法律体系。但是，仍会有冤假错案的产生，这是为什么呢？

一是以刑讯逼供和变相刑讯逼供，二是权力干预司法，三是基于利益驱动而破坏公平甚至不惜制造冤假错案，四是武断粗暴排斥律师辩护意见。

如果说，昔时是以圣人之道治天下，今日是以法律制度定纷争，则庄子学说在今日所指出的，不正是法律制度本身的局限性吗？法律可以惩奸罚恶，是否也必定会让那些钻营的人利用来为非作歹？证券交易制度可以发展社会经济，是否也必将成为那些投机取巧的人诈取不当利益的帮凶？

当然，我们要用发展的眼光看待问题，呼格吉勒图案的最终昭雪说明了我国的法律正在进一步完善，纠正和防止冤假错案，正在成为司法部门一项值得重视和关注的课题。在党的正确领导下，民主法制建设正在实现新的跨越，完备的法律体系必将为建设法治国家、建成小康社会作出贡献！

原文

夫川竭而谷虚①，丘夷而渊实②。圣人已死，则大盗不起，天下平而无故矣③。圣人不死，大盗不止。虽重圣人而治天下④，则是重利盗跖也⑤。为之斗斛以量之⑥，则并与斗斛而窃之；为之权衡以称之⑦，则并与权衡而窃之；为之符玺以信之⑧，则并与符玺而窃之；为之仁义以矫之⑨，则并与仁义而窃之。何以知其然邪？彼窃钩者诛⑩，窃国者为诸侯，诸侯之门而仁义存焉。则是非窃仁义圣知邪？故逐于大盗、揭诸侯、窃仁义并斗斛权衡符玺之利者⑪，虽有轩冕之赏弗能劝⑫，斧钺之威弗能禁⑬。此重利盗跖而使不可禁者，是乃圣人之过也。故曰：鱼不可脱于渊，国之利器不可以示人⑭。彼圣人者，天下之利器也，非所以明天下也⑮。

故绝圣弃知，大盗乃止；擿玉毁珠⑯，小盗不起；焚符破玺，而民朴鄙⑰；掊斗折衡⑱，而民不争；殚残天下之圣法⑲，而民始可与论议。擢乱六律⑳，铄绝竽瑟㉑，塞瞽旷之耳㉒，而天下始人含其聪矣㉓；灭文章㉔，散五采㉕，胶离朱之目，而天下始人含其明矣。毁绝钩绳而弃规矩，攦工倕之指㉖，而天下始人有其巧矣㉗。故曰：大巧若拙。削曾史之行，钳杨墨之口，攘弃仁义㉘，而天下之德始玄同矣㉙。彼人含其明，则天下不铄矣；人含其聪，则天下不累矣㉚；人含其知，则天下不惑矣；人含其德，则天下不僻矣。彼曾、史、杨、墨、师旷、工倕、离朱、皆外立其德㉛，而以爚乱天下者也㉜，法之所无用也㉝。

> **注释**
>
> ①竭：干涸。虚：空旷。
>
> ②夷：平。渊：深潭。实：满。
>
> ③故：事故，变故。
>
> ④重（zhòng）圣人：使圣人之法得到重视。
>
> ⑤重利盗跖：使盗跖获得厚利。
>
> ⑥斗斛（hú）：古代的两种量器。
>
> ⑦权：秤锤。衡：秤杆。
>
> ⑧符玺（xǐ）：古代用作凭证的信物。"玺"就是印。
>
> ⑨矫：纠正。
>
> ⑩鉤：即"钩"字，泛指各种细小的不值钱的东西。诛：刑戮，杀害。
>
> ⑪逐：竞逐，追随。
>
> ⑫轩：古代大夫以上的人所乘坐的车子。轩冕：代指高官厚禄。劝：劝勉，鼓励。
>
> ⑬钺（yuè）：大斧。代指行刑。
>
> ⑭示：显露。
>
> ⑮明：显示，使人明白的意思。
>
> ⑯摘（zhì）：掷。
>
> ⑰朴：敦厚朴实。鄙：固陋无知。
>
> ⑱掊（pǒu）：破，打碎。
>
> ⑲殚（dān）：耗尽。残：毁坏。

⑳擢（zhuó）：拔掉。

㉑铄（shuò）：销毁。竽瑟：两种古乐器，泛指乐器。

㉒瞽旷：即师旷。

㉓含：保全。

㉔文章：文彩，花纹。

㉕五采：即五色。

㉖工倕（chuí）：传说中的能工巧匠。

㉗有：保有。

㉘攘：推开，排除。

㉙玄：黑，幽暗；"玄同"即混同。

㉚累：忧患。

㉛外立：在外表上树立，即对人炫耀之意。

㉜爚（yuè）：炫耀。

㉝法：指圣智之法。

原文

子独不知至德之世乎？昔者容成氏、大庭氏、伯皇氏、中央氏、栗陆氏、骊畜氏、轩辕氏、赫胥氏、尊卢氏、祝融氏、伏牺氏、神农氏①，当是时也，民结绳而用之②，甘其食，美其服，乐其俗，安其居，邻国相望，鸡狗之音相闻，民至老死而不相往来。若此之时，则至治已。今遂至使民延颈举踵③，曰："某所有贤者，"赢粮而趣之④，则内弃其亲，而外弃其主之事；足迹接乎诸侯之境，车轨结乎千里之外⑤，则是上好知之过也⑥。上诚好知而无道，则天下大乱矣！

何以知其然邪？夫弓、弩、毕、弋、机变之知多⑦，则鸟乱于上矣；鉤饵、罔罟、罾笱之知多⑧，则鱼乱于水矣；削格、罗落、罝罘之知多⑨，则兽乱于泽矣；知诈渐毒、颉滑坚白、解垢同异之变多⑩，则俗惑于辩矣。故天下每每大乱⑪，罪在于好知。故天下皆知求其所不知，而莫知求其所已知者；皆知非其所不善，而莫知非其所已善者，是以大乱。故上悖日月之明⑫，下烁山川之精⑬，中堕四时之施⑭，惴耎之虫⑮，肖翘之物⑯，莫不失其性。甚矣，夫好知之乱天下也！自三代以下者是已，舍夫种种之民⑰，而悦夫役役之佞⑱，释夫恬淡无为⑲，而悦夫啍啍之意⑳，啍啍已乱天下矣！

注释

①容成氏……神农氏：传说中的古代帝王或部落首领。

②结绳而用之：指文字产生之前的结绳记事。

③遂：竟。延颈：伸长脖颈。

④赢：裹，包着。趣：通"趋"，快步走的意思。

⑤结：往来交错。

⑥上：这里指国君，也可泛指统治者。

⑦弩（nǔ）：带有机关的连珠箭。毕：一种带柄的网。弋（yì）：系有丝绳可以回收的箭。机变：疑为"机辟"之误，即捕鸟兽的机关。

⑧罾（zēng）：用竿子支撑形如伞状的鱼网。笱（gǒu）：用作捕鱼的竹笼。

⑨削：竹桩。格：木桩。罗落：用来关守野兽的网状篱笆。罝（jū）罘（fú）：捕兽的网。

⑩渐毒：欺诈。颉（xié）滑：奸黠狡猾。解诟：言词诡曲。变：权变，变诈。

⑪每每：即昧昧，昏昏的意思。

⑫悖（bèi）：遮掩。

⑬烁：通"铄"，销解的意思。

⑭堕（huī）：通"隳"，毁坏的意思。施：推移。

⑮蠕蠕（ruǎn）：蠕动的样子，指附地而生的小虫。

⑯肖翘：飞在空中的小虫。

⑰种种：淳朴的样子。

⑱役役：钻营狡黠的样子。佞：巧言谄媚的小人。

⑲释：放置，废弃。

⑳啍啍（tūn）：喋喋不休，不停地说教的样子。

纪老师说

"窃钩者诛，窃国者为诸侯"。这句话大家都很熟悉，其出处就是庄子的这篇《胠箧》。庄子由此生发，围绕圣人的行为，列举了圣人带来的祸患，也列举了摒弃圣人之后带来的诸多好处：大盗中止，小贼消失；百姓朴实，没有争斗；百姓可以谈论是非。天下人才保全他们原本的听觉、视觉和原本的智巧。

接下来庄子进一步阐述，人人都保有原本的视觉、听觉、智巧和秉性，那天下不会毁坏，不会出现忧患，不会出现迷惑，也不会出现邪恶。

庄子还强调，自夏、商、周三代以来，抛弃那众多淳朴的百姓，喜好那钻营狡诈的谄佞小人；废置那恬淡无为的自然风尚，喜好那喋喋不休的说教。这些喋喋不休的说教已经搞乱了天下。

庄子这一番说辞，深刻揭露了仁义的虚伪和社会的黑暗，一针见血地指出"窃钩者诛，窃国者为诸侯"的本质，但他看不到社会的出路，于是提出了"绝圣弃知"的主张。

庄子思想的局限性和消极面在于他希望人类一定要回归自然，回归到远古时代，这样才能天下太平，百姓和乐。殊不知，以今天的眼光看来，庄子所向往的时代，已经过去了几千年，而人类的文明进步、科技的发展，由此带来的变化已远不是古人所能比的了。

庄子所认为的古代朴实无欺、恬淡厚道的景象，其实是一种幻想而已，试想一下，我们一旦进入铁制时代，就不能回到石器时代，进入了电子时代，就不能回到蒸汽化时代。而人类的童年时期，不见得就一定没有杀戮没有斗争、没有欺诈没有倚强凌弱。反倒有可能的是，人类越处在蒙昧时期，自由往往就会更短缺，生命就会更没有尊严。

所以，我认为，这个时代，还是要完善制度为本，毕竟管理就是引导，就是教化，只有建立在这样基础之上的社会，才能够更加进步、合理、融洽、和谐！

在 宥

原文

闻在宥天下①，不闻治天下也。在之也者，恐天下之淫其性也②；宥之也者，恐天下之迁其德也③。天下不淫其性，不迁其德，有治天下者哉！昔尧之治天下也，使天下欣欣焉人乐其性④，是不恬也⑤；桀之治天下也，使天下瘁瘁焉人苦其性⑥，是不愉也。夫不恬不愉，非德也。非德也而可长久者，天下无之。

人大喜邪，毗于阳⑦；大怒邪，毗于阴。阴阳并毗，四时不至，寒暑之和不成，其反伤人之形乎！使人喜怒失位，居处无常，思虑不自得，中道不成章⑧，于是乎天下始乔诘卓鸷⑨，而后有盗跖、曾史之行。故举天下以赏其善者不足，举天下以罚其恶者不给，故天下之大不足以赏罚。自三代以下者，匈匈焉终以赏罚为事⑩，彼何暇安其性命之情哉！

而且说明邪⑪，是淫于色也⑫；说聪邪，是淫于声也；说仁邪，是乱于德也；说义邪，是悖于理也⑬；说礼邪，是相于技也⑭；说乐邪，是相于淫也；说圣邪，是相与艺也⑮；说知邪，是相于疵也⑯。天下将安其性命之情，之八者，存可也，亡可也。天下将不安其性命之情，之八者，乃始脔卷獊囊而乱天下也⑰。而天下乃始尊之惜之。甚矣，天下之惑也！岂直过也而去之邪⑱，乃齐戒以言之⑲，跪坐以进之，鼓歌以儛之⑳，吾若是何哉！故君子不得已而临莅天下㉑，莫若无

30

为。无为也而后安其性命之情。故贵以身于为天下，则可以托天下；爱以身于为天下，则可以寄天下㉒。故君子苟能无解其五藏㉓，无擢其聪明㉔，尸居而龙见㉕，渊默而雷声㉖，神动而天随，从容无为而万物炊累焉㉗。吾又何暇治天下哉！

注释

①在：自在。宥：宽容。

②淫：过，超出。

③迁：改变。德：常态。

④欣欣：高高兴兴的样子。乐其性：为其性而乐，意思是为保有真性而欣喜。

⑤恬：静。

⑥瘁瘁：忧愁的样子。苦其性：为其性而苦，为保有真性而苦恼。

⑦毗（pí）：损伤。

⑧章：章法，法度。

⑨乔诘：意不平。卓鸷：行不平。

⑩匈匈：即"讻讻"，喧嚣吵嚷的样子。

⑪说（yuè）：喜悦。

⑫淫：沉溺，为之所迷乱。

⑬悖：违背。

⑭相：助。技：技巧，这里指熟悉礼仪。

⑮艺：才能。

⑯疵：毛病，这里指辨别细小的是非。

⑰脔（luán）卷：拳曲而不舒展的样子。仓（cāng）囊：扰攘纷争的

样子。

⑱直：止，仅仅。过：经过。

⑲齐（zhāi）：通"斋"。

⑳儛（wǔ）：舞。

㉑莅（lì）：到，临。

㉒"故贵以身于为天下，……爱以身于为天下，……"：老庄认为轻身以赴利，弃我而殉物，那么，身且不能安，怎么能治理天下。因此，只有贵身贱利的人才可以托付天下。

㉓五藏：五脏。

㉔擢（zhuó）：拔，提升，引申为有意显露。

㉕尸：表示一动不动的样子。龙：表示精神腾飞的样子。见（xiàn）：显现。

㉖渊默：意思是像深渊那么默默深沉。

㉗炊：炊烟。累：游动的尘埃。

原文

崔瞿问于老聃曰①："不治天下，安藏人心②？"老聃曰："女慎无撄人心③。人心排下而进上④，上下囚杀⑤，淖约柔乎刚强⑥。廉刿雕琢⑦，其热焦火⑧，其寒凝冰。其疾俯仰之间而再抚四海之外⑨，其居也，渊而静⑩；其动也，县而天。偾骄而不可系者⑪，其唯人心乎！

昔者黄帝始以仁义撄人之心，尧、舜于是乎股无胈⑫，胫无毛⑬，以养天下之形。愁其五藏以为仁义⑭，矜其血气以规法度⑮。然犹有不胜也。尧于是放讙兜于崇山⑯，投三苗于三峗⑰，流共工于幽都⑱，此不胜天下也。夫施及三王而天下大骇矣⑲，下有桀跖，上有曾史，而儒墨毕起。于是乎喜怒相疑，愚知相欺，善否相非，诞信相讥，而天下衰矣；大德不同，而性命烂漫矣⑳；天下好知，而百姓求竭矣㉑。于是乎斤锯制焉㉒，绳墨杀焉㉓，椎凿决焉㉔。天下脊脊大乱㉕，罪在撄人心。故贤者伏处大山嵁岩之下㉖，而万乘之君忧栗乎庙堂之上㉗。今世殊死者相枕也㉘，桁杨者相推也㉙，刑戮者相望也，而儒墨乃始离跂攘臂乎桎梏之间㉚。意，甚矣哉！其无愧而不知耻也甚矣！吾未知圣知之不为桁杨椄槢也㉛，仁义之不为桎梏凿枘也㉜，焉知曾史之不为桀跖嚆矢也㉝！故曰：绝圣弃知，而天下大治。"

注释

①崔瞿：虚拟的人名。

②藏：乃，"臧"字之讹。"臧"是善的意思。

③撄（yīng）：纠缠，扰乱。

④排：排斥，压抑。进：推进，提升。"排"和"进"分别喻指不得志之时和得志之时；"下"和"上"则分别指两种心态，即颓丧、消沉和欢欣、气盛。

⑤囚：拘禁。

⑥淖约：柔弱美好的样子。彊（qiáng）："强"字之古体。

⑦廉：方正，有棱角，比喻品行端正，不随合世事。刿（guì）：割伤。雕琢：犹言刻削。

⑧"热"与下句的"寒"分别形容两种截然的心态：情感激动和情绪低落。

⑨疾：快速；这里指心境变化迅速。俛："俯"字之异体。

⑩渊：这里是深沉的意思。

⑪偾（fèn）骄：骄矜而不可禁。系：缀连，有拘绊的意思。

⑫股：大腿。胈（bá）：白肉。

⑬胫：小腿。

⑭五藏：即五脏，泛指心胸和思想。

⑮矜：苦。"矜其血气"就是说耗费了无数心血。

⑯讙兜：人名，传说跟尧作对、被尧放逐。崇山：地名。

⑰三苗：帝尧时代的古国名。三峗：山名。

⑱共工：帝尧的水官。幽都：即幽州。

⑲施（yì）：延续。三王：即夏、商、周三代。

⑳大德：指人的基本观念和生活态度。

㉑竭：尽；"求竭"指永远不能满足。

㉒釿（jīn）："斤"字之异体，即横口之斧。

㉓杀：疑为"设"字之误，处置的意思。

㉔椎凿：穿孔的工具。决：打穿，引申指刑戮、处决。

㉕脊脊：相互践踏的样子。

㉖伏处：隐居。嵁（kān）岩：深谷。

㉗乘（shèng）：古代一车四马为一乘。

㉘殊：断。"殊死"也就是斩首。

㉙桁（háng）杨：加在被囚禁者颈上和脚上的刑具。

㉚离跂（qí）：奋力的样子。攘臂：举臂。桎（zhì）梏（gù）：脚镣手铐，喻指用来束缚人的真情本性的工具。

㉛椄（gié）槢（xí）："槢"通"楔"；"椄槢"就是连接脚镣或手铐左右两部分的插木。

㉜凿：孔。枘（ruì）：榫头，即插入孔中的木拴。

㉝嗃（hāo）：吼。

纪老师说

《在宥》一文，庄子紧承前文而来，进一步阐述反对人为、提倡自然、阐述无为而治的主张。

庄子说，听任天下自在地发展，是因为担忧人们超越了原本的真性；宽容不迫各得其所，是因为担忧人们改变了自然的常态。也就是说人生在世，要讲求自然自在，随心随性，做事从容不迫，才不受外在的事物影响而改变心性。

庄子还借助老子之口，强调人应该静处时深幽宁寂，活动时腾跃高天，其骄矜不禁而无所拘系。这也是听任自然、自由自在的思想观点。

前人之述备矣，庄子思想可谓深矣。在这里我想从庄子的某些观点出发，从另一个角度来解读一下什么才是真正的高端大气上档次的自在。

唐代有个著名的诗人叫刘禹锡，他自幼聪慧，22岁就进士及第踏上仕途，后来跟随王叔文进行政治革新，不过改革失败，他被朝廷弃之如敝履，一贬再贬，远离朝廷竟达23年之久。不过尽管他屡受挫折，却能以凛然正气，铮铮傲骨面对权势，不被逆境所击倒，并能用铿锵有力的诗句抒发心声，表现出诗人的铮铮傲骨。

刘禹锡在数十年的贬谪生活中，度过了他的青壮年时期。在和州时，知县见他是从京城贬下来的，就处处刁难他，让他的住房一再变小。没有想到刘禹锡却身处陋室，泰然自若，提笔写下了超凡脱俗、流传百代的《陋室铭》"斯是陋室，惟吾德馨"。并请人镌刻石碑立在门前。

刘禹锡贬官朗州,一待十年,并没有磨平刘禹锡的棱角。回京后,在游览京都玄都观时,吟出"玄都观里花千树,尽是刘郎去后栽"的诗句。刘禹锡借此诗句,对趋炎附势的小人给予了无情的嘲讽。

于是,他再一次触怒掌权者,又被贬回原地。

十四个年头之后,不管是改革派还是保守派,都已经偃旗息鼓,刘禹锡终于结束了漫长的贬谪生活,奉召回到京城长安。他受友人之邀重游玄都观,又一次诗兴大发,挥笔写出"种桃道士归何处?前度刘郎今又来"的诗句,似有"当年的老刘又回来了,你们能把我怎么样!"的口吻。这是他战斗精神外露:怎么样,你们这些趋炎附势的家伙死的死,失势的失势,种桃道士都换了几茬了,我老刘还能在这里作诗呢。

不因贬官而屈从低头,不因坎坷而消磨斗志,这就是刘禹锡,历尽艰难困苦之后,仍是一个铮铮铁骨的汉子,是一个任性自然、敢于抒发心声的诗人,骄傲和喜悦的心情溢于言表,跳跃在字里行间。

庄子认可安定人自然本性和真情,刘禹锡做到了极致!我特别推崇刘禹锡这种肯定自己的精神,人要有自己的独立思考能力,皇帝说我错我也不能默认接受,你可以处罚我,但你绝对不能禁锢我的自由思想。

原文

黄帝立为天子十九年①，令行天下，闻广成子在于空同之上②，故往见之。曰："我闻吾子达于至道，敢问至道之精。吾欲取天地之精，以佐五谷③，以养民人。吾又欲官阴阳④以遂群生⑤，为之奈何？"广成子曰："而所欲问者，物之质也⑥；而所欲官者，物之残也⑦。自而治天下，云气不待族而雨⑧，草木不待黄而落，日月之光益以荒矣⑨。而佞人之心翦翦者⑩，又奚足以语至道！"黄帝退，捐天下⑪，筑特室⑫，席白茅⑬，闲居三月⑭，复往邀之⑮。

广成子南首而卧⑯，黄帝顺下风⑰膝行而进⑱，再拜稽首而问曰⑲："闻吾子达于至道，敢问，治身奈何而可以长久？"广成子蹶然而起⑳，曰："善哉问乎！来，吾语女至道：至道之精，窈窈冥冥㉑；至道之极，昏昏默默㉒。无视无听，抱神以静㉓，形将至正。必静必清，无劳女形，无摇女精，乃可以长生。目无所见，耳无所闻，心无所知，女神将守形，形乃长生。慎女内㉔，闭女外㉕，多知为败。我为女遂于大明之上矣㉖，至彼至阳之原也㉗；为女入于窈冥之门矣，至彼至阴之原也。天地有官，阴阳有藏㉘。慎守女身，物将自壮。我守其一以处其和㉙，故我修身千二百岁矣，吾形未常衰㉚。"黄帝再拜稽首，曰："广成子之谓天矣！"

广成子曰："来！余语女；彼其物无穷，而人皆以为有终；彼其

物无测,而人皆以为有极。得吾道者,上为皇而下为王;失吾道者,上见光而下为士。今夫百昌皆生于土而反于土㉛,故余将去女,入无穷之门,以游无极之野。吾与日月参光㉜,吾与天地为常。当我㉝缗乎㉞!远我㉟昏乎㊱!人其尽死,而我独存乎!"

注释

①黄帝:相传为中原部族的祖先。

②广成子:传说即老子,实为虚构的人物。空同:崆峒。

③佐:辅助。

④官:用如动词,管、主宰的意思。

⑤遂:顺应,顺着。

⑥质:正,本质。

⑦残:余剩,残损。

⑧族:聚集。

⑨益:渐渐。荒:迷乱,晦暗。

⑩佞人:谗谄的小人。翦翦:心地狭劣。

⑪捐:弃置。

⑫筑特室:指为了避喧嚣而另辟静室。

⑬席:铺。白茅:表示洁身自好。

⑭闲居:犹言独处;清心养性,因而杜绝与他人来往。

⑮邀:请,求教。

⑯南首:头朝南。

⑰下风:下方。

⑱膝行:意思是用膝盖着地而行。

⑲稽首：叩头至地。

⑳蹶（guì）然：急遽的样子。

㉑窈窈（yǎo）冥冥：深远昏暗的样子。

㉒昏昏默默：晦暗沉寂的样子。

㉓抱神：持守精神。

㉔内：内心，精神世界。"慎女内"即持守心思，摒弃思虑的意思。

㉕外：人体外在的感受器官，如眼和耳。

㉖遂：顺，引申为达到。

㉗前一"至"字是动词，去到的意思；后一"至"字是形容词，极的意思。

㉘藏：府，居所。

㉙一：浑一，这里实指"道"。和：指阴、阳调谐。

㉚未常：疑是"未尝"之误。

㉛"百"，言其多。

㉜参：同。

㉝当我：向着我而来。

㉞缗（mín）：泯合。

㉟远我：背着我而去。

㊱昏（mín）：昏暗。

原文

云将东游①，过扶摇之枝而适遭鸿蒙②。鸿蒙方将拊脾雀跃而游③。云将见之，倘然止④，贽然立⑤，曰："叟何人邪？叟何为此？"鸿蒙

拊脾雀跃不辍⑥，对云将曰："游！"云将曰："朕愿有问也⑦。"鸿蒙仰而视云将曰："吁！"云将曰："天气不和，地气郁结，六气不调，四时不节⑧。今我愿合六气之精以育群生，为之奈何？"鸿蒙拊脾雀跃掉头曰："吾弗知！吾弗知！"云将不得问。

又三年，东游，过有宋之野，而适遭鸿蒙⑨。云将不喜，行趋而进曰："天忘朕邪⑩？天忘朕邪？"再拜稽首，愿闻于鸿蒙。鸿蒙曰："浮游，不知所求；猖狂⑪不知所往。游者鞅掌⑫，以观无妄⑬。朕又何知！"云将曰："朕也自以为猖狂，而民随予所往；朕也不得已于民，今则民之放也⑭！愿闻一言。"

鸿蒙曰："乱天之经⑮，逆物之情，玄天弗成⑯；解兽之群而鸟皆夜鸣；灾及草木，祸及止虫⑰，意，治人之过也！"云将曰："然则吾奈何？"鸿蒙曰："意，毒哉⑱！僊僊乎归矣⑲。"云将曰："吾遇天难，愿闻一言。"

鸿蒙曰："意！心养⑳。汝徒处无为㉑，而物自化。堕尔形体㉒，吐尔聪明㉓，伦与物忘㉔，大同乎涬溟㉕，解心释神，莫然无魂㉖。万物云云㉗，各复其根㉘，各复其根而不知㉙；浑浑沌沌㉚，终身不离；若彼知之，乃是离之。无问其名，无窥其情，物固自生。"云将曰："天降朕以德㉛，示朕以默㉜；躬身求之，乃今也得。"再拜稽首，起辞而行。

注释

①云将：云的主帅。

②扶摇：神木。鸿蒙：自然的元气。二者拟人化，成为寓言中的人物。

③拊（fǔ）：拍击。雀跃：像小雀一样跳跃。

④倘然：惊疑的样子。

⑤贽（zhì）然：站立不动的样子。

⑥辍（zhuò）：停止。

⑦朕（zhèn）：我，一人称代词。

⑧节：节令；"不节"即不合节令。

⑨有：语助之辞，"有宋"也就是"宋"。

⑩天：这里实指鸿蒙，敬如上天的意思。

⑪猖狂：漫不经心地随意活动。

⑫鞅掌：众多、纷纷攘攘的样子。

⑬妄：虚，不实。

⑭放：依，仿效。

⑮经：本指织物上的纵线，引申为常规，正常序列的意思。

⑯玄天：即指天。

⑰止：亦作"昆"，"止虫"即昆虫。

⑱毒：这里是受毒害太深的意思。

⑲僊僊（xiān）："僊"是"仙"字的异体。"僊僊"指轻扬的样子。

⑳心养：养心，即摒弃思虑，清心寂神。

㉑徒：只。

㉒堕（huī）：通"隳"，毁弃的意思。

㉓吐：当是"咄"字之讹，"咄"与"黜"同，废弃的意思。

㉔伦：伦理。

㉕滓（xìng）溟：混混茫茫的自然之气。

㉖莫然：即漠然，像死灰一样没有感知的样子。

㉗云云：众多的样子。

㉘根：这里指固有的真性。

㉙知：感知。

㉚浑浑沌沌：各任自然，浑然无知，保持自然真性的状态。

㉛降：这里是传授、教诲的意思。

㉜默：意同"养心"，即清心寂神的意思。

原文

世俗之人，皆喜人之同乎己而恶人之异于己也。同于己而欲之，异于己而不欲者，以出乎众为心也。夫以出乎众为心者，曷常出乎众哉①！因众以宁②所闻，不如众技众矣③。而欲为人之国者，此揽乎三王之利而不见其患者也④。此以人之国侥幸也，几何侥幸而不丧人之国乎？其存人之国也，无万分之一；而丧人之国也，一不成而万有余丧矣。悲夫，有土者之不知也⑤。

夫有土者，有大物也⑥。有大物者，不可以物⑦。物而不物⑧，故能物物⑨。明乎物物者之非物也，岂独治天下百姓而已哉！出入六合，游乎九州⑩，独往独来，是谓独有⑪。独有之人，是之谓至贵。

大人之教⑫，若形之于影，声之于响⑬。有问而应之，尽其所怀，为天下配⑭。处乎无响。行乎无方。挈汝适复之，挠挠⑮以游无端；出入无旁⑯，与日无始；颂论形躯⑰，合乎大同，大同而无己。无己，恶乎得有有⑱！睹有者，昔之君子；睹无者，天地之友。

注释

①曷常：即何尝。

②因：随顺，顺乎。宁：安。

③传统断句把"所闻"列在上句之末。

④揽：把持，撮起。

⑤有土者：拥有国土的人，指国君。

⑥大物：拥有万物。

⑦这句之"物"字用表被动，即"为物所用"之意。

⑧两个"物"字，前表主动，后表被动，"物而不物"是说用物而又不为外物所用。

⑨物物：物使天下之物；前一"物"字用作动词。

⑩九州：指当时中原一带人们熟悉的地域。

⑪独有：指不为外物所拘滞。

⑫大人：即上句的"至贵"的人。

⑬响：回声。

⑭配：匹对，这里指应答；问话者为主，应答者则为匹对。

⑮挈：提。适复：往返。挠挠：纷纷。

⑯旁（bàng）：依。

⑰颂：容。论：语。

⑱两个"有"字，前指据有、持有；后指各种物象，包括自身的形躯。

原文

贱而不可不任者①，物也；卑而不可不因者②，民也；匿而不可不

为者,事也;麤而不可不陈者③,法也④;远而不可不居者,义也;亲而不可不广者⑤,仁也;节而不可不积者⑥,礼也;中而不可不高者⑦,德也;一而不可不易者,道也;神而不可不为者,天也。故圣人观于天而不助,成于德而不累,出于道而不谋,会于仁而不恃⑧,薄于义而不积⑨,应于礼而不讳⑩,接于事而不辞,齐于法而不乱,恃于民而不轻,因于物而不去⑪。物者莫足为也,而不可不为。不明于天者,不纯于德;不通于道者,无自而可。不明于道者,悲夫!

何谓道?有天道,有人道。无为而尊者,天道也;有为而累者,人道也。主者,天道也;臣者,人道也。天道之与人道也,相去远矣,不可不察也。

注释

①任:任凭,听任。

②因:顺应,依随。

③麤(cū):"粗"字的异体。陈:陈述。

④法:效法,这里指可以效法的言论。

⑤广:扩大、推展的意思。

⑥节:礼仪。积:增多。

⑦中:顺。

⑧会:合符。恃:依靠。

⑨薄:通"迫",接近、靠拢的意思。

⑩讳:回避。

⑪因:循,遵从。

纪老师说

　　黄帝是中华文明的"人文初祖",他向广成子询问道是什么,顺便询问怎样才能活得长久,这显然是个很可爱的故事。不过广成子的回答,将黄帝斥责得如同小学生一样。他说至道的精髓,幽深渺远;至道的至极,晦暗沉寂。什么也不看什么也不听,持守精神保持宁静,形体自然顺应正道。一定要保持宁寂和清静,不要使身形疲累劳苦,不要使精神动荡恍惚,这样就可以长生。眼睛什么也没看见,耳朵什么也没听到,内心什么也不知晓,这样精神定能持守形体,形体也就顺应长生。

　　云将向鸿蒙再三求教,咨询得道的真经。鸿蒙给予了一番开导与点拨,他斥责治理天下的过错,说这番治理定是扰乱自然的常规,违背事物的真情,使整个自然的变化不能顺应形成。鸿蒙还要云将学会修身养性,说处心于无为之境,万物会自然地有所变化。让他忘却形体,废弃智慧,让伦理和万物一块儿遗忘,让万物自然地生长。

　　庄子认为,世俗人都喜欢别人跟自己相同而讨厌别人跟自己不一样。希望别人跟自己相同,不希望别人跟自己不一样的人,总是把出人头地当作自己主要的内心追求。

　　庄子认可这种人:能够主宰天下万物,拥有众多的物品却不可以受外物所役使,使用外物而不为外物所役使的人,已经能往来于天地四方,游乐于整个世界,独自无拘无束地去,又自由自在地来,这样的人就叫做拥有万物而又超脱于万物。拥有万物而又超脱于万物的人,就称得上是至高无尚的贵人了。

　　庄子推崇天道,什么是天道?就是无所事事无所作为却处于崇高地位。

　　不知怎,我读这一部分内容,心里却老是跳跃着金庸先生笔下

《笑傲江湖》中的令狐冲形象。

《笑傲江湖》一书是围绕着一系列矛盾展开的。文中塑造的令狐冲形象，为人豪爽，行事仗义，光明磊落，性格豁达，不拘小节，不愿受世俗的约束。全文写他时总是离不开酒，劳德诺说他酒瘾大发，向叫花子讨酒，一口气喝了大半葫芦的酒；身受重伤一闻到醇美的酒香，哪里还忍耐得住，几口喝了个干净，而且还高声赞道："好酒，好酒！"可以看出他个性的放荡不羁。同时，令狐冲把自己的人生看得很淡，笑对人生，功成名就时，懂得华丽转身，这也是一般人身上所看不到的品格。

金庸评价令狐冲时说："令狐冲不是大侠，是陶潜那样追求自由和个性解放的隐士。"

不是吗？令狐冲与师妹岳灵珊爱情遭遇滑铁卢，被师傅岳不群逐出华山派，甚至遭到岳不群陷害偷取《辟邪剑谱》，面对这种痛苦折磨，他选择沉默，从来不把这种怨恨发泄到师妹和师傅身上。对师妹，他懂得只要她幸福、我便放弃的道理，所以岳灵珊临终嘱托他照顾好林平之，他坦然接受；对师傅，他懂得一日为师，终身为师，所以岳不群有难时，他毅然抛开个人恩怨，两肋插刀，出手相助。

令狐冲的可贵之处是把功名利禄看得很淡薄，不为世俗所动。他只想做个简单的普通人。他不屈服于任我行，甘愿放弃教主之位。与心爱的盈盈喜结连理，回归自我，退出武林，醉心山水，过神仙般的日子。

什么是逍遥？什么是自然？什么是庄子笔下的自由？什么是张扬人性？什么是抛弃丑陋狭隘的偏见与争斗，不受陈规教条的桎梏？什么是得大道"凌万物而超脱"？

我觉得，令狐冲就是最好的名词解释！

天 地

原文

　　天地虽大，其化均也①；万物虽多，其治一也②；人卒虽众③，其主君也。君原于德而成于天④。故曰：玄古之君天下⑤，无为也，天德而已矣⑥。

　　以道观言而天下之君正⑦；以道观分而君臣之义明⑧；以道观能而天下之官治；以道汎观而万物者应备⑨。故通于天地者，德也⑩；行于万物者，道也；上治人者，事也⑪；能有所艺者，技也。技兼于事⑫，事兼于义，义兼于德，德兼于道，道兼于天。故曰：古之畜天下者⑬，无欲而天下足，无为而万物化，渊静而百姓定⑭。《记》曰⑮："通于一而万事毕⑯，无心得而鬼神服。"

注释

①化：变化，运动。均：均衡，这里指出于自然。

②治：这里指万物各居其位，各有所得。

③人卒：百姓。

④原：本原。德：自得。

⑤玄古：遥远的古代。君：用如动词，"君天下"即君临天下，统驭天下。

⑥天德：听任自然，顺应自得。

⑦言：名，称谓。

⑧分：职分。

⑨汎："泛"字之异体。"汎观"即遍观。

⑩本句连同下一句，有的藏本为三个分句："故通于天者，道也；顺于地者，德也；行于万物者，义也"，就句间关系和所述内容的前后因果看，分述于"道""德""义"三句更为合理些。

⑪事：指万事万物因其本性，各施其能。

⑫兼：并同，合于；这里含有归向的意思。

⑬畜：养育。

⑭渊：水深的样子。

⑮记：书名，老子所作，已不可考。

⑯一：实指道。

原文

夫子曰①："夫道，覆载万物者也，洋洋乎大哉②！君子不可以不刳心焉③。无为为之之谓天④，无为言之之谓德⑤，爱人利物之谓仁⑥，不同同之之谓大⑦，行不崖异之谓宽⑧，有万不同之谓富⑨。故执德之谓纪⑩，德成之谓立⑪，循于道之谓备⑫，不以物挫志之谓完。君子明于此十者，则韬乎其事心之大也⑬，沛乎其为万物逝也⑭。若然者，藏金于山，藏珠于渊⑮；不利货财⑯，不近贵富⑰；不乐寿⑱，不哀夭；不荣通⑲，不丑穷⑳。不拘一世之利以为己私分㉑，不以王天下为己处显㉒。显则明，万物一府㉓，死生同状。"

夫子曰："夫道，渊乎其居也，漻乎其清也㉔。金石不得㉕无以鸣。故金石有声，不考不鸣㉖。万物孰能定之！夫王德之人㉗，素逝而耻通于事㉘，立之本原而知通于神㉙。故其德广，其心之出㉚，有物采之㉛。故形非道不生，生非德不明。存形穷生，立德明道，非王德者邪！荡荡乎㉜！忽然出㉝，勃然动㉞，而万物从之乎㉟！此谓王德之人。视乎冥冥㊱，听乎无声。冥冥之中，独见晓焉㊲；无声之中，独闻和焉㊳。故深之又深而能物焉㊴，神之又神而能精焉㊵。故其与万物接也，至无而供其求，时骋而要其宿㊶；大小、长短、脩远㊷。"

> **注释**
>
> ①夫子：即庄子。
>
> ②洋洋：盛大的样子。
>
> ③刳（kū）：剖开并挖空。
>
> ④无为为之：不为而为的意思。
>
> ⑤无为言之：不言而言的意思。
>
> ⑥爱人：给人们带来慈爱。利物：给万物带来利益。
>
> ⑦不同同之：使万物回归到同一的本性。
>
> ⑧崖：伟岸，兀傲。异：奇异。
>
> ⑨有万不同：指心里包容着万种差异。
>
> ⑩执：保持，持守。德：这里指人的自然禀赋。纪：纲纪。
>
> ⑪立：指立身社会建功济物。
>
> ⑫循：顺。
>
> ⑬韬：包容，蕴含。事心：建树之心。
>
> ⑭沛：水流湍急的样子。
>
> ⑮藏：亦作"沉"。
>
> ⑯不利货财：不以货财为利。

⑰近：接近、靠拢，引申为追求。

⑱不乐寿：不把寿延看作快乐。

⑲不荣通：不以通达为荣耀。

⑳丑：羞耻，"不丑穷"就是不把贫穷看作是羞耻。

㉑拘（gōu）：通"钩"，取的意思。一：全。私分（fèn）：个人分内的事。

㉒王（wàng）：称王的意思。

㉓一府：归结到一处。

㉔漻（liáo）：清澈的样子。

㉕金石：钟、磬之类的器皿。

㉖考：敲击。

㉗王德之人：盛德之人。

㉘素：朴质。逝：往。耻通于事：就是以通晓于琐细之事为耻。

㉙本原：这里指万物的根本和原始的真性。

㉚出：显现，感应。

㉛采：求；这里指外物的探取。

㉜荡荡：浩渺伟大的样子。

㉝忽然：无心的样子。

㉞勃然：意同于"忽然"。

㉟从：跟随。

㊱冥冥：幽暗、深渺的样子。

㊲晓：明晓。

㊳和：唱和，应合。

㊴能物焉：意思是能够从中产生万物。

㊵能精焉：即能够从中产生出精神。

㊶骋：驰骋，纵放。要：总，求。宿：会聚，归宿。

㊷脩：同修，高、长的意思。

原文

黄帝游乎赤水之北①，登乎昆仑之丘而南望。还归②，遗其玄珠③。使知索之而不得④，使离朱索之而不得⑤，使喫诟索之而不得也⑥，乃使象罔⑦，象罔得之。黄帝曰："异哉！象罔乃可以得之乎？"

注释

①赤水：虚拟的水名。

②还（xuán）：通作"旋"，随即、不久的意思。

③玄珠：喻指道。

④知（zhì）：杜撰的人名，寓含才智、智慧的意思。索：求，找。

⑤离朱：人名，寓含善于明察的意思。

⑥喫（chī）诟：杜撰的人名，寓含善于闻声辩言的意思。

⑦象罔：杜撰的人名。

原文

尧之师曰许由①，许由之师曰啮缺，啮缺之师曰王倪，王倪之师曰被衣。

尧问于许由曰："啮缺可以配天乎②？吾藉王倪以要之③。"许由曰："殆哉，圾乎天下④！啮缺之为人也，聪明睿知⑤，给数以敏⑥，其性过人，而又乃以人受天⑦。彼审乎禁过⑧，而不知过之所由生。与之配

大乎？彼且乘人而无天⑨。方且本身而异形⑩，方且尊知而火驰⑪，方且为绪使⑫，方且为物絯⑬，方且四顾而物应⑭，方且应众宜⑮，方且与物化而未始有恒⑯。夫何足以配天乎！虽然，有族有祖⑰，可以为众父⑱而不可以为众父父⑲。治，乱之率也⑳，北面之祸也㉑，南面之贼也㉒。"

注释

① 许由：连同以下数句中的齧（niè）缺、王倪和被衣均为人名。

② 配天：做天子。

③ 藉：借助。要：通"邀"，请的意思。

④ 圾：通"岌"，危险的意思。

⑤ 叡（ruì）："睿"字之异体，聪慧的意思。

⑥ 给：捷。数（shuò）：频繁，引申为快捷的意思。

⑦ 乃：竟。人：指人为。受：相应，调合。

⑧ 审：明瞭。

⑨ 乘：趁，引申为借助。"乘人"即借助于人为。

⑩ 本身：以自身为本。异形：改变万物固有的形迹。

⑪ 尊知：尊崇才智。火驰：像大火蔓延似地快速急骤。

⑫ 绪：端，这里喻指细末的小事。使：役使。

⑬ 絯（gāi）：拘束。

⑭ 物应：为外物而应接，即应接外物的意思。

⑮ 应众宜：应接众多的外物而奢求处处适宜。

⑯ 与（yù）：参预。恒：固定不变。

⑰ 祖：初始之人。

⑱ 父：这里指同族人中的首领，也可以理解为统领一方的官长。

⑲后一"父"字指统领众多首领或地方长官的国君。

⑳率：先导。

㉑"北面"是臣下和百姓的代称。

㉒贼：这里指象田成子杀死国君而自立为诸侯的窃国大盗。

纪老师说 ●●●

庄子认为，阐述无为而治的思想基于"道"。事物是同一的，事物的发展变化是自然的，因此治理天下就应当是无为的。正如文章所说，天和地虽然很大，不过它们的运动和变化却是均衡的；万物虽然纷杂，不过它们各得其所，归根结底却是同一的；百姓虽然众多，不过他们的主宰却都是国君。国君管理天下要以顺应事物为根本而成事于自然，所以说，遥远的古代君主统驭天下，一切都出自无为，即听任自然、顺其自得罢了。

在庄子看来，贯穿于天地的是顺应自得的"德"；通行于万物的是听任自然的"道"；善于治理天下的是各尽其能各任其事；能够让能力和才干充分发挥的就是各种技巧。古时候养育天下百姓的统治者，无所追求而天下富足，无所作为而万物自行变化发展，深沉宁寂而人心安定。

夫子说："道是覆盖和托载万物的，广阔而又盛大。"所以君子要敞开心胸排除一切有为的杂念。自然、顺应、仁爱、伟大、宽容、富有、纲纪、建功济物、修养完备、完美无缺。君子只要明白了上面列举的十个方面，也就容藏了立功济物的伟大心志。万物有感才能有应的情况要准确地加以认识。具有盛德而居于统治地位的人，应该是持守素朴的真情往来行事而以通晓琐碎事务为羞耻，立足于固有的真性而智慧通

达于神秘莫测的境界。

夫子还说,道是居处沉寂犹如幽深宁寂的渊海,它运动恒洁犹如明澈清澄的清流,看上去是那么幽暗深渺,听起来又是那么寂然无声。然而幽暗深渺之中却能见到光明的真迹,寂然无声之中却能听到万窍唱和的共鸣。幽深而又幽深能够从中产生万物,玄妙而又玄妙能够从中产生精神。所以道与万物相接,虚寂却能满足万物的需求,时时驰骋纵放却能总合万物成其归宿,无论是大还是小,是长还是短,是高还是远。

庄子通过"夫子"之口,阐明大道深奥玄妙的含义,并借此指出居于统治地位的人要无为而治就得通晓大道。夫子是谁?原来就是庄子自己啊!

黄帝在赤水的北岸游玩丢了玄珠,于是他派了好多人寻找,但是才智超群的智没有找到,善于明察的离朱没有找到,善于闻声辩言的喫诟也没有找到。无奈之下,他让无智、无视、无闻的象罔去寻找反而找回了玄珠。黄帝丈二和尚摸不到头脑,咋地啦?这很不科学呀!我认为有才能的人找不到,认为没有才能的人才能找到,这是什么道理呢?

这还能是什么道理呢?无非是庄子向我们传达了无为才能求得大道的道理呗。

尧是上古有所作为的首领,他向许由询问事情,询问许由的老师啮缺能不能借助于老师的能力做天子。许由的回答也很奇怪,他不去举荐自己的老师,反而指出了老师的许多缺点,说老师借助人为而抛弃天然,将会把自身看作万物归向的中心而着意改变万物固有的形迹,将会尊崇才智而急急忙忙地为求知和驭物奔走驰逐,将会被细末的琐事所役使,将会被外物所拘束,将会环顾四方,目不暇接地与外物应接,将会应接万物而又奢求处处合宜,将会参预万物的变化而从不曾有什么定准。许由还说："尧啊，您怎么能选他做天子呢？这样的人治理天下，天下必会大乱啊！"

我晕，这是什么道理，齧缺得道，许由不也能升天了吗？他为什么还不同意尧的想法呢？这还有没有一点自私自利之心啊！

其实，现代的大数人也是这么想的，可是庄子不这么想，他只是表达了自己的一种看法，那就是聪慧和才智以及一切人为的做法都不足以治天下，"治"的危害其实就是乱的先导。

中国的历史上，因不顺应自然而导致天下致乱的现象不是没有，短暂的秦朝和隋朝就是明显的例子。

秦朝是中国历史上第一个统一的中央集权制世袭王朝，它的建立者是秦王嬴政。嬴政消灭六国，结束了春秋战国诸侯割据的局面，成为了中国古代历史上的千古一帝。秦始皇消灭六国之后，北击匈奴，南下百越，使得秦帝国的疆域迅速扩展，建立了强盛的东方大帝国。然而仅仅在15年之后，秦朝的第二代皇帝，就葬送了大好江山。

原因是什么？

首先，秦国的法治推行了多年之后，其本身已经逐步地走向了僵化，秦朝官吏的执法又过于粗暴。比如陈胜吴广因为延误了戍期，法令规定失期当斩，陈胜吴广遂反。但是大雨应该是一个相当有力的免责或减责事由啊，可陈胜吴广却并不认为有这样的可能性。

其次，秦朝统一后，人心思定，人民渴望和平与幸福，社会的矛盾不再是战争与和平的矛盾，而是反抗与压迫的矛盾。人民渴望能有安定和睦的环境，而对秦朝的"苛政"否定。否定之否定规律，揭示事物发展的道路是曲折向前的。秦国统一后，没有及时改变政策，仍用"商鞅变法"，在"苛政"下，民不聊生，违背了人民的意愿，最终被历史所抛弃。

秦二世胡亥即位之后，他进一步增加苛捐杂税，加重徭役刑罚，"税民深者为明吏""杀人众者为忠臣"。广大民众的生活异常困苦艰难，大规模的农民起义已经到了一触即发的地步。于是，公元207年的冬天，宦官赵高杀死李斯，自己当上了丞相。因此说，秦朝的灭亡是势在必行。

无巧不成书，无巧不成史，隋朝的覆灭又何尝不是如此呢？

公元581年，杨坚建立隋朝，几年后完成了全国的统一，结束了南北朝割据的局面。统一的隋朝在文化、政治、经济、外交等方面都取得了辉煌成就，很快成为了当时世界上最强大的国家。然而，这个繁盛的时间没有持续太长，隋朝很快就消失在历史的洪流当中。原因是什么？因为隋朝成立之前，国家四分五裂已经有了三四百年，民众们都已经形成了一些固定的乡土情结，隋朝国家根基不稳。加上隋朝完成统一后，大运河的开凿花费了大量的人力物力，让百姓们倍感不满。隋炀帝横征暴敛，极度奢侈，朝廷腐败。还有隋炀帝限制、削弱官员大权，加强中央集权，让朝廷官员不满。加上各地人民起义的打击，原来南朝统治地区大规模武装反抗隋朝的叛乱，加快了朝代灭亡的进程，更何况，隋炀帝大败契丹，横征高丽，战争频繁，引起国内人民对隋炀帝的强烈不满。于是，公元618年，隋炀帝命令修治丹阳宫，准备迁居那里，在他所乘坐的龙船到达江都的时候，部下共谋推举宇文化及为首，发动了兵变。宇文化及逼死了隋炀帝，盛极一时的隋朝就此灭亡了。

得民心者得天下，失民心者失天下。然其自然，懂得放手，才能有所收获与长久。这就是庄子提倡的道，这就是庄子为什么要主张无为而治的原因。

原文

尧观乎华①。华封人曰②:"嘻,圣人!请祝圣人。""使圣人寿。"尧曰:"辞③。""使圣人富。"尧曰:"辞。""使圣人多男子④。"尧曰:"辞。"封人曰:"寿、富、多男子,人之所欲也。女独不欲,何邪?"尧曰:"多男子则多惧,富则多事,寿则多辱。是三者,非所以养德也⑤,故辞。"

封人曰:"始也我以女为圣人邪,今然君子也⑥。天生万民,必授之职。多男子而授之职,则何惧之有!富而使人分之,则何事之有!夫圣人,鹑居而鷇食⑦,鸟行而无彰⑧;天下有道,则与物皆昌;天下无道,则修德就闲;千岁厌世,去而上僊⑨;乘彼白云,至于帝乡⑩;三患莫至⑪,身常无殃;则何辱之有!"封人去之。尧随之,曰:"请问。"封人曰:"退已!"

注释

①乎:于。华:地名。

②封:守护疆界的人。

③辞:谢绝,推辞。

④男子:男孩子。

⑤所以养德:调养无为之德的办法。

⑥然：通作"乃"，竟然的意思。

⑦鹑（chún）：鹌鹑，一种无固定居巢的小鸟。鷇（gòu）：初生待哺的小鸟。

⑧无彰：不留下踪迹。

⑨僊（xiān）："仙"字之异体。

⑩帝乡：旧注指天和地交接的地方。

⑪三患：即前面谈到的寿、富、多男子所导致的多辱、多事和多惧。

原文

尧治天下，伯成子高立为诸侯①。尧授舜，舜授禹，伯成子高辞为诸侯而耕。禹往见之，则耕在野。禹趋就下风②，立而问焉③，曰："昔尧治天下，吾子立为诸侯。尧授舜，舜授予，而吾子辞为诸侯而耕。敢问，其故何也？"子高曰："昔尧治天下，不赏而民劝④，不罚而民畏。今子赏罚而民且不仁，德自此衰，刑自此立，后世之乱自此始矣。夫子阖行邪⑤？无落吾事⑥！"俋俋乎耕而不顾⑦。

注释

①伯成子高：杜撰的人名。

②下风：下方。

③焉：用同于"之"。

④劝：劝勉。

⑤阖（hé）：通"盍"。怎么不的意思。

⑥无：毋，不要的意思。落：荒废。

⑦伇伇（yì）：用力耕地的样子。

原文

泰初有无①，无有无名；一之所起②，有一而未形③。物得以生④，谓之德；未形者有分⑤，且然无閒⑥，谓之命；留动而生物⑦，物成生理⑧，谓之形；形体保神，各有仪则⑨，谓之性。性脩反德⑩，德至同于初。同乃虚，虚乃大。合喙鸣⑪；喙鸣合，与天地为合。其合缗缗⑫，若愚若昏，是谓玄德，同乎大顺⑬。

注释

①泰：同"太"。初：始。"泰初"也就是宇宙的初始。

②一：混一的状态，指出现存在的初始形态。

③未形：没有形成形体。

④得：自得。

⑤未形者：没有形成形体时。

⑥閒（jiàn）："閒"字之古体，今又简化为"间"，指两物之间的缝隙。

⑦留：滞静，与"动"相对应。阴气静，阳气动，阴阳二气之滞留和运动便产生物。

⑧生理：生命和机理。

⑨仪则：轨迹和准则。

⑩脩：同"修"，修养。

⑪喙（huì）：鸟口。

⑫缗缗（mín）：泯合无迹的样子。

⑬大顺：指天下回返本真之后的自然情态。

原文

夫子问于老聃曰①："有人治道若相放②，可不可③，然不然④。辩者有言曰：'离坚白，若县寓'⑤。若是则可谓圣人乎？"老聃曰："是胥易技系、劳形怵心者也⑥。执留之狗成思⑦，猿狙之便自山林来⑧。丘，予告若，而所不能闻与而所不能言。凡有首有趾无心无耳者众⑨，有形者与无形无状而皆存者尽无⑩。其动止也，其死生也，其废起也，此又非其所以也⑪。有治在人，忘乎物，忘乎天，其名为忘己。忘己之人，是之谓入于天⑫。"

注释

①夫子：这里指孔丘。

②放：背逆。

③全句是说把不能认可的看作可以认可。

④前一"然"字具有意谓含义，全句意思是把不是这样而认为是这样。

⑤离：分。寓："宇"字之异体。"县寓"是说高悬于天宇，清楚醒目。

⑥胥：通"谞"，指具有一定智巧的小吏。易：改，指供职。系：系累。怵（chù）：恐惧，害怕。

⑦执留：竹鼠，"执留之狗"指善于捕捉竹鼠的狗。成思：指狗受到拘系而愁思。

⑧猿狙：猿猴。便：轻便快捷。

⑨有首有趾：头脚俱全，指业已成形；无心无耳，则指无知无闻。

⑩有形者：指人体。

⑪非其所以：不可能知所以然，即不可能知其原委和始末。

⑫入：会。"入于天"即融合于自然。

原文

将闾葂见季彻曰①："鲁君谓葂也曰：'请受教。'辞不获命②，既已告矣，未知中否③，请尝荐之④。吾谓鲁君曰：'必服恭俭⑤，拔出公忠之属而无阿私⑥，民孰敢不辑⑦！'"季彻局局然笑曰⑧："若夫子之言，于帝王之德，犹螳蜋之怒臂以当车轶⑨，则必不胜任矣！且若是，则其自为处危⑩，其观台⑪多物，将往投迹者众。"

将闾葂覤覤然惊曰⑫："葂也汒若于夫子之所言矣⑬！虽然，愿先生之言其风也⑭。"季彻曰："大圣之治天下也，摇荡民心⑮，使之成教易俗⑯，举灭其贼心而皆进其独志⑰，若性之自为，而民不知其所由然⑱。若然者，岂兄尧舜之教民⑲，溟涬然弟之哉⑳？欲同乎德而心居矣㉑。"

注释

①将闾葂（miǎn）、季彻：均为人名。

②获命：获得允诺。

③中（zhòng）否：行还是不行，说对了还是没说对。

④荐：进献；这是对对方表示尊敬，意思等同于说给你听。

⑤服：亲身实践。

⑥拔：举荐，提拔。公忠之属：公正、忠诚之类的人。阿：偏私。

⑦辑：和睦。

⑧局局然：俯身而笑的样子。

⑨轶（zhè）：通"辙"，车轮印。

⑩自为处危：让自己处于高危的境地。

⑪观（guàn）台：宫廷前面的观楼和高台。

⑫觑觑（xī）然：吃惊的样子。

⑬汒（máng）：同于"茫"。

⑭风（fán）：凡。

⑮摇荡：即遥荡，放纵自由的意思。

⑯成教易俗：即成于教易于俗，在教化方面有所成，在陋俗方面有所改。

⑰贼心：伤害他人之心。独志：自我教化的心志。

⑱所由然：为什么这样。

⑲兄：这里用如动词并具有意谓性含意，相当于尊崇、重视、看重的意思。

⑳溟涬（xíng）然：元气未分时浑浑沌沌的样子。

㉑居：心思安定，不竞逐于外。

原文

子贡南游于楚，反于晋，过汉阴①，见一丈人方将为圃畦②，凿隧而入井，抱瓮而出灌③，搰然用力甚多而见功寡④。子贡曰："有械于此，一日浸百畦，用力甚寡而见功多，夫子不欲乎？"为圃者仰而视之曰⑤："奈何？"曰："凿木为机，后重前轻，挈水若抽⑥。数如泆汤⑦，其名为槔⑧。"为圃者忿然作色而笑曰："吾闻之吾师，有机械者必有机事⑨，有机事者必有机心⑩。机心存于胸中，则纯白不备⑪。纯白不备，则神生不定⑫；神生不定者，道之所不载也⑬。吾非不知，羞而不为也。"子贡瞒然惭⑭，俯而不对。

有间⑮，为圃者曰："子奚为者邪？"曰："孔丘之徒也。"为圃者曰："子非夫博学以拟圣⑯，於于以盖众⑰，独弦哀歌以卖名声于天下者乎⑱？汝方将忘汝神气，堕汝形骸⑲，而庶几乎！而身之不能治，而何暇治天下乎！子往矣，无乏吾事⑳！"

子贡卑陬失色㉑，顼顼然不自得㉒，行三十里而后愈㉓。其弟子曰："向之人何为者邪㉔？夫子何故见之变容失色，终日不自反邪㉕？"曰："始吾以为天下一人耳㉖，不知复有夫人也㉗。吾闻之夫子，事求可，功求成。用力少，见功多者，圣人之道。今徒不然㉘。执道者德全，德全者形全，形全者神全。神全者，圣人之道也。托生与民并行而不知其所之㉙，汒乎淳备哉㉚！功利机巧必忘夫人之心。若夫人者，非其志不之㉛，非其心不为。虽以天下誉之，得其所谓，謷然不顾㉜；以天下非之，失其所谓，傥然不受㉝。天下之非誉，无益损焉，是谓全德之人哉！我之谓风波之民㉞。"

反于鲁，以告孔子。孔子曰："彼假修浑沌氏之术者也㉟；识其一㊱，不识其二㊲；治其内，而不治其外㊳。夫明白入素㊴，无为复朴，体性抱神㊵，以游世俗之间者，汝将固惊邪？且浑沌氏之术，予与汝何足以识之哉！"

注释

①汉阴：汉水的南沿。

②丈人：古代对老年男子的通称。畦（qí）：菜圃内划分出的长行的

栽种区。

③甕："瓮"字之异体。

④搰搰（gú）然：用力的样子。见功寡：收到的功效很少。

⑤卬（yǎng）：亦作"仰"，抬起头。

⑥挈（qiè）：提。

⑦数（shuò）：频繁，引申为快速的意思。泆（yì）：亦作"溢"，这里指沸腾而外溢。

⑧槔（gāo）：即桔（jié）槔，一种原始的提水工具，又名吊杆。

⑨机事：机巧一类的事。

⑩机心：机巧、机变的心思。

⑪纯白：这里指未受世俗沾染的纯静空明的心境。

⑫生：通"性"，"神生"即思想、精神。

⑬载：充满。

⑭瞒然：羞惭的样子。

⑮间。有间：不一会儿。

⑯拟：比拟，仿效。

⑰於于：亦作"𠸄吁"，夸诞的样子。

⑱独弦：自唱自和。哀歌：哀叹世事之歌。

⑲堕（huī）：通"隳"，毁坏。

⑳乏：荒废，耽误。

㉑卑陬（zōu）：惭愧的样子。

㉒顼顼（xù）然：怅然如失而不能自持的样子。

㉓愈：病愈，这里指心情恢复常态。

㉔向：先前。

㉕反：复；这里指恢复平时的心境。

㉖天下一人：指孔丘。

㉗夫人：指种菜的老人。

㉘徒：乃。

㉙托生：寄托形骸于世。所之：去到哪里。

㉚汒（máng）：同"茫"。"汒乎"指深远而不可测的样子。淳备：淳和完备，这里指操行和德行朴实而又保持本真。

㉛不之：不去追求。

㉜謷（áo）：通"傲"，孤高的意思。

㉝傥（tǎng）然：无动于衷的样子。

㉞风波：随风而起，随波而逐，喻指心神不定，为世俗尘垢所牵动。

㉟假修：借助和修养。浑沌氏：虚拟的人氏，指主张浑沌无别而不可分的人。

㊱识其一：意思是懂得自古不移纯真合一的道理。

㊲不知其二：意思是不了解顺合时势适应变化。

㊳外：指外在世界。

㊴入：疑为"大"字之误，"太"的意思。

㊵体性：体悟真性。抱神：持守专一的神情。

纪老师说

尧闲着没事干，出去巡视玩，碰见了一个守护封疆的下属，下属祝愿尧寿延、富有和多男儿，尧谢绝了下属的好意，认为多个男孩子就多了一层忧惧，多财物就多出了麻烦，寿命长就会多受些困辱，都无助于培养无为的观念和德行。下属说，苍天让万民降生人间，必定会授给他一定的差事。男孩子多而授给他们的差事也就一定很多，有什么可忧惧的！富有了就把财物分给众人，有什么麻烦的！圣人总是像鹌鹑一样随遇而安、居无常处，像待哺雏鸟一样觅食无心，就像鸟儿在空中飞行不留下一点踪迹；天下太平，就跟万物一同昌盛；天下纷乱，就修身养性趋就闲暇；寿延千年而厌恶活在世上，便离开人世而升天成仙；驾驭那朵朵白云，去到天与地交接的地方；寿延、富有、多男孩子所导致的多辱、多事、多惧都不会降临于我，身体也不会遭殃；那么还会有什么屈辱呢？

尧终于有点开化，懂了点道理，想向对方多多讨教，但是下属一甩袖子就走了——吓吓吓，连统治者随遇而安不要留下什么踪迹的道理你都不懂，你还讨教什么呢！下属狂甩衣袖这么一走，居然没带走一片云彩，空留下尧一个人在风里凌乱。

唐尧统治时期，伯成子高被封为一方诸侯，后来尧把帝位让给了舜，舜又把帝位让给了禹，伯成子高便辞去诸侯的职位而去从事耕作。禹觉得很没面子，就去找伯成子高理论，他说，来来来，谈一谈你凭啥这样羞辱我？正在地里耕作的伯成子高一张口，就是一篇锦绣文章，他说，当年帝尧统治天下，不须奖励而百姓自然勤勉，不须惩罚而人民自然敬畏。如今你施行赏罚的办法而百姓还是不仁不爱，德行从此衰败，刑罚从此建立，后世之乱也就从此开始了。你不知道自己反省，还来这里聒噪我，你给我滚远一点吧！

据说，尧滚得很远了，他也没弄明白自己的有为而治留下了什么样的祸患。

庄子说，来来来，让我谈点玄奥的大道理你们听听。话说元气萌动宇宙源起的太初时候，一切只存在于"无"，那时候混一的状态就是宇宙的初始，还未形成形体。而万物从混一的状态中产生叫做自得。未形成形体时禀受的阴阳之气有区别，不过阴阳的交合却是吻合而无缝隙，这叫天命。阴气滞留阳气运动而后生成万物，万物生成生命机理，就有了形体。形体守护精神各有轨迹与法则，这就叫本性。善于修身养性就会返归自得，自得的程度达到完美的境界就同于太初之时。一个人要是同于太初之时，心胸就会无比虚豁，就能包容广大，就会与天地融合而共存。

庄子说："你听懂了吗？"

我表示尚且糊涂，庄子生气了，在一边嘟囔，他说："你是不是傻，是不是傻，我这明明说的是无为而治就等于返归本真嘛！"

我就不明白了，到底是我傻还是庄子傻，明明一句话就可以讲明白的事情，他啰嗦这么多干什么呢？

孔子是个谦虚好学的学生，心怀不懂的问题就向老子请教。他说："有人研修和体验大道却好像跟大道相背逆，把不能认可的看作是可以认可的，把不正确的认为是正确的。这样的人可以称作圣人吗？"

老子白了他一眼："孔丘，你头脑这么不开化，让我告诉你听不见而又说不出的道理吧。但凡人有了头和脚等具体的形体而无知无闻的很多，有形体的人跟没有形体、没有形状的道并存的却完全没有。运动、静止、死亡、生存、衰废和兴盛，这六种情况全都出于自然而不可能探知其所以然。倘若果真存在着什么至理，那也是人们遵循本性和真情的各自活动，忘掉外物，忘掉自然，它的名字就叫做忘掉自己。我来问你，孔丘同学，你明白了吗？"

孔丘挠挠头皮，自言自语道："忘掉自己，那不就与自然融为一体

了,这样好吗?"

老子不说话,深情地白了孔丘一眼。

将闾葂拜见季彻,陈述自己对鲁国国君的谈话,说自己劝告鲁君必须躬身实行恭敬和节俭,选拔出公正、忠诚的臣子管理政务而没有偏护与私心,这样百姓就能和睦。

季彻说:"你这样劝告君主,无疑是螳臂当车,甘居其危,也等于跑到高楼上玩自杀不是?伟大的圣人治理天下,是让民心纵放自由不受拘束,使他们在教化方面各有所成,在陋习方面有所改变,完全消除伤害他人的用心而增进自我教化的思想,就像本性在驱使他们活动,而人们并不知道为什么会是这样。"

将闾葂说:"你说得这么高深,我好像有点不懂呢!"季彻说:"简言之,就是做领导必须学会纵任民心,促进他们自我教化,你就别掺和了!"

孔子的学生子贡看不惯一个种菜的老头浇地的方式,劝告老头要学会使用桔槔这种省力的器械。老头反过来嘲笑子贡,有了器械之类的东西必定会出现机巧之类的事,有了机巧之类的事必定会出现机变之类的心思。机变的心思存留在胸中,那么不曾受到世俗沾染的纯洁空明的心境就不完整齐备;纯洁空明的心境不完备,那么精神就不会专一安定;精神不能专一安定的人,大道也就不会充实他的心田。子贡不但没有受到夸奖,反而弄得脸红。

子贡的弟子好奇地问:"老师你这般自惭干什么?"子贡说:"持守不道的人德行才完备,德行完备的人身形才完整,身形完整的人精神才健全。精神健全方才是圣人之道。这样的人他们寄托形骸于世间跟万民生活在一起却不知道自己应该去哪里,内心世界深不可测德行淳厚而又完备啊！功利机巧必定不会放在他们那种人的心上。我原来以为老师孔子很厉害，原来人外有人，天外有天，今天居然遇见一个更厉害的人呐。这才是真正的德行完备的人啊，我只能称作心神不定为世俗尘垢所沾染的人罢了！"

子贡回来对老师孔子说了自己的遭遇，孔子叹口气说："那是研讨和实践浑沌氏主张的人，他们了解自古不移浑沌无别的道理，不懂得需要顺乎时势以适应社会的变化，他们善于自我修养调理精神，却不善于治理外部世界。这样明澈白静到如此素洁，清虚无为回返原始的朴质，体悟真性持守精神，优游自得地生活在世俗之中的人，别说是你，连我也自愧不如啊！"

原文

谆芒将东之大壑①,适遇苑风于东海之滨②。苑风曰:"子将奚之?"曰:"将之大壑。"曰:"奚为焉?"曰:"夫大壑之为物也,注焉而不满③,酌焉而不竭④;吾将游焉!"

苑风曰:"夫子无意于横目之民乎⑤?愿闻圣治。"谆芒曰:"圣治乎?官施而不失其宜⑥,拔举而不失其能,毕见其情事而行其所为⑦,行言自为而天下化⑧,手挠顾指⑨,四方之民莫不俱至,此之谓圣治。""愿闻德人⑩。"曰:"德人者,居无思,行无虑,不藏是非美恶。四海之内共利之之谓悦⑪,共给之之谓安⑫;怊乎若婴儿之失其母也⑬,傥乎若行而失其道也⑭。财用有余而不知其所自来,饮食取足而不知其所从,此谓德人之容⑮。""愿闻神人。"曰:"上神乘光⑯,与形灭亡,此谓照旷⑰。致命尽情,天地乐而万事销亡⑱,万物复情,此之谓混冥⑲。"

注释

①谆芒:虚拟的寓言人物,并寓含谆和、迷茫的意思。大壑:深深的沟谷,指大海。

②苑风:小风,这里拟人化而成为一人名。

③注:注入,流入。

④酌：舀取。

⑤横目之民：即人民。

⑥官：用如动词，指设置官吏。施：施布政令。

⑦行其所为：做自己应做之事。

⑧自为：自动地去做，自己管束自己。

⑨挠：动。顾指：用眼示意。

⑩德人：德行充实的人，这里指体察于道，顺应外物而居安自得的人。

⑪共利之：共同以之为利，是说恩泽施及广众，人人都共有好处。

⑫共给之：共同资给财货。

⑬怊（chāo）乎：怅然有所失的样子。

⑭容：容迹、举止。

⑮乘光：驾驭光亮。

⑯旷：广远。

⑰天地乐：与天地同乐。

⑱混冥：混同玄合没有差别。

原文

门无鬼与赤张满稽观于武王之师①，赤张满稽曰："不及有虞氏乎②！故离此患也③。"门无鬼曰："天下均治而有虞氏治之邪④？其乱而后治之与？"

赤张满稽曰："天下均治之为愿，而何计以有虞氏为⑤！有虞氏之药疡也⑥，秃而施髢⑦，病而求医。孝子操药以修慈父⑧，其色燋然⑨，圣人羞之。至德之世，不尚贤，不使能，上如标枝⑩，民如野

鹿。端正而不知以为义，相爱而不知以为仁，实⑪而不知以为忠，当而不知以为信，蠢动而相使，不以为赐。是故行而无迹，事而无传。"

注释

①门无鬼、赤张满稽：皆为庄子虚拟人名。

②有虞氏：指舜。

③离：同罹，遭受也。

④天下均治：天下完全得到治理。

⑤意为又何用有虞氏来治理呢。

⑥药疡，疡为头疮。医治头疮。

⑦髢（dí）：假发。

⑧修，借为羞，进也。

⑨燋（qiǎo）：憔悴的样子。

⑩标枝：树梢上的细枝，比喻地位虽高却不自以为高，听其自然而已。

⑪实：诚实不欺，循性而行。

纪老师说

苑风向谆芒询问什么是"圣治""德人""神人"。谆芒的回答非常巧妙，他说"圣治"具体地说就是设置官吏施布政令但处处合宜得体。举贤任才而不遗忘一个能人，让每个人都能看清事情的真情实况去做自己应该做的事，行为和谈吐人人都能自觉自动而自然顺化，挥挥手示示意，四方的百姓没有谁不汇聚而来。那么什么是"德人"呢？就是顺应外物凝神自得的人，居处时没有思索，行动时没有谋虑，心里不留存是非美丑。至于"神人"呢？就是能驾驭光亮，跟所有事物的形迹一道消失，这就叫普照万物。穷尽天命和变化的真情，与天地同乐因而万事都自然消亡，万物也就自然回复真情，这就叫混同玄合没有差异。

一番介绍之后，文章引入了门无鬼与赤张满稽的对话，关于治理天下是该由虞氏去治理还是动乱之后去治理，进一步称誉所谓盛德时代的无为而治。庄子借"赤张满稽"之口，赞美盛德的时代，不崇尚贤才，不任使能人；国君居于上位如同树颠高枝无心在上而自然居于高位，百姓却像无知无识的野鹿无所拘束；行为端正却不知道把它看作道义，相互友爱却不知道把它看作仁爱，敦厚老实却不知道把它看作忠诚，办事得当却不知道把它看作信义；无心地活动而又相互支使却不把它看作恩赐。

这种无为而治，有一种观点认为是一种人的高度自觉。

《史记》记载，战国时，秦国出兵攻打赵国，包围了赵都邯郸，情况十分危急，于是赵王派平原君前往楚国，请求援救。平原君打算在其门下食客挑选出二十个文武人才一同前往，但只挑选出十九个，剩下的都不符合条件。这时，有一个名叫毛遂的人，主动向平原君自我推荐，请求加入前往楚国的行列。平原君问："你在我门下多久了？"毛遂回答："三年了。"平原君说："一个真正有才能的人，就好像一把放在袋子里的锥子一样，立刻就会显露出锋利的锥尖。而你在我门下三年了，我却没听说过你有什么表现，你还是留下吧！"毛遂说："我现在自我推荐，就是请求你把我放进袋子里，如果早点有这样的机会，那我就不只是露出锥尖而已，而是早就显露出才能，锋芒毕露了！"平原君觉得毛遂说得有道理，就答应让他一同前往。到了楚国，平原君和楚王

会谈，从早上谈到中午，都还没有结果。毛遂于是持剑走到楚王面前，极力说明赵、楚联合抗秦的利害关系。楚王被说服，答应赵国愿意出兵援救。于是两国当场歃血为盟，誓守联合抗秦的盟约。毛遂不仅帮平原君完成任务，也为国家立下了功劳。

毛遂之所以自荐，很可能不是完全意义上的报恩，而是一种发自内心的意愿，而这种意愿，不是建立在功利性的基础之上的。虽然看上去是迫于环境，有意而为，其实是自觉性的行为。毛遂完全没有必要接下这个棘手的问题，烫手的山芋，他完全可以继续潜伏在诸多门客当中，不显山不露水地逍遥着。毛遂自荐的故事告诉我们，不要总是等着别人去推荐，只要有才干，不妨自己主动站出来，做出自己应有的贡献。

原文

　　孝子不谀其亲①，忠臣不谄其君，臣子之盛也②。亲之所言而然，所行而善，则世俗谓之不肖子③；君之所言而然，所行而善，则世俗谓之不肖臣。而未知此其必然邪？世俗之所谓然而然之，所谓善而善之，则不谓道谀之人也④！然则俗故严于亲而尊于君邪⑤？谓己道人，则勃然作色；谓己谀人，则怫然作色⑥。而终身道人也，终身谀人也，合譬饰辞聚众也，是终始本末不相坐⑦。垂衣裳，设采色，动容貌，以媚一世，而不自谓道谀，与夫人之为徒，通是非⑧，而不自谓众人，愚之至也。知其愚者，非大愚也；知其惑者，非大惑也。大惑者，终身不解；大愚者，终身不灵⑨。三人行而一人惑，所适者犹可致也⑩，惑者少也；二人惑则劳而不至，惑者胜也。而今也以天下惑，予虽有祈向⑪，不可得也。不亦悲乎！

　　大声不入于里耳⑫，折杨皇荂⑬，则嗑然而笑⑭。是故高言不止于众人之心；至言不出，俗言胜也。以二缶钟惑⑮，而所适不得矣。而今也以天下惑，予虽有祈向，其庸可得邪⑯！知其不可得也而强之，又一惑也！故莫若释之而不推⑰。不推，谁其比忧⑱！厉之人夜半生其子⑲，遽取火而视之⑳，汲汲然唯恐其似己也㉑。

注释

①道谀：谄媚阿谀。道，谄媚。

②严于亲：比双亲更尊敬。严，尊敬。

③道人：谄媚的人。

④怫（fú）然：愤怒的样子。

⑤合譬饰辞：比喻得当、辞藻华丽。

⑥罪坐：罪责。坐，论罪。

⑦垂衣裳，设采色，动容貌：上衣下裳，定色彩绣饰，改动容貌，指黄帝设定服饰礼制，改动容貌，以此为治国之法。

⑧灵：知觉。

⑨胜：多。

⑩祈向：祈求向往。

⑪大声：高雅的音乐。

⑫里：同"俚"，俗。

⑬折杨、皇荂：民间小曲。荂，同"华"。

⑭嗑（hé）然：笑声。

⑮胜：荣显。

⑯垂踵：两脚相叠。

⑰推：推究。

⑱比：与。

⑲厉：丑陋。

⑳遽（jù）：立即。

㉑汲汲然：急迫的样子。

原文

百年之木，破为牺尊①，青黄而文之②，其断在沟中。比牺尊于沟中之断，则美恶有间矣，其于失性一也③。跖与曾史，行义有间矣，然其失性均也。且夫失性有五：一曰五色乱目，使目不明；二曰五声乱耳，使耳不聪；三曰五臭薰鼻④，困㥄中颡⑤；四曰五味浊口⑥，使口厉爽⑦；五曰趣舍滑心⑧，使性飞扬⑨。此五者，皆生之害也。而杨墨乃始离跂自以为得⑩，非吾所谓得也。夫得者困，可以为得乎？则鸠鸮之在于笼也⑪，亦可以为得矣。且夫趣舍声色以柴其内⑫，皮弁鹬冠搢笏绅修以约其外⑬，内支盈于柴栅⑭，外重缥缴⑮，睆然在缥缴之中而自以为得⑯，则是罪人交臂历指而虎豹在于囊槛⑰，亦可以为得矣！

注释

①牺樽：雕刻精致的酒器。

②文：纹，指刻出花纹，动词。

③失：改。

④五臭：膻、薰、香、腥、腐五种气味。

⑤困㥄（zōng）：塞。

⑥中颡（sǎng）：鼻子和额额。

⑦五味：酸、甜、苦、辣、咸。

⑧厉爽：害病。

⑨趣舍：取舍。滑心：乱心。

⑩飞扬：指浮躁。

⑪离跂（qí）：脚跟离地，指用力。

⑫鸠鸮（xiāo）：斑鸠和鸮鸟。

⑬柴其内：像柴草一样充塞心中。

⑭皮弁（biàn），鹬冠，搢（jìn）笏绅修：皮弁，皮冠；鹬冠，羽冠；搢，插；笏，玉；绅，大带；修，长裙。

⑮支：塞。盈：满。柴栅：柴草、栅栏。

⑯缴（mò）缴绳索。睆（huàn）睆：极目远望，指清清楚楚。

⑰交臂：倒绑双臂。历指：夹指，古时刑罚。囊槛：圈槛。

纪老师说

什么是忠臣？什么是孝子？世上的人们总喜欢以自己的好恶给它一个定义。其实，这些与庄子的观点是有些背道而驰的，庄子提到的的忠臣和孝子，完全不是这么一回事。

说自己是个谗谄的人，定会勃然大怒颜容顿改；说自己是个阿谀的人，也定会忿恨填胸面色剧变。可是一辈子谗谄的人，一辈子阿谀的人，又只不过看作是用巧妙的譬喻和华丽的辞藻以博取众人的欢心。穿上华美的衣裳，绣制斑斓的纹彩，打扮艳丽的容貌，讨好献媚于举世之人，却不自认为那就是谗谄与阿谀，跟世俗人为伍，是非观念相通，却又不把自己看作是普通的人，这真是愚昧到了极点。

借"忠臣""孝子"作比喻，庄子哀叹世人的愚昧和迷惑，真的是一针见血。

百年的大树，做成酒器与丢弃在山沟里，本质是一样的，命运和遭遇却有了千差万别。盗跖与曾参、史鰌的行为不同，却都丧失了人的本性。奋力追求而自以为有所得，不是优游自得。得到什么反而为其所困，不能说是有所得。

这样看来，追逐功名利禄和声色，貌似有所得，其实是为自己设下了绳索，无论"得"和"失"都丧失了人的真性。人活在世上，不能去计较太多得失，计较付出与回报的比例。这样就等于把自己的快乐寄托在外境上，总是被他人的言行所影响，忘记了自己要走的路。得失只是我们内心的感受，内心对外境的一种判断：我们把它与自我联系起来，产生"我所有"的一种执着，就认为自己得到了什么，反之就觉得自己失去了什么，从而产生喜怒哀乐。

一颗石子，丢入小水洼中会溅起很大的水花；丢入大海中却没有痕迹。一个人的内心要足够宽广、足够深邃，才能遇境平静，不起波澜。宽广，是指心中能装得下更多人、更多事，而不是只从自己的角度出发，整天想着自己的苦乐、得失；深邃，是指内心有明利的智慧，看人看事看得长远、透彻。

这么说来，做人要看淡得失，得到是人生的正常现象，失去也是人生的正常现象。整个人生就是一个不断地得而复失，失而复得的过程，而就其最终结果看，失去反比得到更为本质。我们迟早要失去人生最宝贵的生命，随之也就失去了在人生过程中得到的一切。那时候，你还能说自己得到了什么呢？

天 道

原文

天道运而无所积①，故万物成；帝道运而无所积，故天下归②；圣道运而无所积，故海内服。明于天，通于圣，六通四辟于帝王之德者③，其自为也，昧然无不静者矣④！圣人之静也，非曰静也善，故静也。万物无足以铙心者⑤，故静也。水静则明烛须眉⑥，平中准⑦，大匠取法焉⑧。水静犹明，而况精神圣人之心静乎！天地之鉴也⑨，万物之镜也。夫虚静恬淡寂漠无为者，天地之平而道德之至，故帝王圣人休焉⑩。休则虚，虚则实，实则伦矣⑪。虚则静，静则动，动则得矣⑫。静则无为，无为也，则任事者责矣⑬。无为则俞俞⑭，俞俞者忧患不能处⑮，年寿长矣。夫虚静恬淡寂漠无为者，万物之本也。明此以南乡⑯，尧之为君也；明此以北面，舜之为臣也。以此处上，帝王天子之德也；以此处下，玄圣素王之道也⑰。以此退居而闲游，江海山林之士服⑱；以此进为而抚世⑲，则功大名显而天下一也。静而圣，动而王⑳，无为也而尊，朴素而天下莫能与之争美。夫明白于天地之德者，此之谓大本大宗㉑，与天和者也。所以均调天下㉒，与人和者也。与人和者，谓之人乐；与天和者，谓之天乐。庄子曰："吾师乎㉓！吾师乎！赍万物而不为戾㉔，泽及万世而不为仁；长于上古而不为寿㉕；覆载天地。刻雕众形而不为巧㉖。"此之谓天乐。故曰，知天乐者，其生也天行㉗，其死也物化㉘，静而与阴同德，动而与阳同波㉙。

故知天乐者，无天怨，无人非，无物累，无鬼责。故曰："其动也天㉚，其静也地，一心定而王天下㉛；其鬼不祟㉜，其魂不疲，一心定而万物服。言以虚静推于天地，通于万物，此之谓天乐。天乐者，圣人之心以畜天下也㉝。"

> **注释**

①天道：与人道相对，是自然界无意识无目的运行，是无欲无为的。积：停滞。

②帝道：帝王之道。归：归附。

③六通：四方上下无不畅通。四辟：春夏秋冬无时不开辟，六通四辟：形容于帝王之道全面通晓。

④昧然：暗昧不觉。

⑤铙：通挠，搅乱也。

⑥烛：照。

⑦平中准，水面平静，与水准仪器相符合。中，符合。准，测水平仪器。

⑧大匠取法：高明的木匠师傅效法它作成测量平面的器具。

⑨鉴：镜。

⑩休：栖止。这句的意思：虚静恬淡，寂寞无为是帝王圣人使心栖止之所。

⑪虚则实：心虚静能鉴照天地万物，故而充实。实则伦：充实中包含一切条理秩序。

⑫静则动：天道之动静不是僵死不变的，而是不断转化推移的。

⑬责：尽职责。

⑭俞俞：从容自如的样子。

⑮不能处：处，止也。

⑯南乡：即南向，面南背北，为古代君主听居之位。

⑰玄圣素王：得无为之道，为天下人敬仰而又未处帝王之位的人。

⑱江海山林之士：隐居在海岛深山的隐士。

⑲进为：出仕作官，为帝王辅佐，如伊尹吕望之类。抚世：安抚治理世人。

⑳静而圣：保持自身虚静无为则为圣人，动而王：无欲无求，顺天道而动则为帝王。

㉑大本大宗：指天地万物的根本性质和产生本原。

㉒均调：均平协调。

㉓师：比喻天道，庄子以天道为师，重复申说，表示衷心赞叹。

㉔戾：暴戾。

㉕长：年长。寿：长寿。

㉖刻雕众形：比喻道创生万物的多种形态，好像匠人雕刻出各种物形。

㉗天行：天道之运行。

㉘物化：物象之幻化，认为人死不过是由一种物幻化成另一种物。

㉙波：扩展。

㉚其动也天：其动时无心无为，循性自如，如同天道之运行。

㉛这句是说持守心之虚静无为，就可以为天下王。

㉜祟：祸。其鬼不祟：其为助词，表强调义，强调鬼神也不能带来灾祸。

㉝以：用。畜：养。

纪老师说 ●●●

庄子认为，虚静、恬淡、寂寞、无为是天地的基准，是道德修养的最高境界，所以古代帝王和圣明的人都停留在这一境界上。停留在这一境界上便心境空明虚淡，空明虚淡也就会显得充实，心境充实就能合于自然之理了。心境虚空才会平静宁寂，平静宁寂才能自我运动，没有干扰地自我运动也就能够有所得。虚静便能无为，无为使任事的人各尽其责。无为也就从容自得，从容自得的人便不会身藏忧愁与祸患，年寿也就长久了。虚静、恬淡、寂寞、无为是万物的根本。明白这个道理而居于帝王之位，就像唐尧作为国君；明白这个道理而居于臣下之位，就像虞舜作为臣属。凭借这个道理而处于尊上的地位，就算是帝王治世的盛德；凭借这个道理而处于庶民百姓的地位，就算是通晓了玄圣素王的看法和主张。凭借这个道理退居闲游于江海，山林的隐士就推心折服；凭借这个道理进身仕林而安抚世间百姓，就能功业卓著名扬四海而使天下大同。

庄子啰里啰嗦说了很多，他要表达的是什么意思呢？我认为，无论是否为官，无论是否富贵，只要内心纯净恬淡，一切遵从自然规律的安排，就能顺应民意和时流，和谐相处，才有可能成就一番事业，成就一代名声。

譬如苏东坡。

苏轼诗词双绝，然而也因诗词而获罪。乌台诗案，就是针对他的一场文字狱。得知自己以诗获罪，虽然苏轼怕，但并没有郁闷，该过的狱中生活还是照过。

有一晚，一个年轻人拿着包袱走进苏轼的大牢，一言不发就坐下了。苏轼心里奇怪，但也懒得问，倒头就睡了。天亮以后，年轻人推醒还在打鼾的苏轼，笑着对他说"恭喜苏学士"，转身就走了。原来那个人是皇帝派来的小太监，专门查看苏轼的精神状况。小太监报道说苏学士整夜酣眠，看得出心中没鬼。而这件事也促成了皇帝对苏轼的释怀和赦免。

十多年的贬谪生涯成了苏轼生命的主题。苏轼被贬在海南儋州，第一次吃到天然鲜美的蚝，他跟儿子苏过说：你千万不要对外人说海南的蚝怎么好吃，不然京城里的官员听到了，个个都巴不得被贬海南，分走我的美味呢。

一生漂泊大江南北，苏轼承受了太多的磨难，对此，他却毫不介怀，而是用自嘲诙谐的语言总结自己的一生，足见其光风霁月的坦荡情怀。"问汝平生功业，黄州、惠州、儋州"也是苏轼对自己生平的肯定，在三州的贬谪生活是苏轼政治上最为失意，也是生活最困难的时期，同时也是他文学创作的高峰期。

贬谪生涯成就了苏轼，也成全了他伟大的人格，历史上有过苏轼这个人，中国人才知道什么叫真正的豁达境界。

遭遇贬谪，心性豁达而心忧天下的，还有一个范仲淹。

《宋名臣言行录》中记载了范仲淹的事情，说范仲淹两岁时死了父亲，母亲贫穷无依无靠，又嫁给常山姓朱的人。范仲淹长大以后知道了自己的身世，感动得流了泪，离开母亲去应天府的南都学舍读书。他白天、深夜都认真读书。五年里几乎都是和衣而睡，有时夜晚疲倦了，就用冷水洗脸。他常常是白天苦读，什么也不吃，直到太阳偏西才吃一点东西。就这样，他精通了六部经典著作的要意，情绪激昂地树立起了治理天下的雄心壮志。他曾经自己吟诵说："应当在天下人忧愁之前先忧愁，在天下人都享乐之后才享乐。"

范仲淹政绩卓著，文学成就突出，他倡导的"先天下之忧而忧，后天下之乐而乐"思想和仁人志士节操，对后世影响深远。

那些坎坷的遭遇，谁也不想遇到，而万一遇上了，我劝你应该积极应对，保持自然、宽和的心态。

庄子说，什么叫天乐？所谓天乐，就是圣人的爱心，用以养育天下人。碎毁万物不算是暴戾，恩泽施及万世不算是仁爱，生长于远古不算是寿延，覆天载地、雕刻众物之形不算是智巧，这就叫做天乐。把虚空宁静推及到天地，通达于万物，这就叫做天乐。体察到天乐的人，不会受到天的抱怨，不会受到人的非难，不会受到外物的牵累，不会受到鬼神的责备。

庄子认为，帝王必须无为方才能役用天下，臣子必须有为而为天下所用，这是天经地义不能随意改变的规律。

庄子说，臣下从属国君，子女从属父亲，弟弟从属兄长，年少从属年长，妇女从属男子，妻子从属丈夫。尊卑、先后，这都是天地运行的规律，所以古代圣人取而效法之。上天尊贵，大地卑下，这是神明的位次；春夏在先，秋冬在后，这是四季的序列。万物变化而生，萌生之初便存在差异而各有各的形状；盛与衰的次第，这是事物变化的流别。天与地是最为神圣而又玄妙的，尚且存在尊卑、先后的序列，何况是社会的治理呢！

庄子的这种说法，强调永恒的大道安排下一定的秩序，显然与前文的齐物思想出现了矛盾，后人多认证这部分内容是伪作，或者是庄子倾向于儒家学说的弟子们所作，肯定是有一定道理的。

庄子认为治理天下的最高境界，赏罚明确因而愚钝与聪颖的人都能相处合宜，尊贵和卑贱的人也都能各安其位；仁慈贤能和不良的人也才能都袭用真情。必须把人区分各自不同的才能，必须尊崇各自不同的名分。用这样的办法来侍奉帝王，用这样的办法来养育百姓，用这样的办法来管理万物，用这样的办法来修养自身；智谋不宜用，必定归依自然，这就叫做天下太平。

庄子提出帝王无为、臣下有为的主张，阐明一切政治活动都应尊崇固有的规律，强调事事皆有顺序，而尊卑、男女也都是自然的顺序，实际上是给统治者统治臣民披上了合乎哲理的外衣。

颇不可取！

原文

　　昔者舜问于尧曰："天王①之用心何如？"尧曰："吾不敖②无告③，不废④穷民，苦⑤死者，嘉⑥孺子而哀⑦妇人。此吾所以用心也。"舜曰："美则美矣，而未大也。"尧曰："然则何如？"舜曰："天德而出宁⑧，日月照而四时行，若昼夜之有经⑨，云行而雨施矣！"尧曰："胶胶⑩扰扰乎！子，天之合⑪也；我，人之合也。"夫天地者，古之所大⑫也，而黄帝尧舜之所共美也。故古之王天下者，奚为哉？天地⑬而已矣！

注释

①天王：天子。

②敖：同"傲"，侮慢。

③无告：不堪告诉，指顽愚之民。

④废：抛弃。

⑤苦：悲悯。

⑥嘉：爱惜。

⑦哀：可怜。

⑧天德而出宁：天德，与天合德。

⑨经：恒常。

⑩胶胶：与"扰扰"同义。

⑪天之合：与天道合。

⑫大：尊崇。

⑬天地：德合天地。

原文

孔子西藏书于周室。子路谋曰："由闻周之徵藏史①有老聃者，免②而归居，夫子欲藏书，则试往因③焉。"孔子曰："善。"

往见老聃，而老聃不许④，于是繙⑤十二经⑥以说。老聃中其说⑦，曰："大谩⑧，愿闻其要。"孔子曰："要在仁义。"老聃曰："请问，仁义，人之性邪？"孔子曰："然。君子不仁则不成，不义则不生⑨。仁义，真人之性也，又将奚为矣？"老聃曰："请问，何谓仁义？"孔子曰："中心⑩物恺⑪，兼爱无私，此仁义之情也。"老聃曰："意，几⑫乎后言⑬！夫兼爱，不亦迂乎！无私焉，乃私也。夫子若欲使天下无失其牧⑭乎？则天地固有常矣，日月固有明矣，星辰固有列矣，禽兽固有群矣，树木固有立矣。夫子亦放⑮德而行，循道而趋，已至矣；又何偈偈乎揭⑯仁义，若击鼓而求亡子⑰焉？意，夫子乱人之性也！"

注释

①徵藏史：掌管文典的史官。

②免：引退。

③因：问。

④许：赞同。

⑤繙（fān）：反复。

⑥十二经：为"六经"之误。

⑦中：中断。

⑧大谩：大，同"太"，谩，烦琐。

⑨生：立身。

⑩中心：心中正。

⑪恺（kǎi）：乐。

⑫几：近。

⑬后言：后面说的话。

⑭牧：驾驭。

⑮放：放任。

⑯偈偈：用力。揭：举，指标榜。

⑰亡子：逃跑的人。

原文

士成绮①见老子而问曰："吾闻夫子圣人也，吾固②不辞远道而来愿见，百舍重趼③而不敢息。今吾观子，非圣人也。鼠壤④而余蔬⑤，而弃妹⑥之者，不仁也，生熟⑦不尽于前，而积敛无崖⑧。"老子漠然不应。

士成绮明日复见，曰："昔者吾有刺于子，今吾心正卻⑨矣，何故也？"老子曰："夫巧知神圣之人，吾自以为脱⑩焉。昔者子呼我牛也而谓之牛，呼我马也而谓之马。苟有其实，人与之名而弗受，再⑪受其殃⑫。吾服也恒服，吾非以服有服⑬。"士成绮雁行避影⑭，履行⑮遂进而问，"修身若何？"老子曰："而⑯容崖然⑰，而目衝然⑱，而颡⑲頯然⑳,而口阚然㉑,而状义㉒然,似系马而止也。动而持㉓,发也机㉔,察而审㉕,知巧而覩于泰㉖,凡以为不信㉗。边竟㉘有人焉,其名为窃。"

注释

①士成绮:虚拟人物,姓士名成绮。

②固:所以。

③百舍重趼(jiǎn):百舍,远道;舍,古时距离单位;趼,同"茧"。

④鼠壤:鼠洞。

⑤余蔬:余,剩余;蔬,指食物。

⑥姝:同"薎",轻视。

⑦生熟:指饮食。

⑧崖:边际。

⑨正郤(què):正,醒悟;郤,同"却",改正。

⑩脱:离。

⑪再:又。

⑫殃:牵累。

⑬吾服也恒服,吾非以服有服:服,接受;恒服,出于恒常去接受;以服有服,有心接受而接受。

⑭雁行避影:雁行,从后而行;避影,避开影子。

⑮履行:穿鞋走到席子上,指神态失措。

⑯而:你。

⑰崖然:高傲。

⑱衡（chōng）然：突出的样子。

⑲颡（sǎng）：额头。

⑳頯（kuí）然：隆起的样子。

㉑阚（hǎn）然：尖刻的样子。

㉒义：同"峨"，高大。

㉓动而持：欲动而强持。

㉔发也机：发，指行动；机，弩矢。

㉕察而审：察，明察；审，详细。

㉖泰：多。

㉗信：真实。

㉘竟：同"境"。

原文

夫子曰①："夫道，于大不终②，于小不遗，故万物备。广广乎其无不容也，渊乎③其不可测也。形德仁义④，神之末也，非至人孰能定之！夫至人有世⑤，不亦大⑥乎！而不足以为之累。天下奋棅⑦而不与之偕，审乎无假⑧而不与利迁，极⑨物之真，能守其本，故外天地，遗万物，而神未尝有所困也。通乎道，合乎德，退仁义，宾⑩礼乐，至人之心有所定矣。"

注释

①夫子：庄子。

②终：穷尽。

③渊乎：有说，应为"渊渊乎"。

④形德:形,同"刑";德,赏。

⑤有世:拥有天下。

⑥大:伟大。

⑦棅(bǐng):同"柄",指权威。

⑧无假:不凭借。

⑨极:穷尽。

⑩宾:同"摈",摈弃。

原文

世之所贵道①者书也,书不过②语,语有贵也。语之所贵者意也,意有所随③。意之所随者,不可言传也,而世因贵言传书。世虽贵之,我犹不足贵也,为其贵非其贵也。故视而可见者,形与色也;听而可闻者,名与声也。悲夫,世人以形色名声为足以得彼④之情!夫形色名声果⑤不足以得彼之情,则知者不言,言者不知,而世岂识之哉?

桓公读书于堂上。轮扁⑥斲⑦轮于堂下,释椎凿而上,问桓公曰:"敢问,公之所读者何言邪?"公曰:"圣人之言也。"曰:"圣人在乎?"公曰:"已死矣。"曰:"然则君之所读者,古人之糟魄⑧已夫!"桓公曰:"寡人读书,轮人安得议乎!有说则可,无说则死。"轮扁曰:"臣也以臣之事观之。斲轮,徐则甘⑨而不可,疾则苦⑩而不入。不徐不疾,得之于手而应于心,口不能言,有数⑪存焉于其间。臣不能以喻臣之子,臣之子亦不能受之于臣,是以行年七十而老斲轮。古之人与其不可传也死矣,然则君之所读者,古人之糟魄已夫!"

注释

①贵道：看重，称道。

②过：超过。

③随：跟从。

④彼：对方。

⑤果：实在。

⑥轮扁：名叫扁的制作车轮的工匠。

⑦斲（zhuó）：砍削。

⑧糟魄：同"糟粕"。

⑨甘：缓。

⑩苦：急。

⑪数：术。

纪老师说

舜向尧讨教天子如何用心。尧毫不客气地说，不侮慢庶民百姓，不抛弃生活无计走投无路的穷苦人民，为死者苦苦焦虑，很好地对待留下的幼子并悲悯那些妇人。舜说这还谈不上伟大，真正的伟大应该自然而成，形迹安宁，像日月照耀，四季运行，像昼夜交替，形成常规，像云彩随风飘动，雨点布施万物。舜之所以赞美天地，无非是要仿效天地罢了。

孔子借保藏书籍之事求教老聃，老聃反问孔子保藏书籍的必要性。孔子于是反复强调书籍的主要内容是仁义。说什么君子如果不仁就不能成其名声，如果不义就不能立身社会。说什么中正而且和乐外物，兼爱

而且没有偏私，这就是仁义的实情。

结果呢？被老聃的话打了脸。老聃说，不要搞这些浮华虚伪的劳什子，你这是扰乱了人的本性。你强调兼爱天下太迂腐了吗，对人无私是希望获得别人对自己的爱。你是想让天下的人都不失去养育自身的条件吗？

老聃说，天地原本就有自己的运动规律，日月原本就存在光亮，星辰原本就有各自的序列，禽兽原本就有各自的群体，树木原本就直立于地面。孔丘你还是仿依自然的状态行事，顺着规律去进取，这就是极好的了，又何必如此急切地标榜仁义呢？

庄子的观点是什么，就是强调事事皆应遵循自然规律，指出了儒家的"仁义"正是"乱人之性"。

士成绮觉得老子是个圣人，历尽百般艰辛前来讨教，刚一见面却觉得老子不过尔尔，提出了自己的质疑，说好你个老子，老鼠洞里掏出的泥土中有许多剩余的食物，你把它们随意看轻并抛弃，粟帛饮食享用不尽，聚敛财物也没有限度，你这老头做法很不仁啊！

后来士成绮反悔了，说我这么说你，语气是不是太重了呢？老子不以为然，说过去你叫我牛我就称作牛，叫我马我就称作马。假如存在那样的外形，人们给我相应的称呼却不愿接受，我将会第二次受到祸殃。我顺应外物总是自然而然，我并不是因为要顺应而有所顺应。你小子哪里懂呢？

士成绮大悟，开始讨教什么是修身之道。老子说，看你容颜伟岸高傲，目光突视，头额矜傲，口张舌利，身形巍峨，好像奔马被拴住身虽休止而心犹奔腾。你行为暂时有所强制，一旦行动就像箭发弩机，你明察而又精审，自持智巧而外露骄恣之态。依我看，这就是窃贼的行为！

老子的伶牙俐齿，的确叫人防不胜防，我看了都觉得应该五体投地。不过，我看重的是老子的牛马之说。

史书记载，韩信年轻时候家里很穷，家乡人都笑话他。其中有一个无聊混混经常当众侮辱韩信。有一天，他在市场上碰见饿得面黄肌瘦的韩信，当众侮辱道："别看这小子个子比我高出了许多，身上还挂着一把破剑，但是谁都知道你是一个胆小鬼，从来不敢动别人的一根毫毛。不信你试试，如果你小子敢把剑抽出来杀了我，才算你有种，是一条好汉。否则的话……哼哼，你小子就从我裤裆底下钻过去！"

我估计韩信同学很生气，恨不得抽出剑来，一剑刺死这个当众侮辱自己的泼皮无赖。

但是生气归生气，后果却一点都不严重。满怀怒火瞪了对方半天的韩同学做出了一个令所有围观群众都大跌眼镜的选择，爬在地上，一丝不苟地完成了钻裤裆的全部流程。

哈哈大笑的旁观者怎么能想到，正是这个当年穷得要饭吃的韩信，正是这个当众受胯下之辱的韩信，几年以后就当上了正在与项羽争夺天下的刘邦的大将。正是他带领着十万精兵，一举消灭了项羽几十万的军队，被刘邦誉为无往而不胜的将军，为西汉政权的建立立下了汗马功劳。

当然，后来带着大部队衣锦还乡的韩同学并没有忘记这个家伙。别误会，完全不存在打击报复。正相反，当年的胆小鬼，现在的齐王倒是封了官职给他，并且，还为自己当年坚决不拔剑的行为找到了一个看似符合逻辑的解释："杀之无名"。

甘受胯下之辱，这是什么胸襟？只能说明此人能忍人所不能忍之事，留待有用之身去完成更重要的事，更说明了韩同学很有见识，善于

谋划。

依我看来,司马迁也是这样的一个人,他惨遭宫刑,这对一个男人而言,是多么大的奇耻大辱,但他还不是忍了下来。为什么要忍下来?他是要完成史书的创作的。结果怎么样呢?一部《史记》传世,"史家之绝唱,无韵之离骚",空前绝后!

顺应外物,杜绝智巧骄恣,谁说不是人间至理?

庄子说,道,从大的方面说它没有穷尽,从小的方面说它没有遗缺,所以说具备于万物之中。它没有什么不包容,深邃而不可以探测。"至人"对天下人争相夺取权威不会随之趋赴,审慎地不凭借外物而又不为私利所动,深究事物的本原,持守事物的根本,所以忘忽天地,弃置万物,而精神世界不曾有过困扰。通晓于道,合乎常规,辞却仁义,摈弃礼乐,至人的内心也就恬淡而不乖违。

这是主张要"退仁义""宾礼乐",从而做到"守其本"而又"遗万物",即提倡无为的态度。

庄子对书的看法当下看来也是有很大的局限性的,他认为书并不值得看重,书所看重的,并不是真正可以看重的东西。他说用眼睛看而可以看见的,是形和色;用耳朵听而可以听到的,是名和声。世上的人们满以为形、色、名、声就足以获得事物的实情,实在是谬误。

为此,庄子还列举了齐桓公与轮扁的对话,以此表达对书的鄙视。轮扁说:"国君所读的书,全是古人的糟粕啊!"齐桓公非常不乐意,你一个靠椎子和凿砍削车轮的下里巴人,还好意思说我,难道不知道我是干什么的吗?来来来,你试着说服我一下,说服不了我,小心我要你脑袋。大概轮扁也是个不怕死的主,小样儿,这还能难倒我?让我用熟悉的做木匠活儿的道理惊醒你吧:砍削车轮,动作慢了松缓而不坚固，动作快了涩滞而不入木。不慢不快，手上顺利而且应合于心，口里虽然不能言说，却有技巧存在其间。我不能用来使我的儿子明白其中的奥妙，我的儿子也不能从我这儿接受这一奥妙的技巧，所以我活了七十岁，如今老子还在砍削车轮。古时候的人跟他们不可言传的道理一块儿死亡了，那么国君所读的书，正是古人的糟粕啊！

齐桓公肯定是明白了这个道理，要不这故事怎么没有结果呢。

庄子这么一分析，世上貌似就没有可看的书了。但是话反过来说，如果不看书，我们这些两千年之后的人们，怎么才能理解你这些深奥的道理呢！

以我观之，或许庄子的本意不是这样，他的目的是在说明事物的真情本不可以言传，所谓圣人之言，乃是古人留下的糟粕。他之所以反对读书，其实是反对那些死读书的呆子们。

《史记》记载，战国时期赵国大将赵奢曾以少胜多，大败入侵的秦军，被赵惠文王提拔为上卿。他有一个儿子叫赵括，从小熟读兵书，张口爱谈军事，别人往往说不过他。因此很骄傲，自以为天下无敌。然而赵奢却很替他担忧，认为他不过是纸上谈兵，并且说将来赵国如果用他为将，一定会失败。果然，公元259年，秦军又来犯，赵军在长平坚持抗敌。那时赵奢已经去世。廉颇负责指挥全军，他年纪虽高，打仗仍然很有办法，使得秦军无法取胜。秦国知道拖下去于己不利，就施行了反间计，派人到赵国散布"秦军最害怕赵奢的儿子赵括将军"的话。赵王上了当受了骗，就派赵括替代了廉颇。赵括自认为很会打仗，死搬兵书上的条文，到长平后完全改变了廉颇的作战方案，结果四十多万大军尽被歼灭，他自己也被秦军箭射身亡。

你看看你看看，四十万大军呐，比惨绝人寰的南京大屠杀死亡的人

数还多了十万。这些人怎么死的？还不是被那个死读书不会灵活运用的赵括害死的吗！

当然，文中轮扁反驳齐桓公的话也是有一定道理的。你想想，经年累月积攒起来的经验，只有自己能掌握分寸，其他人恐很难理解。就好像鞋子合不合适，只有脚自己知道！

天 运

原文

"天其运乎?地其处乎①?日月其争于所乎?孰主张是②?孰维纲是?孰居无事而推行是③?意者其有机缄而不得已乎?意者其运转而不能自止邪④?云者为雨乎?雨者为云乎?孰隆施是⑤?孰居无事淫乐⑥而劝是⑦?风起北方,一西一东,有上彷徨,孰嘘吸是⑧?孰居无事而披拂是⑨?敢问何故?"巫咸袑曰⑩:"来!吾语女。天有六极五常⑪,帝王顺之则治,逆之则凶。九洛之事⑫,治成德备,临照下土,天下戴之,此谓上皇。"

注释

①天运:指日月星辰运转、风吹云飘雨降等现象。

②主张:主宰而施张。

③而推行是:原作"推而行是",依奚侗之说改。

④意者:犹"或者"。

⑤隆:兴。

⑥淫乐:贪求欢乐。

⑦劝是:劝勉,助成之意。

⑧有上彷徨:"在",今本作"有"。嘘吸:同呼吸。

⑨披拂:吹动。

⑩巫咸䄂：寓设人物。

⑪六极五常：六极，即六合，指东、南、西、北、上、下。"五常"，即五行，指金、木、水、火、土。

⑫九洛之事：九州聚落之事。

原文

商大宰荡问仁于庄子①。庄子曰："虎狼，仁也。"曰："何谓也？"庄子曰："父子相亲，何为不仁？"曰："请问至仁。"庄子曰："至仁无亲②。"大宰曰："荡闻之，无亲则不爱，不爱则不孝。谓至仁不孝，可乎？"

庄子曰："不然。夫至仁尚矣，孝固不足以言之。此非过孝之言也，不及孝之言也。夫南行者至于郢③，北面而不见冥山④，是何也？则去之远也。故曰：'以敬孝易，以爱孝难；以爱孝易，以忘亲难⑤；忘亲易，使亲忘我难；使亲忘我易，兼忘天下难；兼忘天下易，使天下兼忘我难。夫德遗尧舜而不为也⑥，利泽施于万世，天下莫知也，岂直大息而言仁孝乎哉⑦？夫孝悌仁义，忠信贞廉，此皆自勉以役其德者也⑧，不足多也⑨。故曰：至贵，国爵并焉⑩；至富，国财并焉；至显⑪，名誉并焉。是以道不渝⑫。'"

注释

①商大宰荡："商"，即宋。周朝封殷代后裔为宋，所以称为商。

②至仁无亲：即至仁无私，谓至仁者一视同仁，无所偏爱。

③郢（yǐng）：楚国都邑。

④冥山：山名寓设。

⑤忘：形容心境达到适度的一种境界。

⑥德遗尧舜而不为也：蔑视尧舜不足以为德。

⑦太息而言：嗟叹自夸。

⑧役其德："德"，真性，劳役其性。

⑨不足多：不足尚。

⑩至贵，国爵并焉："并"，读为"屏"，弃。

⑪至显：原作"至愿"。

⑫渝：变。

原文

北门成问于黄帝曰①："帝张咸池之乐于洞庭之野②，吾始闻之惧，复闻之怠，卒闻之而惑；荡荡默默③，乃不自得。"

帝曰："汝殆其然哉！吾奏之以人，徵之以天④，行之以礼义，建之以大清⑤。夫至乐者，先应之以人事，顺之以天理，行之以五德，应之以自然，然后调理四时，太和万物。四时迭起，万物循生；一盛一衰，文武伦经⑥；一清一浊，阴阳调和，流光其声；蛰虫始作⑦，吾惊之以雷霆。其卒无尾，其始无首；一死一生，一偾一起⑦；所常无穷⑧，而一不可待⑨。汝故惧也。"

"吾又奏之以阴阳之和，烛之以日月之明。其声能短能长，能柔能刚；变化齐一，不主故常⑩；在谷满谷，在坑满坑；涂却守神⑪，以物为量⑫。其声挥绰⑬，其名高明⑭。是故鬼神守其幽，日月星辰行其纪。吾止之于有穷，流之于无止。予欲虑之而不能知也，望之而不能见也，逐之而不能及也；傥然立于四虚之道⑮，倚于槁梧而吟⑯。'目知穷乎所欲见，力屈乎所欲逐⑰，吾既不及，已夫！'形充空虚，乃至委蛇⑱。汝委蛇，故怠。"

"吾又奏之以无怠之声，调之以自然之命⑲。故若混逐丛生⑳，林乐而无形㉑；布挥而不曳㉒，幽昏而无声。动于无方，居于窈冥㉓；或谓之死，或谓之生，或谓之实，或谓之荣；行流散徙，不主常声。世疑之，稽于圣人。圣也者，达于情而遂于命也。天机不张而五官皆备，无言而心说，此之谓天乐㉔。故有焱氏为之颂曰㉕：'听之不闻其声，视之不见其形，充满天地，苞裹六极。'汝欲听之而无接焉，而故惑也㉖。"

"乐也者，始于惧，惧故祟；吾又次之以怠，怠故遁；卒之于惑，惑故愚；愚故道，道可载而与之俱也。"

注释

①北门成：姓北门，名成，黄帝臣。

②咸池：古代乐章乐称。洞庭之野：即广漠之野。

③荡荡默默，乃不自得："荡荡"，精神散。"荡荡默默"，摇摇昏昏。

④徽：今本作"徵"。

⑤建之以大清："太清"，天道（成疏）。

⑥文武伦经："伦经"，犹经纶。

⑦债：仆。

⑧所常无穷："常"，从向声，当借为"向"。

⑨一不可待：皆不可待。

⑩不主故常：不拘泥于固定。

⑪涂却："涂"，借"杜"，即杜塞的意思，"却"，同隙，指

七窍。

⑫以物为量：顺任外物为原则。

⑬挥绰：悠扬越发。

⑭名：作节奏解。

⑮四虚之道：四方没有际限的大道。

⑯槁梧："槁梧"，即几案。

⑰目知穷乎所欲见，力屈乎所欲逐：这三句是承上文而来的。

⑱委蛇：随顺应变。已见于应帝王篇。

⑲自然之命："命"，借为"令"，"令"，谓节奏。

⑳混逐丛生：混然相逐，丛然并生。

㉑林乐而无形："林乐"，喻众乐齐奏。

㉒布挥而不曳："布挥"，形容乐声的播散振扬。

㉓动于无方："方"，限定之意。

㉔无言而心说，此之谓天乐：原作："此之谓天乐，无言而心说。"

㉕有焱（yán）氏：神农。

㉖而：同汝。

纪老师说

日、月、云、雨等自然现象是古人难以理解的，由此会产生无数神话传说，像中国的神龙施云布雨，像各司其职的雷公电母等。庄子借巫咸祒之口，提出了自然万物都是自身运动的结果，因而"顺之则治""逆之则凶"。

中国最早的两任水利部长，可能就是鲧和禹了，而这两人还是父子

关系。

尧在世的时候,中原地带洪水泛滥,无边无际,淹没了庄稼,淹没了山陵,淹没了人民的房屋。人民流离失所,很多人只得背井离乡,水患给人民带来了无尽的灾难。在这种情况之下,尧决心要消灭水患,于是就开始访求能治理洪水的人。群臣和各部落的首领都推举鲧。尧素来觉得鲧这个人不可信,但眼下又没有更合适的人选,于是就暂且将治水的任务委任给鲧。

鲧治水治了九年,采取"水来土挡"的策略,大水还是没有消退,后来鲧不但毫无办法,而且消极怠工,拿国家这一艰巨的任务当儿戏。后来舜开始操理朝政,他所碰到的首要问题也是治水,于是,他首先革去鲧这个水利部长的职务,将他流放到羽山。

第二任水利部长是禹,他是个贤良的人,并不因舜处罚了他的父亲就嫉恨在心,而是欣然接受了这一任务。面对滔滔洪水,大禹从鲧治水的失败中汲取教训,改变了"堵"的办法,对洪水进行疏导,体现出他具有带领人民战胜困难的聪明才智;大禹为了治理洪水,常年在外与民众一起奋战,置个人利益于不顾,"三过家门而不入"。之后治水13年,耗尽心血与体力,终于完成了治水的大业。在他的治理下,咆哮的河水失去了往日的凶恶,驯驯服服地平缓地向东流去,昔日被水淹没的山陵露出了峥嵘,农田变成了米粮仓,人民又能筑室而居,过上幸福富足的生活。

堵不如疏,这就是最早的"顺之则治"的理念,这就是顺应自然最好的做法。我们在对待自然的态度方面应更加重视顺应性,这个顺应不是被动的服从,而是积极遵循、契合的意思。只有尊重自然规律,才可能去遵循、契合它;也只有顺应自然,遵循、契合自然规律,才能比较有效地保护自然和生态环境。从这个意义上说，顺应自然是衔接尊重自然和保护自然的必要环节，进而把我们耳熟能详的尊重自然、保护自然观念进一步提炼为尊重、顺应和保护自然的生态文明理念。

2005年，时任浙江省委书记的习近平，首次提出了"绿水青山就是金山银山"的科学论断，后来，他又进一步阐述了绿水青山与金山银山之间三个发展阶段的问题。党的十八大报告中提出要大力推进生态文明建设，必须树立尊重自然、顺应自然、保护自然的生态文明理念，努力建设美丽中国，实现中华民族永续发展。归根到底，这是强调人与自然的和谐，人与人的和谐。

宋国的太宰荡向庄子请教仁爱的问题，庄子说："虎和狼也具有仁爱。"太宰荡说："这是说什么呢？"庄子说："虎狼也能父子相互亲爱，为什么不能叫做仁呢？"太宰荡说："我听说，没有亲就不会有爱，没有爱就不会有孝，说最高境界的仁就是不孝，可以吗？"

庄子否定了这种观点，具体说明了"至仁无亲"的道理。

庄子说，用恭敬的态度来行孝容易，以爱的本心来行孝困难；用爱的本心来行孝容易，用虚静淡泊的态度对待双亲困难；虚静淡泊地对待双亲容易，使双亲也能虚静淡泊地对待自己困难；使双亲虚静淡泊地对待自己容易，能一并虚静淡泊地对待天下人困难；一并虚静淡泊地对待天下之人容易，使天下之人能一并忘却自我困难。大道至理，强调最为珍贵的，一国的爵位都可以随同忘却自我而弃除；最为富有的，一国的资财都可以随同知足的心态而弃置，最大的心愿，名声和荣誉都可以随同通适本性而泯灭。

孟子提出过"老吾老以及人之老，幼吾幼以及人之幼"。我认为这里面有相通之处。尊敬自己的父母长辈，从而推广到尊敬所有人的父母长辈；爱护自己的孩子，从而推广到爱护所有人的孩子，这一点值得肯定与学习。而天下的执政者如果大力倡导这样的传统美德，将有助于打造一个安乐的家庭，创建一个和谐美好、温馨的社会。

做到这一点其实不难，关键在于执政者心中有大道。

庄子的伟大之处，还在于他通晓各种技艺。文章中借黄帝向北门成的指导，谈了对音乐的感受，"至乐""听之不闻其声"，但却能"充满天地，苞裹六极"，因而给人以迷惑之感，但正是这种无知无识的浑厚心态接近于大道，保持了本真。

黄帝说，他因循人情来演奏乐曲，取法自然的规律，用礼义加以推进，用天道来确立。最美妙最高贵的乐曲，总是用人情来顺应，用天理来因循，用五德来推演，用自然来应合，然后方才调理于四季的序列，跟天地万物同和。乐声犹如四季更迭而起，万物都遵循这一变化而栖息生长；忽而繁茂忽而衰败，春季的生机和秋季的肃杀都在有条不紊地更迭；忽而清新忽而浊重，阴阳相互调配交和，流布光辉和与之相应的声响；犹如解除冬眠的虫豸开始活动，我用雷霆使它们惊起。乐声的终结寻不到结尾，乐声的开始寻不到起头；一会儿消逝一会儿兴起，一会儿偃息一会儿亢进；变化的方式无穷无尽，全不可以有所期待。因此会感到惊恐不安。

然后，黄帝又说，此后用阴阳的交和来演奏，用日月的光辉来照临整个乐曲。于是乐声能短能长，能柔能刚，变化虽然遵循着一定的条理，却并不拘泥于故态和常规；流播于山谷山谷满盈，流播于坑凹坑凹充实；堵塞心灵的孔隙而使精神宁寂持守，一切用外物来度量。乐声悠扬广远，可以称作高如上天、明如日月。因此连鬼神也能持守幽暗，日月星辰也能运行在各自的轨道上。时而把乐声停留在一定的境界里，而乐声的寓意却流播在无穷无尽的天地中。想思考它却不能知晓，观望它却不能看见，追赶它却总不能赶上；只得无心地伫立在通达四方而无涯际的衢道上，依着几案吟咏。目光和智慧困窘于一心想要见到的事物，力气竭尽于一心想要追求的东西。早已经赶不上了啊！形体充盈却又好像不复存在，方才能够随应变化。听者能随应变化，因此惊恐不安的情绪慢慢平息下来。

　　黄帝又演奏起忘情忘我的乐声，并且用自然的节奏来加以协调。因而乐声像是混同驰逐相辅相生，犹如风吹丛林自然成乐却又无有形迹；传播和振动均无外力引曳，幽幽暗暗又好像没有了一点儿声响。乐声启奏于不可探测的地方，滞留于深远幽暗的境界；有时候可以说它消逝，有时候又可以说它兴起；有时候可以说它实在，有时候又可说它虚华；演进流播飘散游徙，绝不固守一调。世人往往迷惑不解，向圣人问询查考。所谓圣，就是通达事理而顺应于自然。自然的枢机没有启张而五官俱全，这就可以称之为出自本然的乐声，犹如没有说话却心里喜悦。所以有焱氏为它颂扬说："用耳听听不到声音，用眼看看不见形迹，充满于大地，包容了六极。"听者想听却无法衔接连贯，所以到最后终于迷惑不解。

　　一段时间，每每走过我家旁近的卡拉OK厅，听到那些酒足饭饱之后的人们在扯着嗓子尽情高歌，一直以为是鬼哭狼嚎样的，就替他们惶惶不安。后来，经过时再听就不为所动，且渐渐消除恐惧，最后再听，就对那些曲子那些人感到迷惑不解而无知无识似的。现在终于有所领悟，原来我也是在追求大道！

纪连海谈 庄子

原文

孔子西游于卫，颜渊问师金曰①："以夫子之行为奚如②？"师金曰："惜乎！而夫子其穷哉③！"颜渊曰："何也？"师金曰："夫刍狗之未陈也④，盛以箧衍⑤，巾以文绣⑥，尸祝齐戒以将之⑦。及其已陈也，行者践其首脊，苏者取而爨之而已⑧。将复取而盛以箧衍，中以文绣，游居寝卧其下⑨，彼不得梦，必且数眯焉⑩。今而夫子，亦取先王已陈刍狗，聚弟子游居寝处其下。故伐树于宋⑪，削迹于卫⑫，穷于商周⑬，是非其梦邪？围于陈蔡之间，七日不火食，死生相与邻，是非其眯邪⑭？夫水行莫如用舟，而陆行莫如用车。以舟之可行于水也，而求推之于陆，则没世不行寻常⑮。古今非水陆与？周鲁非舟车与？今蕲行周于鲁⑯，是犹推舟于陆也，劳而无功，身必有殃。彼未知夫无方之传，应物而不穷者也⑰。且子独不见桔槔者乎⑱？引之则俯，舍之则仰⑲。彼，人之所引，非引人也，故俯仰而不得罪于人⑳。故夫三皇五帝之礼义法度㉑，不矜于同而矜于治㉒。故譬三皇五帝之礼义法度，其犹柤梨橘柚邪㉓！其味相反而皆可于口㉔。故礼义法度者，应时而变者也。今取猨狙而衣以周公之服㉕，彼必龁啮挽裂㉖，尽去而后慊㉗。观古今之异，犹猨狙之异乎周公也。故西施病心而颦其里㉘，其里之丑人见之而美之，归亦捧心而颦其里㉙，其里之富人见之，坚闭门而不出，贫人见之，挈妻子而去走㉚。彼知颦美而不知颦之所以美。惜乎，而夫子其穷哉！"

注释

①卫国在鲁国西，孔子由鲁去卫，故称西游。师金：庄子虚拟人名。

②奚如：何如，怎么样。

③穷：困穷，不通达。

④刍（chú）狗：用草扎成的狗，古人祭祀时，用作祭物。陈：陈列、摆设。

⑤盛：装也。箧（qiè）：竹箱之类。衍：箱子。

⑥巾：覆盖。文绣：绣有文饰的盖巾。

⑦尸祝：古代祭祀时对神主行祝祷之人。齐：同斋。将：送。

⑧苏者：打烧柴的人，取薪曰樵，取草曰苏。爨（cuàn）：炊火做饭。

⑨游居寝卧其下：漫游归来就寝睡觉。

⑩彼：指拾回刍狗特加珍贵的人。数：多次，屡次。眯（mí）：梦魇，梦中为鬼物惊扰。

⑪伐树干宋：指孔子途经宋国，在大树下与弟子们演习礼。宋司马桓魋欲杀孔子，孔子化装逃走，桓魋把那棵大树砍倒。

⑫削迹于卫：指孔子到卫国，卫灵公派人监视，经过匡地时，又被包围五天，放走后被警告不许再到卫国来。削迹即绝迹之意。

⑬商：指宋，周指东周。

⑭陈蔡：春秋时二个小国。火食：熟食。邻：近也。

⑮没世：终生，一辈子。寻常：长度单位八尺为寻，二寻为常。

⑯蕲（qí）：祈求，希望。行周于鲁：行周道于鲁国。

⑰无方之传：四面八方皆可传递。隐喻无为可应对一切。传：传车、驿车，古时传递消息的快速工具。无方：没有固定的传递方向。

⑱桔槔（jiě gáo）：古代用杠杆原理制成的提水机械。

⑲这句的意思为使用桔槔提水，把吊桶一端向下拉至井下，盛满水后，松开手，水就提上来了。拉时即引之则俯，松开手即舍之则仰。

⑳这句的意思是言桔槔为人所牵引，而不牵引人，所以不得罪人。

㉑三皇五帝：三皇为伏羲氏、神农氏和黄帝。五帝为少昊、颛顼、高辛、尧、舜。

㉒矜：崇尚、钦敬之意。

㉓柤（zhā）：通楂，即山楂，其味酸。

㉔可于口：可口，合于不同人口味。

㉕猿狙：不同种类的猴子。

㉖齕啮（hé niè）：用牙齿咬。挽裂：用手撕碎。

㉗慊（qiè）：满足。

㉘西施：春秋时期的美女。病心：俗称心口痛，实则胃病也，矉（pín）：同颦，皱眉痛苦的样子。里：邻里。

㉙捧心：双手抚按胸口。

㉚挈（qiè）：提携、带领。

原文

孔子行年五十有一而不闻道，乃南之沛见老聃①。老聃曰："子来乎？吾闻子，北方之贤者也，子亦得道乎？"孔子曰："未得也。"老子曰："子恶乎求之哉②？"曰："吾求之于度数③，五年而未得也。"老子曰："子又恶乎求之哉？"曰："吾求之于阴阳④，十有二年而未得。"

老子曰："然。使道而可献⑤，则人莫不献之于其君；使道而可进⑥，则人莫不进之于其亲；使道而可以告人，则人莫不告其兄弟；使道而可以与人，则人莫不与其子孙。然而不可者，无佗也⑦，中无主而不止⑧，外无正而不行⑨。由中出者，不受于外，圣人不出⑩；由外入者，无主于中，圣人不隐⑪。名，公器也，不可多取⑫。仁义，先王之蘧庐也⑬，止可以一宿而不可久处，觏而多责⑭。

古之至人，假道于仁⑮，托宿于义⑯，以游逍遥之虚⑰，食于苟简之田⑱，立于不贷之圃⑲。逍遥，无为也；苟简，易养也⑳；不贷，无出也。古者谓是采真之游㉑。以富为是者㉒，不能让禄；以显为是者，不能让名。亲权者㉓，不能与人柄，操之则栗，舍之则悲㉔，而一无所鉴㉕，以窥其所不休者㉖，是天之戮民也㉗。怨、恩、取、与、谏、教、生、杀八者㉘，正之器也，唯循大变无所湮者为能用之㉙。故曰：正者，正也㉚。其心以为不然者，天门弗开矣㉛。"

> **注释**
>
> ①之：往。沛：地名，在今江苏沛县。
>
> ②恶乎：于何。
>
> ③度数：制度名数。
>
> ④阴阳：阴阳变化规律。
>
> ⑤献：献出、献给。
>
> ⑥进：奉送之意，与献意相近。
>
> ⑦佗：同他。

⑧中：指内心。主：主见。止：留住。

⑨正：证，印证，肯定之意。

⑩圣人不出：大道不得社会认同，无法推行，故圣人下把它拿出来宣扬。

⑪隐：藏，接纳。

⑫名：指事物之名称，亦指一个人的名誉、声誉，此处指后义。公器：众人所用之物。

⑬蘧（qú）庐：用茅草搭成的有脊无柱的茅舍，如今山民所说的马架子。

⑭觏：见。此指把仁义显示于人。多责：招致众多从仁义方面来的责备。

⑮假：借。

⑯托宿：寄宿、暂住。假道，托宿都是比喻之词，表示圣人不执着于仁义，只是暂且利用一下，以达到更高的目标。

⑰逍遥之虚：摆脱一切限制，无待无己，绝对自由自在的无限虚空。

⑱苟简之田：马虎简略加以耕种，即可获取收成之田。

⑲不贷：指不借物于人，损己益人，只求自满自足。贷，借。

⑳易养：容易养活自己。

㉑采真之游：采取真意以遨游，不为形迹所役使。

㉒是：谓正道。

㉓权：权力，权柄。

㉔栗：颤栗，惟恐失掉。舍：丧失。

㉕一无所鉴：对上述之危害都无所鉴戒。

㉖窥：借为规，取。不休：不止也。虽富有、名高、权重，仍不满足，仍争夺不止。

㉗天之戮民：指这些人为名利权势相互争夺不止，受无穷困扰摧残，这是违背自然本性的自杀，不是外加之刑戮，故称天之戮民。天：自然。

㉘怨：憎恶。恩：慈爱。取：剥夺。与：赐予。谏：劝止。教：教诲。

㉙大变：天道变化。湮（yān）：滞塞。

㉚正者，正也：自己正，合于天道，方能正物，正人。

㉛天门：心。指与天道合一，随天道运化之心。

纪老师说

孔子向西边游历到别的国家准备推行他的治国政策。颜渊暗地里问师金："你认为夫子此次卫国之行怎么样？"师金说："可惜呀，你的先生一定会遭遇困厄啊！"颜渊说："哦，我的天呐，这是为什么呢？"

师金说："听俺给你打个比方。用草扎成的狗没有用于祭祀前，一定会用竹制的箱笼装着，用绣有图纹的饰物来披着，祭祀主持人斋戒后迎送着。等到它已用于祭祀，行路人踩踏它的头颅和脊背，拾草的人捡回去用于烧火煮饭罢了；想要再次取来用于祭祀而拿竹筐装着它，拿绣有图纹的饰物披着它，游乐居处于主人的身旁，即使它不做恶梦，也会一次又一次地感受到梦魇似地压抑。如今你的先生，也是在取法先王已经用于祭祀的草扎之狗，并聚集众多弟子游乐居处于他的身边。所以在宋国大树下讲习礼法而大树被砍伐，在卫国游说而被铲掉了所有的足迹，在殷地和东周游历遭到困厄，这不就是那样的恶梦吗？在陈国和蔡国之间遭到围困，整整七天没能生火就食，让死和生成了近邻，这又不就是那压得喘不过气来的梦魇吗？

"你那个糊涂老师，如今一心想着在鲁国推行周王室的治理办法，这就像是在陆地上推船而行，徒劳而无功，自身也难免遭受祸殃。这是完全不懂得运动变化并无限定，只能顺应事物于无穷的道理。所以，礼义法度，都是顺应时代而有所变化的东西。如今捕捉到猿猴给它穿上周公的衣服，它必定会咬碎或撕裂，直到全部剥光身上的衣服方才心满意足。观察古今的差异，就像猿猴不同于周公。

"我再给你讲个东施效颦的故事，加深一下你的印象。从前西施心口疼痛而皱着眉头在邻里间行走，邻里的一个丑女人看见了认为皱着眉头很美，回去后也在邻里间捂着胸口皱着眉头。邻里的有钱人看见了，紧闭家门而不出；贫穷的人看见了，带着妻儿子女远远地跑开了。那个丑女人只知道皱着眉头好看却不知道皱着眉头好看的原因。

"你说说，你老师是不是个糊涂蛋，不懂得应时而变，他不遭遇厄运，老天都不答应的！"

事实证明，孔子真的没有成功，孔子到了郑国，与弟子们走散了，孔子一个人站在外城的东门。郑国人有看见了就对子贡说："东门有个人，他的额头像唐尧，脖子像皋陶，肩膀像郑子产，可是从腰部以下比禹短了三寸，一副狼狈不堪、没精打采的样子，真像一条丧家狗。"子贡见面把原话如实地告诉了孔子。孔子说："他形容我的相貌，不一定对，但说我像条丧家狗，对极了！对极了！"

《战国策》中记载，赵武灵王看到胡人在军事服饰方面有一些特别的长处：穿窄袖短袄，生活起居和狩猎作战都比较方便；作战时用骑兵、弓箭，与中原的兵车、长矛相比，具有更大的灵活机动性。于是，为了富国强兵，赵武灵王提出"着胡服""习骑射"的主张，决心取胡人之长补中原之短。

可是遭到许多皇亲国戚的反对。赵武灵王驳斥他们说，只要对富国强兵有利，何必拘泥于古人的旧法。他抱着以胡制胡，将西北少数民族纳入赵国版图的决心，冲破守旧势力的阻拦，毅然颁布了"胡服骑射"的政令。赵武灵王号令全国着胡服，习骑射，并带头穿着胡服去会见群臣。胡服在赵国军队中装备齐全后，赵武灵王就开始训练将士，让他们学着胡人的样子，骑马射箭，转战疆场，并结合围猎活动进行实战演习。

在赵武灵王的亲自教习下，国民的生产能力和军事能力大大提高，接连打败了临近的中山、东胡等国，向北开辟了上千里的疆域，赵国日益壮大起来。

赵武灵王的"胡服骑射"是我国古代军事史上的一次大变革，被历代史学家传为佳话。它揭开了我国古代战争史上由车战转变为"骑射"的重要一页；体现了古代各民族之间的交流与融合；同时也是古代思想文化方面的一场改革。

以此看来，赵武灵王勇于变革、坚持变革的精神，善于变革的智慧，在现代社会是值得肯定值得学习的。

《淮南子·氾论训》有这样的话："知法治所由生，则应时而变；不知法治之源，虽循古终乱。"什么意思呢？知道法治的产生，就应该随着时间而改变；不知道法律治理的源头，虽然沿古始终混乱。

联系庄子的观点细细想来，道理还是蛮深刻的！

孔子活了五十一岁还没有领悟大道，异常郁闷地到沛地拜见老

聃。老聃微微一笑说:"我听说你是北方的贤者,恐怕已经领悟了大道吧?"孔子惭愧:"还未能得到。"老子说:"你是怎样寻求大道的呢?"孔子说:"我在规范、法度方面寻求大道,用了五年的工夫还未得到。我又从阴阳的变化来寻求,十二年了还是未能得到。"

老子说:"你这么一说,我也就放心了哦。假使道可以用来进献,那么人们没有谁不会向国君进献大道;假使道可以用来奉送,那么人们没有谁不会向自己的双亲奉送大道;假使道可以传告他人,那么人们没有谁不会告诉给他的兄弟;假使道可以给与人,那么人们没有谁不会用来给与他的子孙。内心不能自持因而大道不能停留,对外没有什么相对应因而大道不能推行。从内心发出的东西,倘若不能为外者所接受,圣人也就不会有所传教;从外部进入内心的东西,倘若心中无所领悟而不能自持,圣人也就不会有所怜惜。名声,乃是人人都可使用的器物,不可过多猎取。仁义,乃是前代帝王的馆舍,可以住上一宿而不可以久居,多次交往必然会生出许多责难。

"古代道德修养高的至人,对于仁来说只是借路,对于义来说只是暂住,而游乐于自由自在、无拘无束的境域,生活于马虎简单、无奢无华的境地,立身于从不施与的园圃。自由自在、无拘无束,便是无为;马虎简单、无奢无华,就易于生存;从不施与,就不会使自己受损也无裨益于他人。人家称这种情况叫做神采真实地遨游。想来你是很难做到了。

"把贪图财贿看作正确的人,不会让人利禄;把追求显赫看作正确的人,不会让人名声;迷恋权势的人,不会授人权柄。掌握了利禄、名声和权势便唯恐丧失而整日战栗不安,而放弃上述东西又会悲苦不堪,而且心中全无一点鉴识,眼睛只盯住自己所无休止追逐的东西,这样的人只能算是被大自然所刑戮的人。怨恨、恩惠、获取、施与、谏诤、教化、生存、杀戮、这八种做法全是用来端正他人的工具，只有遵循自然的变化而无所阻塞滞留的人才能够运用它。所以说，所谓正，就是使人端正。内心里认为不是这样，那么心灵的门户就永远不可能打开。"

庄子借老聃对孔子的谈话来谈论道，指出名声和仁义都是身外的器物与馆舍，可以止宿而不可以久处，真正需要的则是"无为"。

的确如此，在物欲横流的社会，常常听到有人用"看淡"或者"放下"的教诲来为人消除烦恼。让我们"看淡"和"放下"的，往往是我们的人生中最看重和最放不下的东西。看重名誉的人，无法看淡名声。其实名誉是最不实在的，可有可无的。可是偏偏却有很多人把名誉二字看得比什么都重要。因此，希望出人头地，追求名声，是很多人的奋斗目标，哪怕得到的是虚名也在所不辞。这种沉迷于虚名的人，如果让他看淡名声，那就如同让他裸奔一样，成了他的奇耻大辱。

电视剧《围城》热播后，钱钟书的新作旧著，被争先恐后地推向市场。面对这种火爆，钱钟书始终保持静默。对所谓的"钱学"热，他认为"吹捧多于研究""由于吹捧，人物可成厌物"。有人用钱策动他接受采访，他却说："我都姓了一辈子钱了，难道还迷信钱吗？"一个著名的洋记者慕名想见他，他回话说："假如你吃了一个鸡蛋觉得还不错，又何必要去认识那只下蛋的母鸡呢？"

所以，看淡，放下，才能打开心灵的门户，才能顺应自然，乐得长久。

原文

孔子见老聃而语仁义。老聃曰："夫播糠眯目①，则天地四方易位矣；蚊虻噆肤②，则通昔不寐矣③。夫仁义憯然乃愤吾心④，乱莫大焉。吾子使天下无失其朴⑤，吾子亦放风而动，总德而立矣⑥。又奚杰然若负建鼓而求亡子者邪⑦？夫鹄不日浴而白，乌不日黔而黑⑧。黑白之朴，不足以为辩⑨，名誉之观，不足以为广⑩。泉涸⑪，鱼相与处于陆，相呴以湿，相濡以沫⑫，不若相忘于江湖。"

孔子见老聃归，三日不谈。弟子问曰："夫子见老聃，亦将何规哉⑬？"孔子曰："吾乃今于是乎见龙⑭。龙，合而成体⑮，散而成章⑯，乘云气而养乎阴阳。予口张而不能嗋⑰，予又何规老聃哉？"子贡曰："然则人固有尸居而龙见，雷声而渊默，发动如天地者乎⑱？赐亦可得而观乎⑲？"遂以孔子声见老聃⑳。

老聃方将倨堂而应㉑，微曰㉒："予年运而往矣㉓，子将何以戒我乎？"子贡曰："夫三皇五帝之治天下不同㉔，其系声名一也㉕。而先生独以为非圣人，如何哉？"

老聃曰："小子少进㉖，子何以谓不同？"对曰："尧授舜，舜授禹，禹用力而汤用兵㉗，文王顺纣而不敢逆，武王逆纣而不肯顺，故曰不同。"

老聃曰："小子少进！余语汝三皇五帝之治天下：黄帝之治天

下，使民心一㉘，民有其亲死不哭而民不非也。尧之治天下，使民心亲，民有为其亲杀其杀而民不非也㉙。舜之治天下，使民心竞㉚，民孕妇十月生子，子生五月而能言，不至乎孩而始谁㉛，则人始有夭矣㉜。禹之治天下，使民心变，人有心而兵有顺㉝，杀盗非杀人㉞，自为种而天下耳㉟。是以天下大骇，儒墨皆起。其作始有伦㊱，而今乎妇女㊲，何言哉！余语汝，三皇五帝之治天下，各曰治之，而乱莫甚焉。三皇之知，上悖日月之明㊳，下睽山川之精㊴，中堕四时之施㊵。其知憯于蛎虿之尾㊶，鲜规之兽㊷，莫得安其性命之情者，而犹自以为圣人，不可耻乎？其无耻也！"子贡蹴蹴然立不安㊸。

注释

①播：播扬。糠：谷物皮屑也。眯（mǐ）目：灰尘入眼，难以视物。

②虻（méng）：似蝇而稍大的会飞昆虫，生于野草丛中，雄的吸食植物津液，雌的刺吸人畜血液。噆（zǎn）：叮，咬。

③昔：同夕，夜。通昔，即整夜，通宵。

④憯然：惨毒。憯同惨。愤：应作愦。

⑤吾子：谈话时对对方的亲切称呼，相当于您、先生之类。朴：本性，本来状态。

⑥放：作仿解，仿效之意。总德：执守自性。

⑦杰然，用力的样子。建鼓：大鼓。

⑧鹄：天鹅。黔（qián）：黑色，这里作动词染黑。

⑨辩：辨，辨别。

⑩广：增大、扩充之意，观：壮观。

⑪涸：干涸。

⑫呴（xū）：吐气。濡：沾湿。

⑬规：劝说，规劝。

⑭乃今：现在，于是；于此，在这里。

⑮《本草纲目》言龙，"其形有九似，头似驼，角似鹿，眼似兔，耳似牛，项似蛇，腹似蜃，鳞似鲤，爪似鹰，掌似虎。"龙是古人综合多种动物特征，创造出来的一种神奇生物。合而成体或指此。

⑯章：花纹。

⑰噡（xié）：合拢嘴。

⑱如天地：象天地那样变幻莫测。

⑲赐：子贡姓端木名赐。

⑳这句意思是用孔子名声为中介，使老聃对来人身份有所了解。

㉑倨：同踞，伸开腿坐着。

㉒微：小声、轻声。

㉓年运而往：年岁很高了。运，行也；往，老迈。

㉔皇原作王，依《续古逸丛书》校改。

㉕系：连系。

㉖小子：老年人对年轻晚辈之称呼，相当于现在说的小伙子，年轻人之类。少进：稍稍往前来。

㉗禹用力：禹带领民众治水很是辛苦劳累，故称用力。汤用兵：商汤战胜夏桀而有天下，凭借武力。

㉘心一：心淳朴专一，无分别，把亲人与天下人同等看待。

㉙亲：爱亲人，杀：降等之意。杀其杀：按亲疏程度依次降等。

㉚竞：竞争。

㉛孩：婴儿之笑声。始谁：开始辨别人与物。

㉜夭：夭亡。

㉝变：机智权变。兵有顺：人有机变诈伪之心，则用武力使之顺从天理。

㉞杀盗非杀人：盗贼有罪该杀，顺乎天理，故曰非杀人。

㉟种：指同类、同党、同伙。

㊱伦：伦理。

㊲妇女：像女人一样去取悦于人。

㊳悖：搞乱。

㊴睽：违背。

㊵堕：毁坏。

㊶蛎虿（lìchài）：蝎子一类用尾部毒刺刺人的毒虫。

㊷规：现正，引申为驯化之意。鲜规之兽：指未经驯化，保存野性之猛兽。

㊸蹙（cù）蹙：惊恐不安的样子。

原文

孔子谓老聃曰："丘治《诗》《书》《礼》《乐》《易》《春秋》六经，自以为久矣，孰知其故矣①：以奸者七十二君②，论先王之道而明周、召之迹③，一君无所钩用④，甚矣夫！人之难说也，道之难明邪⑤？"

老子曰："幸矣！子之不遇治世之君也！夫六经，先王之陈迹也，岂其所以迹哉⑥！今子之所言，犹迹也。夫迹，履之所出，而迹岂履哉！夫白鶂之相视⑦，眸子不运而风化⑧；虫，雄鸣于上风。雌应于下风而风化⑨。类自为雌雄⑩，故风化。性不可易，命不可变，时不可止，道不可壅。苟得于道，无自而不可；失焉者⑪，无自而可。"孔子不出三月，复见曰："丘得之矣。乌鹊孺⑫，鱼傅沫⑬，细要者化⑭，有弟而兄啼⑮。久矣夫丘不与化为人⑯！不与化为人，安能化人⑰。"老子曰："可，丘得之矣！"

注释

①孰：同熟，熟知，熟悉。故：故事。

②奸：假借为干。干为干谒，因有所求而请见之意，七十二君：泛言孔子干谒诸侯之多。

③周召之迹：周为周公旦，召为召公奭，辅佐武王、成王建功立业。周召之迹指他们的功业政绩。

④钩用：引用，取用之意。

⑤说：说服。

⑥所以迹：决定治绩的背后原因，指道。

⑦白鶂（yì）：一种水鸟。

⑧眸子：瞳孔。运：动。风化：相待风气而化生。

⑨上风：与下风相对，指风流动方向之上方。

⑩类：同类。同类动物之雌雄才能相互感应而风化，不同类则不可。

⑪焉：代指道。

⑫乌：乌鸦，鹊，为喜鹊。孺：孵化而生子。

⑬傅：付出。鱼付出口沫而受孕。

⑭要：同腰。细腰即细腰蜂，为土蜂之一种，古人误以为是青虫所

化,细腰蜂不会生子,以青虫育成己子。

⑮有弟而兄啼:有了弟弟,哥哥怕失去父母之爱而啼哭。

⑯不与化:不能与变化相一致。

⑰安:何。

纪老师说

　　孔子一向自我感觉不错,就去拜见老聃,准备跟他好好地讨论一下仁义。老聃丝毫不给孔子面子,一张口就说:"你倡导的仁义对人的毒害就极为惨痛乃至令人昏愦糊涂,对人的祸乱没有什么比仁义更为厉害。你要想让天下不至于丧失淳厚质朴,你就该纵任风起风落似地自然而然地行动,一切顺于自然规律行事,又何必那么卖力地去宣扬仁义,好像是敲着鼓去追赶逃亡的人似的。白天鹅不洗也是白的,黑乌鸦不染也是黑的,黑和白都是出于本然,不足以分辨谁优谁劣;而名声和荣誉那样的外在东西,更不足以播撒张扬。泉水干涸了,鱼儿相互依偎在陆地上,大口出气来取得一点儿湿气,靠唾沫来相互得到一点儿润湿,倒不如将过去江湖里的生活彻底忘怀。"

　　庄子这是什么意思?是教他置他人悲惨的境地于不顾吗?当然不是。庄子的意思是说,要孔子放下包袱,开动机器,那些仁义对人的本性和真情的扰乱毒害至深,会使人昏愦糊涂,于世无补,毫无进益。

　　受到教育的孔子弄得灰头土脸,回来三天没有说话。孔子的学生子贡内心不服,决心要去自取其辱,于是借助孔子的名义前去拜见老聃。

　　子贡说:"老李啊,远古时代三皇五帝治理天下各不相同,然而却都有好的名声,唯独先生您不认为他们是圣人,这是为什么呢?"

　　老聃说:"小子,你离我近一点,好让我好好地教训你!我先对

纪连海谈 庄子

你说说三皇五帝治理天下的事。黄帝治理天下，使人民心地淳厚保持本真，百姓有谁死了双亲并不哭泣，人们也不会加以非议。唐尧治理天下，使百姓敬重双亲，百姓有谁为了敬重双亲依照等差而做到亲疏有别，人们同样也不会非议。虞舜治理天下，使百姓心存竞争，怀孕的妇女十个月生下孩子，孩子生下五个月就张口学话，不等长到两三岁就开始识人问事，于是开始出现夭折短命的现象。夏禹治理天下，使百姓心怀变诈，人人存有机变之心因而动刀动枪成了理所当然之事，杀死盗贼不算杀人，人们各自结成团伙而肆意于天下，所以天下大受惊扰，儒家、墨家都纷纷而起。三皇五帝治理天下，名义上叫做治理，而扰乱人性和真情没有什么比他们更严重的了。三皇的心智就只是对上而言遮掩了日月的光明，对下而言违背了山川的精粹，就中而言毁坏了四时的推移。他们的心智比蛇蝎之尾还惨毒，就连小小的兽类，也不可能使本性和真情获得安宁，可是还自以为是圣人。是不认为可耻吗，还是不知道可耻呢？

子贡一听，我的个乖乖，这老家伙，说的和唱的都一样好听，原来三皇五帝之治天下，实则是"乱莫甚焉"，其毒害胜于蛇蝎之尾。那我还是收敛一下吧！

子贡心悦诚服。这也算他心甘情愿，自找难堪。

孔子郁闷不堪，对老聃说："我研修《诗》《书》《礼》《乐》《易》《春秋》六部经书，自认为很久很久了，熟悉了旧时的各种典章制度；用违反先王之制的七十二个国君为例，论述先王（治世）的方略和彰明周公、召公的政绩，可是一个国君也没有取用我的主张。实在难啊！是人难以规劝，还是大道难以彰明呢？"

老子说："幸运啊，你不曾遇到过治世的国君，你遭遇失败就对

了。六经乃是先王留下的陈旧遗迹，哪里是先王遗迹的本原！真正得道，无论去到哪里都不会受到阻遏；失道的人，无论去到哪里都是此路不通。"

　　孔子听了，回去三个月闭门不出，再次见到老聃说："我终于得道了。乌鸦喜鹊在巢里交尾孵化，鱼儿借助水里的泡沫生育，蜜蜂自化而生，生下二胎老大就常常啼哭。很长时间了，我没有能跟万物的自然变化相识为友！不能跟自然的变化相识为友，又怎么能教化他人！"老子听了后说："好。孔丘啊孔丘，你终于得道了！"

　　庄子说孔子得了道，说明了一个什么道理？无非是进一步批判先王之治，指出唯有顺应自然变化方才能够教化他人。

　　纵观中国历史，顺应自然，顺应民心者无不强盛一时。西汉前朝帝王休养生息，以安其民，成就"文景之治"；唐太宗体恤民情，轻徭薄赋，使社会安定，成就"贞观之治"；唐玄宗初年继往开来，安抚百姓，重用贤臣，安稳统治天下，成就"开元盛世"；康乾励精图治，平定叛乱，维护统一，社会安定和谐而成就"康乾胜景"。为什么他们都能够成就一番大业，自然是因为他们顺应民心，顺应自然，顺应世事变化，制定相应的措施之后，才有这番作为的。

刻 意

原文

　　刻意尚行①，离世异俗②，高论怨诽③，为亢而已矣④。此山谷之士，非世之人⑤，枯槁赴渊者之所好也⑥。语仁义忠信，恭俭推让，为修而已矣⑦；此平世之士，教诲之人⑧，游居学者之所好也⑨。语大功，立大名，礼君臣，正上下，为治而已矣；此朝廷之士，尊主强国之人⑩，致功并兼者之所好也⑪。就薮泽⑫，处闲旷⑬，钓鱼闲处，无为而已矣；此江海之士，避世之人，闲暇者之所好也。吹呴呼吸⑭，吐故纳新，熊经鸟申⑮，为寿而已矣；此道引之士⑯，养形之人，彭祖寿考者之所好也⑰。

　　若夫不刻意而高，无仁义而修，无功名而治，无江海而闲，不道引而寿，无不忘也⑱，无不有也⑲，澹然无极⑳，而众美从之。此天地之道，圣人之德也。

注释

　　①刻意：克制意欲。尚行：使行为高尚。

　　②离世异俗：与世俗相离相异，截然与众不同。

　　③怨诽：怨愤讥刺世之无道。

　　④亢（kàng）：高。

　　⑤山谷之士：隐居深山穷谷之隐士。非世：以世道为非。

126

⑥枯槁：身体被烧成焦枯状。如鲍焦、介之推等人，为坚持一己之见，自命清高，隐居不出而被烧死。赴渊：投水而死。

⑦修：修身。

⑧平世之上：与世道相安并处之人。教诲之人：专门以讲学著述为业之人。

⑨游居学者：有到处游说，有定居讲学之人。

⑩尊主强国：使君主尊显，使国家强大。

⑪致功并兼者：建立功业兼并他国之人。

⑫就薮（sǒu）泽：到湖泊沼泽之地去。

⑬处闲旷：居住在空旷无人之处。

⑭吹呴（xū）：皆指吐气，深者为呴，浅者为吹，为练功调息呼吸的方法。

⑮熊经：此指熊攀到树上，使身体悬空，鸟申：申同伸，伸展之意，鸟飞行时身体伸展。

⑯道引：为舒通气血，柔和肢体的系统功法。

⑰彭祖：见《逍遥游》注。寿考：考，老。老寿，长寿之意。

⑱无不忘：一切无心，不有意追求。即忘记前面所说刻意尚行，修仁义，求功名，隐江海，习导引等。

⑲无不有：无心于上述五者，反而得五者之全，无一不有。

⑳澹（dàn）然：淡漠无心，不在意。

纪老师说

庄子认为，磨砺心志崇尚修养，超脱尘世不同流俗，谈吐不凡，抱怨怀才不遇而讥评世事无道，算是孤高卓群罢了；这样做乃是避居山谷的隐士,是愤世嫉俗的人,正是那些洁身自好、宁可以身殉志的人所一心追求的。宣扬仁爱、道义、忠贞、信实和恭敬、节俭、辞让、谦逊,算是注重修身罢了;这样做乃是意欲平定治理天下的人,是对人施以教化的人,正是那些游说各国而后退居讲学的人所一心追求的。宣扬大功,树立大名,用礼仪来划分君臣的秩序,并以此端正和维护上下各别的地位,算是投身治理天下罢了;这样做乃是身居朝廷的人,尊崇国君强大国家的人,正是那些醉心于建立功业开拓疆土的人所一心追求的。走向山林湖泽,处身闲暇旷达,垂钩钓鱼来消遣时光,算是无为自在罢了;这样做乃是闲游江湖的人,是逃避世事的人,正是那些闲暇无事的人所一心追求的。嘘唏呼吸,吐却胸中浊气吸纳清新空气,像黑熊攀援引体、像鸟儿展翅飞翔,算是善于延年益寿罢了;这样做乃是舒活经络气血的人,善于养身的人,正是像彭祖那样寿延长久的人所一心追求的。

庄子进一步阐释,若不需磨砺心志而自然高洁,不需倡导仁义而自然修身,不需追求功名而天下自然得到治理,不需避居江湖而心境自然闲暇,不需舒活经络气血而自然寿延长久,没有什么不忘于身外,而又没有什么不据于自身。宁寂淡然而且心智从不滞留一方,而世上一切美好的东西都汇聚在他的周围。这才是像天地一样的永恒之道,这才是圣人无为的无尚之德。

庄子崇尚圣人之德,此前分析了五种不同的修养态度,唯有第六种才值得称道,"澹然无极"才是"天地之道""圣人之德"。这是一组大的对比,通过对比,比较出圣人的天地之道,得出修养的最高境界就是要"虚无恬淡"。

一个人,要达到庄子所说的大道至理,真的是很有难度的,但他先前提出的几种修养，历史上还是大有人在的。

浔阳柴桑有个人叫陶渊明，他是东晋时期的大诗人、辞赋家、散文家。陶渊明出身于贵族世家，受儒、道思想影响很深，年轻时曾怀有"大济于苍生"的壮志，又因家境贫寒，二十九岁时走上仕途，历任江州祭酒、镇军参军、彭泽令等下级官职，每次时间都很短。几度出仕，使他逐渐认清了当时官场的污浊与黑暗，四十一岁还家归隐，过起了自由闲适的田园生活。此后二十三年，虽忧愤常积于心，生活困窘多难，但再无出仕之念，最后在贫病交迫中去世。陶渊明对社会人事的虚伪黑暗有极清醒的认识，因而他的隐逸不是消极的逃避现实，而是具有深刻的批判社会现实的积极意义。当他在漫长的隐居生活中陷入饥寒交迫的困境时，尽管也彷徨过，动摇过，但最终还是没有向现实屈服，宁固穷终生也要坚守清节。据说郡官派督邮来见他，县吏就叫他穿好衣冠迎接。他叹息说："我岂能为五斗米，向乡里小儿折腰！"从此，不为五斗米折腰传为佳谈。陶渊明喜欢喝酒，"寄酒为迹"抒发自己不愿和腐朽的统治同流合污的心愿，表现出诗人恬淡旷远的襟怀、孤傲高洁的品格，也正是因为如此，他的作品才平淡质朴却诗意盎然。

浙江余姚有个人叫王守仁，号阳明，后人多称王阳明。他曾官至南京兵部尚书、南京都察院左都御史，因平定宸濠之乱等军功而被封为新建伯。隆庆年间追封侯爵。王阳明是陆王心学之集大成者，非但精通儒、释、道三教，而且能够统军征战，是中国历史上罕见的全能大儒。阳明在世时，不论受到朝廷权贵怎样排挤，不论守旧派怎样攻击，都因为学术和事功，成为当时当之无愧的第一人，受到士子们的崇拜。后来，绍兴已经成为王学的讲学中心，常年不散的有三四百人。阳明每开讲座，环坐听者不下数百人，学生出门，无不跳跃称快。王阳明为什么这么把布道讲学作为人生中最重要的事情呢？他在答复聂豹的信中说："古代的贤人看到善就像自己做了好事，看到恶就像自己做了坏事，把百姓的疾苦看成自己的疾苦。我偶然发现了良知学说，认为只有致良知后天下才能得到治理，从而清明太平，于是不顾自己是个不肖无力之人，希望用良知来整治天下，挽救百姓。"

北宋的时候有个叫林逋的隐士，他从小就失去了父母，家境贫寒，有时候连饭都吃不上。但他刻苦学习，发奋上进，终于成了一个很有学问的人。可是林逋生性恬淡，对功名利禄不屑一顾，他非常厌恶社会上那种阿谀奉承、追逐名利的风气。于是便在杭州西湖边的一座山中隐居起来，过着清闲自在的日子。林逋擅长诗文，他作诗的时候，不用多加思索，大笔一挥就写好了，可是奇怪的是每次刚一写好，他读完后便立即撕掉。有人问他："为什么不抄下来留给后人呢？"林逋说道："我现在隐居在山中，尚且都不想以诗出名，哪里还想过名扬后世呢？"林逋的脾气非常古怪，既不娶妻，更不要孩子，但是他却特别喜爱梅花和仙鹤。他常常四处寻访，只要遇到好的品种，不管多贵，他都会买回来。闲暇的时候，他便一个人在院子里赏梅玩鹤。他有只仙鹤叫"鸣皋"，每次客人来访的时候，如果林逋不在，童子便打开笼子，"鸣皋"便会跑去给林逋报信，林逋看见"鸣皋"便回来会见客人。周围的人知道后，都说林逋"梅妻鹤子"。

那些醉心于建立功业开拓疆土的人我就不列举了，这种人史上最多，每朝每代都大有人在。至于庄子后面所说的善于养身的人，我也同样不再赘述。

我之所以举这几个例子，无非是说明庄子笔下的几种修养，虽然在庄子看来，达不到圣人的高度，但这种活法，也实在有情趣得很。

原文

故曰：夫恬淡寂寞，虚无无为，此天地之平而道德之质也①。

故曰：圣人休休焉则平易矣②，平易则恬淡矣。平易恬淡，则忧患不能入，邪气不能袭，故其德全而神不亏。

故曰：圣人之生也天行③，其死也物化④，静而与阴同德，动而与阳同波⑤。不为福先，不为祸始，感而后应⑥，迫而后动，不得已而后起。去知与故⑦，循天之理。故无天灾，无物累，无人非，无鬼责。其生若浮，其死若休⑧。不思虑，不豫谋⑨。光矣而不耀，信矣而不期⑩。其寝不梦，其觉无忧，其神纯粹，其魂不罢⑪。虚无恬淡，乃合天德。

故曰：悲乐者，德之邪⑫；喜怒者，道之过⑬；好恶者，德之失。故心不忧乐，德之至也；一而不变⑭，静之至也；无所于忤⑮，虚之至也；不与物交，淡之至也⑯；无所于逆，粹之至也⑰。

故曰：形劳而不休则弊，精用而不已则劳⑱，劳则竭。水之性，不杂则清，莫动则平；郁闭而不流⑲，亦不能清，天德之象也⑳。

故曰："纯粹而不杂，精一而不变，惔而无为，动而以天行，此养神之道也㉑。"

131

注释

①平：平易，不偏不倚。质：实质本质。

②休休焉：据俞樾说，应作"圣人休焉，休则平易矣"。休：作息心解。

③天行：任自然而运动。

④物化：物象之幻化。

⑤同波：动静无心，与阴阳变化一体，如同波浪之推进。

⑥感而后应：指圣人与天地阴阳变化合一，而相互感应，并不有意追求，一切任其自然，所以下会成为幸福之先导，也下去成为灾祸之发端。

⑦知：智谋机巧，故：后天习学之诈伪造作之类。

⑧浮：浮在水面的泡沫，休：休息。极言把生死看得极轻微、极平常。

⑨豫谋，指物至而应，不预先谋划。

⑩信矣而下期：守信而不要求必定兑现，即不要求"言必信，行必果"，一切顺乎自然。期，必。

⑪罢：同疲，疲劳。

⑫邪：邪妄、邪僻。

⑬道之过：喜怒不忘，就不能顺天道而行，反而以天道为过错。

⑭一而不变：要持守道而永不改变。

⑮忤（wǔ）：违逆抵触之意。

⑯不与物交。不与外物相交接。淡：淡漠无心。

⑰粹：纯一不杂。

⑱形：形体。弊：疲困。精：精神。

⑲郁闭：郁结闭塞。

⑳天德之象：水通过流动保持清澈，天道通过运动而能永恒，故水有天德之象。

㉑养神：存养精神。

原文

夫有干越之剑者①，柙而藏之②，不敢用也，宝之至也。精神四达并流③，无所不极，上际于天，下蟠于地④，化育万物，不可为象，其名为同帝⑤。纯素之道，唯神是守⑥；守而勿失，与神为一；一之精通，合于天伦⑦。野语有之曰⑧："众人重利，廉士重名，贤人尚志，圣人贵精⑨。"故素也者，谓其无所与杂也；纯也者，谓其不亏其神也。能体纯素，谓之真人⑩。

注释

①干越，干为吴国，越即越国。

②柙（xiá）：盛物的匣子。

③四达并流：形容精神四面八方通达并流无滞碍。

④极：极点、尽头。际：交会，会合。蟠（pán）：遍及。

⑤同帝：同于天帝。

⑥纯素：与纯粹义近，只是更强调素质、本性之纯一不杂。

⑦天伦：自然之理。

⑧野语：谚语。

⑨精：精神。

⑩体纯素：以纯素为体，真人：得道者，与至人，神人相近。

纪连海谈 庄子

纪老师说

庄子认为，恬淡、寂漠、虚空、无为，这是天地赖以均衡的基准，而且是道德修养的最高境界。圣人总是停留在这一境域里，停留在这一境域也就平坦而无难了。这样的圣人心神纯净精粹，魂灵从不疲惫。虚空而且恬淡，合乎自然的真性。

庄子还说，悲哀和欢乐乃是背离德行的邪妄，喜悦和愤怒乃是违反大道的罪过，喜好和憎恶乃是忘却真性的过失。因此内心不忧不乐，是德行的最高境界；持守专一而没有变化，是寂静的最高境界；不与任何外物相抵触，是虚豁的最高境界；不跟外物交往，是恬淡的最高境界；不与任何事物相违逆，是精粹的最高境界。这样一来，纯净精粹而不混杂，静寂持守而不改变，恬淡而又无为，运动则顺应自然而行，这就是真正养神的道理。

不知怎么，我读到这一部分内容，总是想起一个人来，这个人的名字，就叫法布尔。

法布尔出生于法国南部的一个农民家中，他在童年时代就迷上了户外大自然中的花草虫鸟，在他不足19岁时就立志研究昆虫，后来靠自学获得了自然科学硕士、博士学位。

1880年，法布尔用积攒的一小笔钱，在乡间小镇塞里尼昂附近购得一处荒石园。法布尔就是这样，在孤独、欢欣、清苦、平静地度过了余生，把劳动成果写进一卷又一卷的《昆虫记》。

《昆虫记》是一部概括昆虫的种类、特征、习性和婚习的昆虫学巨著，同时也是一部富含知识、趣味美感和哲理的文学宝藏。

法布尔在全十卷精装本《昆虫记》的出版序言中说："非常遗憾，

如今我被迫中断了这些研究。要知道从事这些研究是我一生得到的唯一的安慰。阅尽大千世界,自知虫类是其最多姿多彩者中的一群。即使能让我再获得些许气力,甚至有可能再获得几次长寿人生,我也做不到彻底认清虫类的益趣。"

我想,法布尔应该像庄子笔下的圣人一样,固守着自己的荒石园,安稳恬淡,世间所有的忧患都不能进入内心,勾心斗角尔虞我诈的邪气不能侵袭其身,他德行完整而内心世界不受任何一点亏损,才最终写就人间大书。

庄子认为,吴越地方出产的宝剑,用匣子秘藏起来,不敢轻易使用,因为是最为珍贵的。精神可以通达四方,没有什么地方不可到达,上接近苍天,下遍及大地,化育万物,却又不可能捕捉到它的踪迹,它的名字就叫做同帝。纯粹素朴的道,就是持守精神,持守精神而不失却本真,跟精神融合为一,浑一就使精智畅通无碍,也就合于自然之理。俗语有这样的说法:"普通人看重私利,廉洁的人看重名声,贤能的人崇尚志向,圣哲的人重视素朴的精神。"所以,素就是说没有什么与它混杂,纯就是说自然赋予的东西没有亏损。能够体察纯和素,就可叫他"真人"。

庄子提出"贵精"的主张,所谓"贵精"即不丧失"纯""素",这样的人就可叫做"真人"。

1982年,白方礼老人退休后开始从事个体三轮客运。每日里早出晚归、辛劳奔波,攒下了一些钱。1987年,已经74岁的他决定做一件大事,那就是靠自己蹬三轮的收入帮助贫困的孩子实现上学的梦想。这一蹬就是十多年,直到他92岁逝世。

为了让贫困的孩子们能安心上学,白方礼老人靠自己的劳动,在十

多年的时间里先后捐款35万元，资助了300多个大学生。他为学生们送去的每一分钱都是用自己的双腿一脚高一脚低那么踩出来的！

网友在纪念白方礼老人的专题网页上如此评论："'一个馒头，一碗白水，他曾如此简单生活；三百学子，35万元捐款，他就这样感动中国。'但在有些人看来，白方礼太傻了。白方礼从来不管别人怎么想，怎么说，他就要照自己的方式生活。或许正是他极端清贫朴素的生活，与他捐出的35万元善款形成了巨大的反差，才使人们麻木的神经受到触动；或许正是他老迈的九旬之躯，与三百学子灿烂的笑脸形成了鲜明的对比，才使人们漠然的心湖荡起了波澜。在人们心中，白方礼的35万元，远胜过比尔·盖茨捐出的巨款，尽管后者也很值得钦佩。白方礼让社会知道了什么叫'拳拳之心'，什么叫'积小善成大善'，什么叫'大爱无言'。白方礼老人让这个社会还明白了一个道理，无论你从事的职业多么卑微，只要你竭尽全力去爱，去奉献，你都会变得高贵，受人爱戴。"

2012年，在感动中国的颁奖典礼上，白方礼老人以草根助学的代表成为了特别奖的得奖者之一。感动中国评选组委会以"白方礼们"的形式，对老人表示了敬意，也对和老人一样的这些默默帮助着失学儿童重返校园的人们表示敬意。

什么是真人？什么是素人？庄子从未给过我们一个鲜明的例子。而当今社会，我们在白方礼的身上看到也感受到了"素"与"真"的强大力量，这个将物质生活标准压到最低点的老人，把能量释放到最高的高度，他就是一个大写的"真人"。

缮 性

原文

　　缮性于俗学①，以求复其初；滑欲于俗思②，以求致其明；谓之蔽蒙之民③。古之治道者，以恬养知④；知生而无以知为也⑤，谓之以知养恬。知与恬交相养，而和理出其性⑥。夫德，和也；道，理也。德无不容⑦，仁也；道无不理，义也；义明而物亲⑧，忠也；中纯实而反乎情⑨，乐也；信行容体而顺乎文⑩，礼也。礼乐遍行，则天下乱矣。彼正而蒙己德⑪，德则不冒⑫，冒则物必失其性也。

注释

　　①缮（shàn）性：修治修补本性。俗学：指道家之外的百家之学。

　　②滑（gǔ）：借为旧，治理、疏导。欲：由外物引起之情欲、物欲。俗思：以追求名利为目标的通行观念。

　　③蔽蒙：与蒙蔽同义。指为百家之学说和通行观念所欺蒙，而迷失大道。

　　④恬：恬静淡漠，知与智通。

　　⑤无以知为：虽有知也下以智谋治事，而持守恬静质朴之性。

　　⑥和理：和为恬静淡漠之性，理为自然之理，二者皆出于本性。

　　⑦德无不容：德行弘大深远，无不包容。

　　⑧义明：义理分明。

⑨中：心中。纯实：为仁义所充实。反乎情：仁义发乎中而与外物应和，又返回自身，与性情和谐愉悦。

⑩信行容体：信义之行表现于仪容举止。

⑪彼正：天地人物各自正其性命。

⑫冒，覆盖。

纪老师说

庄子认为，在世俗的流习范围内修治性情，靠仁义礼智的儒俗学说来期求复归原始的真性；内心欲念早已被习俗所扰乱，还一心希望能达到明彻与通达；这就叫作闭塞愚昧的人。

古时候研究道术的人，总是以恬静来调养心智；心智生成却不用智巧行事，可称它为以心智调养恬静。心智和恬静交相调治，因而谐和顺应之情从本性中表露而出。德，就是谐和；道，就是顺应。德无所不容，就叫做仁；道无所不顺，就叫做义。义理彰明因而物类相亲，就叫做忠；心中纯厚朴实而且返归本真，就叫做乐；诚信著显、容仪得体而且合于一定礼仪的节度和表征，就叫做礼。礼乐偏执一方而又多方有失，那么天下定然大乱了。各人自我端正而且敛藏自己的德行，德行也就不会冒犯他人，德行冒犯他人那么万物必将失却自己的本性。

由此，我想到了一个失德、失仁、失义、失忠、失乐、失礼之后，下场悲惨的历史人物，这个人，就是李斯。

李斯是秦朝著名的政治家。他原是楚国上蔡人，年轻时曾担任乡里掌管文书的小吏，后拜荀子为师，学成后西行入秦，先在秦相吕不韦门下当舍人，后经吕不韦推荐，被秦王嬴政任命为客卿。公元210年，秦始皇病故，赵高胁迫李斯一起篡改遗诏，将胡亥立为二世皇帝，而将始皇长子扶苏赐死。赵高处心积虑，离间秦二世和李斯的关系，使秦二世不再信任李斯；接着又向秦二世进馋，诬陷李斯的大儿子李由在三川与起义军项梁、项羽私通谋反。秦二世信以为真，下令将李斯逮捕下狱。

李斯被捕后，赵高天天派人去严刑逼供，要李斯承认和儿子李由一起通敌谋反。李斯忍受不了拷打，只好屈打成招。秦二世见了李斯的供状，信以为真，当即下令将李斯腰斩处死，并诛三族。李斯和他的第二个儿子一起被解赴刑场，想到自己曾和儿子们一起在上蔡东围猎的事，回头对二儿子凄惨地叹息说，我们再也没有机会一起牵着黄犬，到上蔡的东门外去追猎狡兔了！于是，父子相视而泣。

为了出人头地，他义无反顾地抛开家乡，数十年不归；为了个人私利，他心甘情愿的背叛自己的国家楚国，跑到了秦国当汉奸；为了荣华富贵，他奴颜婢膝地写出了《谏逐客书》，成为嬴政身边的红人；为了争权夺利，他心狠手辣的排挤老同学韩非，并将其毒死在狱中；为了讨好皇帝，他借题发挥，眼睛没有眨一下就把数百名儒生活埋在骊山脚下……无情、无耻、残忍、残酷，把李斯从一个上蔡的"郡小吏"一步步推上了大秦帝国的第一任丞相。

但是，当冷森森的屠刀向着他们父子而来的时候，李斯曾经的伟大已经一文不值，曾经的生活，虽珍贵但遥不可及。历史给了李斯很多害人的机会，宦官给了李斯最后的人生了断，当李斯死在自己亲手建立的帝国体制下时，千古第一相留给后人的只有政治体制下的罪恶、人性欲望下的疯狂、社会进化中的阴暗、权谋谎言中的迷惘！

李斯一心要富贵，为了富贵不惜昧着良心说假话，不惜出卖对他有恩情的秦始皇。他为了利益可以出卖别人，难道别人就不会为了利益而出卖他？他为了富贵，和一群小人聚集在一起，每天算计别人，他凭什

么觉得这群小人就不会算计他？跟这样的一群人混迹在一起，他怎么可能会有好下场？

李斯曾在一次大型家宴上感慨地说："我本是个平民百姓，今天做了丞相，可以说是富贵到了极点。但物盛则衰，我还不知道将来会有什么样的结局呢！"但是，为了巩固既得的现实利益，为了获得更多的期望利益，贪得无厌的李斯还是抛弃了秦始皇对他的极端信任，竟然与阴险歹毒的赵高、近乎白痴的胡亥狼狈为奸，合谋上演了一出"假传遗诏"的肮脏政治交易，造成扶苏自杀，蒙恬遇害。而他自己，也因此走上了不归之路。

李斯的下场告诉我们什么，从庄子的观点来看，是他没有自养而又敛藏，失其本性所导致的，这又能怪谁呢？

原文

古之人，在混芒之中①，与一世而得澹漠焉②。当是时也，阴阳和静，鬼神不扰，四时得节③，万物不伤，群生不夭④，人虽有知，无所用之，此之谓至一⑤。当是时也，莫之为而常自然⑥。逮德下衰⑦，及燧人、伏羲始为天下⑧，是故顺而不一。德又下衰，及神农、黄帝始为天下，是故安而不顺。德又下衰，及唐虞始为天下，兴治化之流⑨，浇淳散朴⑩，离道以善，险德以行⑪，然后去性而从于心⑫。心与心识知⑬，而不足以定天下，然后附之以文，益之以博⑭。文灭质，博溺心，然后民始惑乱，无以反其性情而复其初。由是观之，世丧道矣，道丧世矣⑮，世与道交相丧也，道之人何由兴乎世⑯，世亦何由兴乎道哉！道无以兴乎世，世无以兴乎道，虽圣人不在山林之中，其德隐矣，隐，故不自隐⑰。古之所谓隐士者，非伏其身而弗见也⑱，非闭其言而不出也，非藏其知而不发也，时命大谬也⑲。当时命而大行乎天下⑳，则反一无迹㉑；不当时命而大穷乎天下㉒，则深根宁极而待㉓；此存身之道也。

注释

①混芒：浑沌蒙昧的淳朴状态。

②澹漠：恬静淡漠。与：通举。

③四时得节：四季变化与节令相应相合。

④群生不夭：各种生物都能享尽天年，而下会夭亡。

⑤至一：人与自然绝对同一的境界。

⑥莫之为：无为而自成。常自然：常与自然相合。

⑦逮：及。

⑧燧人：燧人氏，远古发明钻木取火的氏族领袖。伏羲：伏羲氏，始画八卦，制造鱼网和驯养动物。

⑨治化：治理教化。流：风尚。

⑩浇淳散朴：使淳厚变浇薄，使质朴离散。浇，又作浇，浇薄之意。

⑪险：危险不平易。

⑫去性：舍弃本性。从于心：心为知，听从智力的支配。

⑬心与心识知：人们以己心去窥测对方心思，此为相争之源头。识知，窥测对方心思。

⑭益：增添，博：广博。

⑮这句意思为：世风愈下而大道愈失，大道愈失而世风益下。

⑯道之人：明道之人，圣人。

⑰隐故不自隐：圣人之隐不同于山林隐士之隐，不是故意将自己隐藏起来，而是圣人之道德不为世人所认识和实行。圣人虽处世上，无有识者，与隐无异。

⑱伏：隐匿。

⑲时命：所处时代与所遭命运。

⑳当：合。

㉑反一无迹：复归于人与自然同一境界而不留形迹。

㉒穷：困穷不通。

㉓深恨宁极：深扎自性之恨以固本，求宁静淡漠之极以安心。

原文

古之行身者①，不以辩饰知，不以知穷天下，不以知穷德②，危然处其所而反其性已③，又何为哉！道固不小行，德固不小识④。小识伤德，小行伤道。故曰：正己而已矣⑤。乐全之谓得志⑥。古之所谓得志者，非轩冕之谓也⑦，谓其无以益其乐而已矣⑧。今之所谓得志者，轩冕之谓也。轩冕在身，非性命也，物之傥来⑨，寄者也⑩。寄之，其来不可圉⑪，其去不可止。故不为轩冕肆志，不为穷约趋俗⑫，其乐彼与此同⑬，故无忧而已矣！今寄去则不乐⑭。由是观之，虽乐，未尝不荒也⑮。故曰：丧己于物，失性于俗者⑯，谓之倒置之民⑰。

注释

①行身：当作存身。保身、安身之意。

②穷：困累之意。穷德：人生有涯知无涯，不以无涯困累自得。

③危然：独立不倚的样子。

④小行：贬损大道，使迁就世俗之行，从而混淆道与世俗之别而害道。小识：识与知同。自贬其知，以求闻达而为世所用。

⑤正已：端正自己，使道德方面皆无亏缺。

⑥乐全：恬静淡漠之自性与外物和谐愉悦，融为一体。

⑦轩冕：古时卿大夫所乘之车，所戴之冠。后为官位爵禄之代称。

⑧益：增加。

⑨傥（tǎng）来：偶然得来，这里指官位爵禄非关性命，是偶然得来

之物。

⑩寄者：暂时寄存之物。

⑪圉（yǔ）：又作御，抵御、阻挡之意。

⑫肆志：放纵心志，丧失自性，穷约：穷困。趋俗：不能安处穷约，而超于世俗，与其同流合污。

⑬彼，此：彼指轩冕，即高官厚禄，此指穷约。

⑭寄去：寄存之物被取走。亦即官位爵禄之丧失。

⑮荒：空虚之意。

⑯丧己于物：为追求物欲而丧失自我，失性于俗；为趋就流俗而失去自性。

⑰倒置：本末颠倒，指舍弃自性而妄求于外。

纪老师说

庄子在这一部分文字中缅怀远古混沌鸿蒙、淳风未散的时代，并指出随着时代的推移德行逐渐衰退，以致不能返归本真，这都因为"文灭质""博溺心"。

庄子认为，古时候的人，生活在混沌鸿蒙、淳风未散的境况中，跟整个外部世界混为一体；而且人们彼此都恬淡无为、互不交往。正是这个时候，阴与阳谐和而又宁静，鬼神也不会干扰，四季的变化顺应时节，万物全不会受伤害，各种有生命的东西都能尽享天年，人们即使内存心智，也没处可用，这就叫作最为完满的浑一状态。正是这个时候，人们不知道需要去做什么而保持着天然。

等到后来道德衰退，到了燧人氏、伏羲氏统治天下，世事随顺却已不能浑然为一。道德再度衰退，到了神农氏和黄帝统治天下，世道安定却已不能随顺民心与物情。道德再度衰退，到了唐尧、虞舜统治天下，开启了治理和教化的风气，淳厚质朴之风受到干扰与破坏，背离大道而为，寡有德行而行，这之后也就舍弃了本性而顺从于各自的私心。人们彼此间都相互知道和了解，也就不足以使天下得到安定，然后又贴附上浮华的文饰，增加了众多的俗学。文饰浮华毁坏了质朴之风，广博的俗学掩没了纯真的心灵，然后人民才开始迷惑和纷乱，没有什么办法返归本真而回复原始的情状。

庄子说，世间丧失了自然之道，自然之道丧失了人世。社会和道交相丧失，有道之人怎么能立足于人世间，人世间又怎么能从自然之道得到振兴呢？道没有办法在人世间兴起，人世间没有办法让道得以振兴，即使圣人不生活在少有人烟的山林之中，他的德行也必将隐没而不为人知。

我的微信圈里，曾有朋友发过这么一个黑色幽默的小段子：今天下大雪，刚才出门见一大爷摔倒了，我过去问道："大爷，我一月工资不到2000块钱，能扶您起来么？"大爷："小伙子，你走吧，我再等一会儿。"我："好嘞！"天气虽冷，大爷的话却是暖暖的，满满的都是正能量……

这牵扯到一个老人摔倒"扶不扶"的问题，近些年来一直被人们热议。有人说不扶老人是社会文明的倒退，是社会诚信的缺失和国人道德滑坡，但是救助老人被讹的事情屡屡发生，并且还有升级之势，这导致想做好事的人权衡得失后，选择旁观。

2014年的春晚上演了一个小品《扶不扶》，进一步引发了国人的热议。

"扶不扶"的问题不是简单的道德命题，其背后的本质是我们相关法律配套措施的不完善。助人为乐的人得不到保护，蓄意讹诈的人得不到惩罚，这更加助长了讹人者的气焰。大多数人看到老人摔倒第一反应都会想着去帮扶，绝不会袖手旁观，但是扶与不扶可能在每个人都会做一番心里斗争，不扶的原因归结到底还是害怕惹祸上身，不敢扶，扶不起。

"人跌倒不敢扶"，既是社会的尴尬，也是司法的尴尬。行政、司法的公正与否，主流社会所倡导的价值观与其自身行为一致性，将直接影响到社会风气的好坏。

在一个社会里，当人们为了个人的一己蝇头私利而不顾人间天理大德，无视社会公序良俗，甚至昧着自己良心颠倒黑白的时候，不能不说这是社会文明进步的悲哀。悲剧的出现，折射出了社会价值体系的倾斜。当给他人帮助所获得不是快乐，而是麻烦、痛苦甚至是灾难时，谁还会主动伸出援手呢？

自古以来，我国就是文明礼仪之邦，有"修身齐家治国平天下"之说，"修身"排首位，是"齐家治国平天下"的基础，可见传统文化对个人道德修养的重视。在新时代，我们继承和发扬了道德教育的传统，尤其是社会主义核心价值观的提出，指明了价值追求的方向。相信在国家、社会、媒体、学校、家庭等各方共同努力下，法制昭彰、正义归位，"扶不扶"将不再是难题。

古语有云："老吾老以及人之老，幼吾幼以及人之幼。"当老人摔倒了，路人理当义无反顾地上去将他扶起，这是中国几千年优秀文化尊老爱幼思想的最真实写照，这是道德，也是最起码的社会责任。

当然，老人摔倒也不能轻易去扶，道理很简单，摔倒的老人中有些可能患有心脏病、高血压、脑血管疾病，一旦被别人用强大的外力硬生生地拽起来，就很有可能造成非常严重的后果。所以，在帮助摔倒的老人这件事情上，必须谨慎行事。不要好心做了坏事。

庄子认为，谈到隐没于世，时逢昏暗不必韬光便已自隐。古时候的所谓隐士，并不是为了隐伏身形而不愿显现于世，并不是为了缄默不言而不愿吐露真情，也不是为了深藏才智而不愿有所发挥，是因为时遇和命运乖妄、背谬。当时遇和命运顺应自然而通行于天下，就会返归浑沌纯一之境而不显露踪迹。当时遇不顺、命运乖违而穷困于天下，就固守根本、保有宁寂至极之性而静心等待，这就是保存自身的方法。

古时候善于保存自身的人，不用辩说来巧饰智慧，不用智巧使天下人困窘，不用心智使德行受到困扰，巍然自持地生活在自己所处的环境而返归本性与真情，又何须一定得去做些什么呢！做人，只要端正自己也就可以了。快意地保持本真就可称作是心意自得而自适。

古时候所说的自得自适的人，不是指高官厚禄地位尊显，说的是出自本然的快意而没有必要再添加什么罢了。现在人们所说的快意自适，是指高官厚禄地位显赫。荣华富贵在身，并不出自本然，犹如外物偶然到来，是临时寄托的东西。外物寄托，它们到来不必加以阻挡，它们离去也不必加以劝止。所以不可为了富贵荣华而恣意放纵，不可因为穷困贫乏而趋附流俗，身处富贵荣华与穷困贫乏，其间的快意相同，因而没有忧愁罢了。如今寄托之物离去便觉不能快意，由此观之，即使真正有过快意也未尝不是迷乱了真性。所以说，由于外物而丧失自身，由于流俗而失却本性，就叫做颠倒了本末的人。

郑板桥是清代著名的画家，与金农、黄慎、李鱓、李方膺、汪士慎、罗聘、高翔、边寿民等人号称"扬州八怪"。郑板桥真正闻名于后世的是他的画作，在今日，一幅板桥先生的真品，少则几十万元，多则

上千万元。实际上郑板桥的书法也是不错的。作为他书法的代表作品《难得糊涂》，绝对是集艺术、情意于一身的佳作。

《难得糊涂》是郑板桥当年在山东莱州的云峰山观碑所写，除了"难得糊涂"，他还写了"聪明难，糊涂尤难，由聪明转入糊涂更难。放一著，退一步，当下安心，非图后来福报也"。郑板桥不是一个糊涂人，他为官清廉，才华盖世，工诗词，亦善书画，乃世间难得的"大明白人"，那他为何会道出"难得糊涂"句子？

郑板桥曾经先后在朝廷的两个地方当过知县，对于官场中的黑暗有着很深的体会，他还是一个极为聪明的人，对于那些黑暗的事情看得清楚明白，可是又无能为力，因此就想装糊涂，但是一个什么都知道的人又怎么能够装糊涂，因此他就发出来"难得糊涂"这样的感叹。

官场是一个非常复杂而黑暗的环境，能在这里面生存的人，都是无比精明的人。他们精于"糊涂"一道，能默许官场的一些潜规则，所以能在官场生存。而郑板桥则是与这些在官场驰骋之人相对的人，他正是难得这种"糊涂"，所以才难以在官场中长期存在。郑板桥也知道自己这种迎难而上，独行其是，明知其不可为而为之的性格，很难在官场中生存，于是便干脆的弃官而去。

郑板桥的难得糊涂是高尚的精神境界，因为它是浅薄之人所不具备的，是势利之人没把办法拥有的，是金钱不能买到的，它凝聚着人生阅历的丰富实践，是浪里淘沙的结果，也是人生智慧的结晶。有道是人生难得糊涂，贵在糊涂，乐在糊涂，成在糊涂。不糊涂，则难以在芸芸众生中保持超强脱俗之态；不糊涂，则难以避明枪暗箭之伤害；不糊涂，则难以尝人生之真快乐；不糊涂，则难以成人生真正之大业。

庄子指出修治身性的要领是"正己"和"得志"，既能正己，又能自适，外物就不会使自己丧身失性，因而也就不会倒置本末。

　　结合庄子的观点，看郑板桥的难得糊涂，它像一面镜子，映照着一个人所经历的酸甜苦辣，现实生活中，有人遇事能拿得起、放得下，看问题尖锐、入木三分，其中不乏领悟深刻的作用。

秋 水

原文

秋水时至，百川灌河①，泾流之大②，两涘渚崖之间③，不辩牛马。于是焉，河伯欣然自喜④，以天下之美为尽在己。顺流而东行，至于北海⑤，东面而视，不见水端。于是焉，河伯始旋其面目⑥，望洋向若而叹曰⑦："野语有之曰⑧：'闻道百，以为莫己若'者⑨，我之谓也。且夫我尝闻少仲尼之闻而轻伯夷之义者⑩，始吾弗信；今我睹子之难穷也，吾非至于子之门，则殆矣⑪，吾长见笑于大方之家⑫。"北海若曰："井鼃不可以语于海者，拘于虚也⑬；夏虫不可以语于冰者，笃于时也⑭；曲士不可以语于道者⑮，束于教也。今尔出于崖涘，观于大海，乃知尔丑⑯，尔将可与语大理矣⑰。天下之水，莫大于海，万川归之，不知何时止而不盈⑱；尾闾泄之⑲，不知何时已而不虚；春秋不变，水旱不知⑳。此其过江河之流，不可为量数㉑。而吾未尝以此自多者，自以比形于天地而受气于阴阳㉒，吾在于天地之间，犹小石小木之在大山也，方存乎见少㉓，又奚以自多㉔！计四海之在天地之间也，不似礨空之在大泽乎㉕？计中国之在海内，不似稊米之在大仓乎㉖？号物之数谓之万㉗，人处一焉；人卒九州㉘，谷食之所生，舟车之所通，人处一焉㉙；此其比万物也，不似豪末之在于马体乎㉚？五帝之所连㉛，三王之所争㉜，仁人之所忧，任士之所劳㉝，尽此矣。伯夷辞之以为名㉞，仲尼语之以为博，此其自多也，不似尔向之自多于水乎㉟？"

注释

①这句意思：秋雨不停的下，河水上涨，千百条河流都灌注于黄河。

②泾流：指黄河主流之宽度。泾（jīng）：通径，指河之宽度。

③涘（sì）：水边、岸边。渚（zhǔ）：水中间小块陆地、小洲。

④河伯：黄河水神。

⑤北海：多指黄河注入之渤海。

⑥旋其面目：改变态度。

⑦洋：水多的样子。若：海神。

⑧野语：俗语。

⑨百：泛指数量很大、很博。莫己若：没有人及得上自己。

⑩仲尼：孔子。伯夷以重义清高著称。

⑪殆：危险。

⑫大方之家：深明大道之人。

⑬虚：同墟，指蛙所居之土井之类。拘：拘束，限制。

⑭笃：困，亦为限制之意。时：为四时，四季。

⑮曲士：乡曲之上，曲见之士。指识见偏狭，孤陋寡闻的人。

⑯丑：鄙陋无知。

⑰大理：大道。

⑱盈：盈满。

⑲尾闾：传说为排泄海水之处。

⑳这句意思为海水不会因春雨流入少秋雨流入多而发生变化。陆上天旱天涝，海也没有感觉。

㉑不可为量数：没有办法能估量、计算。

㉒比形于天地:由天地具足了形体。受气于阴阳,从阴阳秉受生气。

㉓方存乎见少:正存在着自以为小的想法。

㉔奚以自多:哪里会自足自多呢。

㉕礨空:石块上的小孔。又,礨空为蚁塚、蚁穴。

㉖稊(tí):一种形似稗的草,其种子很小,制成米粒更细小。

㉗这句的意思为宇宙之物不止万种,称万物,概而言之也。

㉘人卒九州:九州之内尽为人居,卒,尽。

㉙这句意思为九州之内,谷物生长,舟车通行之处都有人在,个人只是这千万人中之一。

㉚豪末:兽类绒毛末梢。

㉛连:连续,继承之意。

㉜所争:以武力所争夺的。

㉝任士:以治世为己任的贤能之士。

㉞辞:辞让。

㉟向:以前、从前。

原文

河伯曰:"然则吾大天地而小豪末①,可乎?"北海若曰:"否。夫物,量无穷②,时无止③,分无常④,终始无故⑤。是故大知观于远近⑥,故小而不寡,大而不多⑦,知量无穷;证曏今故⑧,故遥而不闷⑨,掇而不跂⑩,知时无止;察乎盈虚⑪,故得而不喜,失而不忧,知分之无常也;明乎坦涂⑫,故生而不说,死而不祸,知终始之不可故也⑬。计人之所知,不若其所不知;其生之时,不若未生之时；以其至小求穷其至大之域⑭，是故迷乱而不能自得也。由此观之，又何以知豪末之足以定至细之倪⑮？又何以知天地之足以穷至大之域？"

河伯曰："世之议者皆曰：'至精无形，至大不可围⑯。'是信情乎⑰？"

北海若曰："夫自细视大者不尽，自大视细者不明。夫精，小之微也；垺大之殷也⑱；故异便⑲。此势之有也⑳。夫精粗者，期于有形者也㉑；无形者，数之所不能分也㉒；不可围者，数之所不能穷也。可以言论者，物之粗也；可以致意者，物之精也㉓；言之所不能论，意之所不能察致者，不期精粗焉㉔。是故大人之行，不出乎害人，不多仁恩㉕；动不为利，不贱门隶㉖；货财弗争，不多辞让㉗；事焉不借人㉘，不多食乎力㉙，不贱贪污；行殊乎俗㉚，不多辟异㉛；为在从众，不贱佞谄㉜；世之爵禄不足以为劝㉝，戮耻不足以为辱㉞；知是非之不可为分，细大之不可为倪。闻曰：'道人不闻㉟至德不得㊱，大人无己㊲。'约分之至也㊳。"

注释

①大天地而小豪末：以天地为大，以毫末为小，河伯提出这样问题，说明眼界为时空所限，其所见仍然是表面的、肤浅的，没有领悟大道。

②量无穷：物量是大与小的统一，无论从大小哪方面去观察，都是不可穷尽的。

③时无止：时间是永恒向前，无有止息之时。

④分无常：分无常即是说一个人的名分，地位不是恒常不变的，

分,名分、地位之意。

⑤终始无故:终而复始,无有穷尽,故无端倪,故,端也,又,故与固通,固定之意。

⑥大知:大智之人,领悟大道的圣人

⑦小而下寡,大而不多:小的事物也包含丰富内涵,故不以为少;大的东西与更大的相比,也是微不足道的,放下以为多。

⑧证曏今故:证明古与今都是一样的。曏:明,故,作"古"解。

⑨遥而不闷:对遥远的古事不感到暗昧,又,遥作长久解,寿命长"而下厌倦。

⑩掇(duō):拾取也,指相距很近,随手可取。跂(qǐ):与企同,求也。

⑪盈虚:盈满与空虚。

⑫坦涂:平坦的大路。比喻终始往复、日新不已的大道。

⑬说:同悦。故:作固解,终始:同于死生。

⑭至小:极小。穷:穷究、究极。至大之域:无限的宇宙。

⑮倪:边界、端倪。

⑯这句的意思为最精微的东西没有形体,最大的事物没有什么能包围它、限定它。

⑰信情:信实、真实可信。

⑱垺(fú):同郛,城外之城。殷:盛大也。

⑲异便:异为相异、相别。便同辨,分辨。异便即对其差异进行分辨。

⑳势:形势、趋势。

㉑期于:限于、限定于。有形者:有形可供感知和思维的对象。

㉒数之所不能分：不能用数字计量、划分。

㉓致意：运用意识、思维可以获得的。

㉔不期精粗：指不能言说、不能意致的对象，也就是超验的道体。

㉕不多仁恩：不夸耀仁爱和恩惠。

㉖不贱门隶：不鄙视守门之仆隶，大人虽不求利，也下以求利之守门仆隶为贱。

㉗多：崇尚、夸赞之意。

㉘事焉不借人：作事不借助于人。

㉙不多食乎力：不崇尚自食其力者。

㉚行殊乎俗：行事与世俗不同。

㉛辟异：邪辟怪异。不多辟异：不标榜炫耀邪辟怪异之行，不有意标新立异。

㉜佞谄：以顺耳动听的言词奉承恭维人。

㉝劝：鼓励、劝勉，使之为善。

㉞戮耻：处以刑罚，使受耻辱。

㉟道人不闻：得道之人不闻名于世间。

㊱至德不得：大德之人无所得。

㊲大人无己：大人摆脱形体束缚，把己溶人物中，与造化一体。

㊳约分之至：约束主客、己物之分别达到极至。

纪老师说

《史记·西南夷列传》记载了这么一个故事：汉朝的时候，在西南方有个名叫夜郎的小国家，它虽然是一个独立的国家，可是国土很小，百姓也少，物产更是少得可怜。但是由于邻近地区以夜郎这个国家

纪连海谈 庄子

最大,夜郎国国王就以为自己的国家是最大的。一天,国王指着前方问说:"这里哪个国家最大呀?"部下们说:"当然是夜郎国最大啰!"国王望着前方的高山说:"天底下还有比这座山更高的山吗?"部下们说:"没有。"从此以后,无知的国王就更相信夜郎是天底下最大的国家。有一次,汉朝派使者来到夜郎,途中先经过夜郎的邻国滇国,滇王问使者:"汉朝和我的国家比起来哪个大?"使者一听,吓了一跳,他没想到这个小国家,竟然无知的自以为能与汉朝相比。后来使者到了夜郎国,国王不知天高地厚也问使者:"汉朝和我的国家哪个大?"

这个故事,演变成了一个笑话,后世的人便以此比喻那些狂妄无知、自负自大的人。

无独有偶,庄子的故事里也有这么一个故事,这个故事就来源于《秋水》篇。

黄河的河神看到秋天里山洪按照时令汹涌而至,众多大川的水流汇入黄河,河面宽阔波涛汹涌,两岸和水中沙洲之间连牛马都不能分辨。于是,河神欣然自喜,认为天下一切美好的东西全都聚集在自己这里。当他来到北海边,面朝东边一望,看不见大海的尽头。于是河神改变了先前洋洋自得的面孔,面对着海神仰首慨叹道:"俗语有这样的说法,'听到了上百条道理,便认为天下再没有谁能比得上自己'的,说的就是我这样的人了。而且我还曾听说过孔丘懂得的东西太少、伯夷的高义不值得看重的话语,开始我不敢相信;如今我亲眼看到了你是这样的浩淼博大、无边无际,我要不是因为来到你的门前,真可就危险了,我必定会永远受到修养极高的人的耻笑。"

知错就改,孺子可教。认识到自己的局限,承认自己的渺小正是超越局限,走向伟大的开始。海神听了还是很高兴的。

海神说:"井里的青蛙,不可能跟它们谈论大海,是因为受到生活空间的限制;夏天的虫子,不可能跟它们谈论冰冻,是因为受到生活时间的限制;乡曲之土,不可能跟他们谈论大道,是因为教养的束缚。如今你从河岸边出来,看到了大海,方才知道自己的鄙陋,你将可以参与谈论大道了。五帝所续连的,三王所争夺的,仁人所忧患的,贤才所操劳的,全在于这毫末般的天下呢!伯夷博取名声,孔丘显示渊博,就是他们的自满与自傲,不就像你先前在河水暴涨时的洋洋自得吗?"

庄子毫不客气,借海神之口,巧妙的讽刺了伯夷和孔子,说他们关于自满自傲。同时写河神的小却自以为大,对比海神的大却自以为小,说明了认识事物的相对性观点。

然而,这个故事还没有完。

河神毕竟是个小朋友,他天真地问海神:"以你这样说,那么我把天地看作是最大,把毫毛之末看作是最小,可以吗?"

海神回答:"这是不可以的。万物的量是不可穷尽的,时间的推移是没有止境的,得与失的禀分没有不变的常规,事物的终结和起始也没有定因。又怎么知道毫毛的末端就可以判定是最为细小的限度呢?又怎么知道天与地就可以看作是最大的境域呢?"

庄子这是以确知事物和判定其大小极其不易,说明认知常受事物自身的不定性和事物总体的无穷性所影响。

在"第17届国际广义相对论和万有引力大会"上,英国科学家斯蒂芬·霍金教授宣布他对宇宙黑洞的最新研究结果:黑洞并非如他和其他大多数物理学家以前认为的那样,对其周遭的一切"完全吞食",事实上被吸入黑洞深处的物质的某些信息实际上可能会在某个时候释放出来。

宇宙学家相信，太空中有许多类型的黑洞，从质量相当于一座山的小黑洞，到位于星系中央的超级黑洞，不一而足。从巨大的星体到星际尘埃等，一旦掉进去，就再不能逃出，就连光也不能"幸免于难"。而霍金教授关于黑洞的最新研究有可能打破这一结论。经过长时间的研究，他发现，一些被黑洞吞没的物质随着时间的推移，慢慢地从黑洞中"流淌"出来。

霍金关于黑洞的这一新理论解决了关于黑洞信息的一个似是而非的观点，他的剑桥大学的同行都为此兴奋不已。过去，黑洞一直被认为是一种纯粹的破坏力量，而现在的最新研究表明，黑洞在星系形成过程中可能扮演了重要角色。

举此一例，就足以说明人们对外在事物的认识是不确定的，也是发展的。

庄子接下来，写河神继续他的天真："世间议论的人们总是说：'最细小的东西没有形体可寻，最巨大的东西不可限定范围'。这样的话是真实可信的吗？"

海神回答："从细小的角度看庞大的东西不可能全面，从巨大的角度看细小的东西不可能真切。精细，是小中之小；庞大，是大中之大；不过大小虽有不同却各有各的合宜之处。这就是事物固有的态势。所谓精细与粗大，仅限于有形的东西，至于没有形体的事物，是不能用计算数量的办法来加以剖解的；而不可限定范围的东西，更不是用数量能够精确计算的。可以用言语来谈论的东西，是事物粗浅的外在表象；可以用心意来传告的东西，则是事物精细的内在实质。言语所不能谈论的，心意所不能传告的，也就不限于精细和粗浅的范围了。"

庄子赋予了海神极大的智慧，自然不会局限于这个对话，他的意思在海神后面的叙说中得以呈现。

所以修养高尚者的行动，不会出于对人的伤害，也不会赞赏给人以仁慈和恩惠；无论干什么都不是为了私利，也不会轻视从事守门差役之类的人。听人说："能体察大道的人不求闻达于世，修养高尚的人不会计较得失，清虚宁寂的人能够忘却自己。"这就是约束自己而达到适得其分的境界。

庄子说得多么有道理，人生在世，就应当淡泊名利，不计较得失。一得一失之间，保持一颗平常心是多么的重要。

陶渊明一生仕途坎坷，他宁愿失去功名利禄，也不愿为"五斗米而折腰"，却换回了神仙般怡然自得的生活。苏轼一生也屡次遭贬，但他语出惊人"一蓑烟雨任平生"，贬到岭南时，他也能富有诗意地吟出"日啖荔枝三百颗，不辞长作岭南人"的豁达。失去的是官职，换回乐观向上的生活。面对失去与得到，他们仍保持一颗平常心，笑傲人生。即使失去，也无怨无悔。他们不愿在官场上争锋相斗，而愿淡泊名利。失去就失去，何不换一种心态来面对生活呢！

商纣因宠妲己却失去了大好江山，唐明皇为了"一骑红尘妃子笑"而失去了唐王朝，贪官污吏因贪恋钱财而遗臭万年。但是前车之鉴却不曾让后人有警醒之感。当他们在逍遥自得、衣食无忧过着生活，享受一时之乐时，往往却失去了一片大好河山。换来的却是他们囚禁之时、贪图一时的乐趣，得到的却是失去自由，甚至生命。

在当代社会中，贪官污吏不在少数，只是因为被"贪"所困，往往是得不偿失。

纪连海谈 庄子

原文

河伯曰:"若物之外,若物之内①,恶至而倪贵贱②?恶至而倪小大?"北海若曰:"以道观之,物无贵贱③。以物观之,自贵而相贱④。以俗观之,贵贱不在己⑤。以差观之,因其所大而大之⑥,则万物莫不大;因其所小而小之,则万物莫不小;知天地之为稊米也⑦,知豪末之为丘山也,则差数睹矣⑧。以功观之⑨,因其所有而有之,则万物莫不有;因其所无而无之,则万物莫不无⑩,知东西之相反而不可以相无⑪,则功分定矣⑫。以趣观之⑬,因其所然而然之⑭,则万物莫不然;因其所非而非之⑮,则万物莫不非;知尧桀之自然而相非⑯,则趣操睹矣⑰。昔者尧舜让而帝,之哙让而绝⑱;汤武争而王,白公争而灭⑲。由此观之,争让之礼,尧桀之行,贵贱有时,未可以为常也⑳。梁丽可以冲城㉑,而不可以窒穴㉒,言殊器也㉓。骐骥、骅骝一日而驰千里㉔,捕鼠不如狸狌㉕,言殊技也。鸱鸺夜撮蚤㉖,察豪末,昼出瞋目而不见丘山㉗言殊性也。故曰:盖师是而无非,师治而无乱乎㉘!是未明天地之理,万物之情者也㉙。是犹师天而无地,师阴而无阳,其不可行明矣。然且语而不舍㉚,非愚则诬也㉛!帝王殊禅,三代殊继㉜。差其时㉝,逆其俗者,谓之篡夫㉞;当其时,顺其俗者,谓之义之徒㉟。默默乎河伯㊱!女恶知贵贱之门、小大之家㊲!"

注释

①若：作或，表选择。

②恶至：从那里、从何处。倪：划分。

③庄子认为物皆为道的体现，道的外在形式，只要自足其性，便与道同一。

④自贵而相贱：物各从自身角度去观察他物，故皆以自身为贵，彼此以对方为贱。

⑤这句的意思是人或物之贵贱，皆由世上通行看法力判定标准，以为贵则贵，以为贱则贱，不由人物自身确定。

⑥这句的意思是从万物差别性方面观察，循其所具大的一面把它看成大，则万物无不是大的，毫末也可以是大。

⑦稊米：细米。

⑧差数睹矣：差别的相对性就看清楚了。

⑨功：功效、功能作用。

⑩庄子认为万物各按自性生息，并未存心创立功业或施惠他物，因而是没有功效的。但是，从事物相关性、联系性方面看，物与物之间又是普遍联系、互相依存的。唇亡则齿寒，四肢五官百体有一处出了毛病，都会影响其他。

⑪这句的意思是东与西是相反的，又是相成的、彼此以对方为存在条件，无东作比较，西也就不能成立。

⑫功分：功能、职分。

⑬趣：趋向。

⑭然：表肯定是这样。

⑮非：与然对，表否定。

⑯相非：互以对方为非。

⑰趣操：志向。

⑱让：禅让。哙：指燕王哙。之：指燕相子之，燕王哙在谋士苏代的蛊惑下，效法尧舜禅让古制，不顾世道民心，把王位让给子之，遭到国人反对，很快使燕国大乱，齐国乘机进攻燕，杀掉燕王哙和子之，几乎使燕国灭亡。

⑲争：指以武力相争夺。白公：春秋末年楚平王之孙，太子建之子，名胜。因封于白邑，称白公，为人"诈而乱"。

⑳常：恒常不变之准则。

㉑梁丽：皆指粗大的木料。梁，梁为屋梁。

㉒窒穴：堵塞小孔、鼠洞之类。

㉓言殊器：这是说不同器物有不同功用。

㉔骐骥、骅骝：指日行千里的良马。骐，青黑色带有花纹的马，骅骝，泛指良马。

㉕狸狌（xīng）：狸为野猫，狌同生即黄鼠狼。

㉖鸱鸺（chī xiū）：即鸱鸺。撮蚤：抓住跳蚤。

㉗瞋（chēn）目：睁大眼睛。

㉘盍：作盂，何不。师：师法、效法。无：不要、去掉之意。

㉙情：本性。

㉚然且：然而还是。语而不舍：说个不停，不肯舍弃原来的看法。

㉛非愚则诬：不是愚昧便是欺骗。

㉜帝王殊禅：五帝三王之授位方式不同，有的以让，有的以争。三代殊继：夏商周三代王位继承方式不同，有的子继父位，有的以武力篡夺。

㉝差其时：错过时代，不合历史潮流。逆其俗：违背世道人心。

㉞篡夫：搞王位篡夺的人。

㉟义之徒：合乎正义之人。

㊱默默：沉默不语。

㊲门：门径，此指道理。家：学派如儒家、墨家等。

原文

河伯曰："然则我何为乎？何不为乎？吾辞受趣舍①，吾终奈何？"北海若曰："以道观之，何贵何贱，是谓反衍②；无拘而志③，与大道蹇④。何少何多，是谓谢施⑤；无一而行⑥，与道参差⑦。严乎若国之有君，其无私德⑧；繇繇乎若祭之有社，其无私福⑨；泛泛乎其若四方之无穷，其无所畛域⑩；兼怀万物⑪，其孰承翼⑫？是谓无方⑬。万物一齐，孰短孰长？

道无终始，物有死生，不恃其成⑭；一虚一满，不位乎其形⑮。年不可举⑯，时不可止，消息盈虚⑰，终则有始。是所以语大义之方⑱，论万物之理也。物之生也，若骤若驰⑲，无动而不变，无时而不移⑳。何为乎？何不为乎？夫固将自化㉑。"河伯曰："然则何贵于道邪㉒？"北海若曰："知道者必达于理，达于理者必明于权㉓，明于权者不以物害己。至德者火弗能热，水弗能溺，寒暑弗能害，禽兽弗能贼；非谓其薄之也㉔，言察乎安危，宁于祸福㉕，谨于去就㉖，莫之能害也。故曰：天在内，人在外，德在乎天㉗；知天人之行，本乎天，位乎得㉘蹢而屈伸㉙，反要而语极㉚。"曰："何谓天？何谓人？"北海若曰："牛马四足，是谓天；落马首㉛，穿牛鼻，是谓人。故曰：无以人灭天，无以故灭命㉜，无以得殉名㉝，谨守而勿失，是谓反其真㉞。"

纪连海谈

注释

①辞受趣舍：指人的出处进退等行为。辞，推辞，辞让；趣，进行。

②反衍：反复衍化，不是凝固不变。

③而：同尔，你。无拘而志：不要用传统成见拘束你的心志。

④謇（jiǎn）：阻隔、险难之意。

⑤谢施：新陈代谢，交互为用之意。

⑥无一而行：不要拘执于一得之见去行。

⑦与道参差：与大道不统一、不一致之意。参差，长短不齐。

⑧严乎：庄重威严啊。

⑨繇繇（róu）：同悠悠，悠闲自得的样子。社：社稷神。

⑩泛泛：水流漫溢的样子，形容无所不在。畛（zhěn）域：边界、界限。

⑪怀：包容、容纳。

⑫承翼：承受庇护。

⑬无方：没有固定方向，也就是不偏向任何方面。

⑭不恃其成：物之成不足以依赖。

⑮位乎：处于。

⑯年不可举：年岁是不能给予的，言人之寿命有定。举作与。举亦可作存留讲，理解为岁月不能留存亦通。

⑰消息盈虚：消亡、生息、盈满、空虚，指万物循环往复、变化日新的不断转化过程。

⑱大义之方：大道之方向。

⑲骤、驰：车马快速奔跑之意，比喻物生息变化之疾速。

⑳移：推移、运动。

㉑自化：按自性生息变化。

㉒何贵于道：道有何可贵之处呢。

㉓权：权变。

㉔薄之：迫近它、触犯它。

㉕察乎安危：对安危能明察。宁于祸福：至德之人深知祸福穷通变化不定，不执着，而与变化同一，故不管祸福、穷通皆能安处。

㉖去就：进退去留。

㉗德在于天：高尚之德行在于与天性合一。

㉘位乎得：处在其所应得的地位上。

㉙蹢而屈伸：或进退或屈伸，随时迁变，不是固定不移的。

㉚反要而语极：返归道之枢要而讲出道之精粹和极致。

㉛落马首：给马首带上笼头。落，同络，马笼头。

㉜故：造作。命：指天理，也就是物性所具自然之理。

㉝得：作德，指得道后表现为与自性同一的品德。殉：求。

㉞反其真：复归人的本性、自性。

纪老师说

河神是个好奇的小子，他喜欢打破砂锅问到底。接下来，他继续向海神提出自己的困惑：事物的外表与内在是这样的，那怎么区分它们的贵贱与大小？

海神的智慧代表了庄子的智慧。他说，用自然的常理来看，万物本没有贵贱的区别。从万物自身来看，各自为贵而又以他物为贱。拿世俗的观点来看，贵贱不在于事物自身。按照物与物之间的差别来看，顺着

各种物体大的一面去观察便会认为物体是大的,那么万物就没有什么不是大的;顺着各种物体小的一面去观察便会认为物体是小的,那么万物没有什么不是小的;知晓天地虽大比起更大的东西来也如小小的米粒,知晓毫毛之末虽小比起更小的东西来也如高大的山丘,而万物的差别和数量也就看得很清楚了。

接下来,海神进一步分析,依照事物的功用来看,从人们对事物的趋向来看,道理都是一样的。

海神说:"当年唐尧、虞舜禅让而称帝,宰相子之与燕王哙禅让而燕国几乎灭亡;商汤、周武王都争夺天下而成为帝王,白公胜争夺王位却遭致杀身。由此看来,争斗与禅让的礼制,唐尧与夏桀的做法,让可还是鄙夷都会因时而异,不可以把它们看作是不变的规律。这说明什么?远古帝王的禅让各不相同,夏、商、周三代的继承也各不一样。不合时代、背逆世俗的人,称他叫篡逆之徒;合于时代、顺应世俗的人,称他叫高义之士。"

海神教训河神,就像大人教训小孩。他说:"河神,你小子怎么会懂得万物间贵贱的门庭和大小的流别呢?"

河神这小子头脑终于有点开窍了,他进一步问道:"既然这样,那么我应该做些什么不做什么呢?我将怎样推辞或接纳、趋就或舍弃,我终究将怎么办?"

海神倒也喜欢河神这小子,点拨不遗余力,从"万物一齐""道无终始"的观点出发,指出人们认知外物必将无所作为,只能等待它们的"自化"。他说:"大道没有终结和起始,万物却都有死有生,因而不可能依仗一时的成功。时而空虚时而充实,万物从不固守于某一不变的形态。岁月不可以挽留,时间从不会停息,消退、生长、充实、空虚,宇宙万物终结便又有了开始。这样也就可以谈论大道的准则，评说万物的道理了。所以，你要顺其自然才行啊！"

河神说："既然如此，那么为什么还要那么看重大道呢？"

海神回答："懂得大道的人必定通达事理，通达事理的人必定明白应变，明白应变的人定然不会因为外物而损伤自己。道德修养高尚的人烈焰不能烧灼他们，洪水不能沉溺他们，严寒酷暑不能侵扰他们，飞禽走兽不能伤害他们。不是说他们能幸免，而是说他们明察安危，安于祸福，慎处离弃与追求，因而没有什么东西能够伤害他们。所以说，天然蕴含于内里，人为显露于外在，高尚的修养则顺应自然。懂得人的行止，立足于自然的规律，居处于自得的环境，徘徊不定，屈伸无常，也就返归大道的要冲而可谈论至极的道理。"

大概是海神看出河神孺子可教，顺便提携一把，教了教河神天然与人为的区别，牛马生就四只脚，这就叫天然；用马络套住马头，用牛鼻绾穿过牛鼻，这就叫人为。所以说，不要用人为去毁灭天然，不要用有意的作为去毁灭自然的禀性，不要为获取虚名而不遗余力。谨慎地持守自然的禀性而不丧失，这就叫返归本真。河神与海神谈话的最后一部分，提出了返归本真的主张，即不以人为毁灭天然。

河伯和海若的对话宣扬了相对主义，包含着一些合理的思想因素，如认为人的认识无法超越所生存的环境，必定受到有限的空间、时间和知识水平的制约；在无限广大的宇宙中，人的认识是无止境的，而个人的认识和作用十分有限，客观上给人以不断进取、永不自满的启迪。

人外有人，山外有山，不知天高地厚轻狂自得，只会成为笑柄；而芸芸众生因无知而自满，完全是情理之中的事，如果敢于自省，省而能深，错而能改，也算是善莫大焉。因为凭着莫大的勇气和可贵的精神，

众生就可以从已知走向未知,从而到达自由王国。河伯的遭遇是庄子苦心虚构的一个故事,河伯所为是现实人生最需要的东西,天下苍生若作如是观,生活将会实现"无为",真正做到顺其自然。

庄子哲学绝对不是一种消极的哲学,他所倡导的"无为"恰恰是为了有为和大为,在他无拘无束与看似不经意的文字中,到处充满人文关怀。他所示人的,可能只是一个冷峻的侧影,一副漠然的神态。反观现代社会的芸芸众生,或举世浑浊、唯我独醒,悲情于色、疾言厉行;或大厦将倾、于事无补,大有行为饱受约束、举止尽显困厄,以我之力难挽大势的颓唐……而那些真正关注现实,立足今日的人性化的入世者,始终萦怀的何尝不是活生生的人生!

谁说庄子是冷眼看世界,有人一直觉得他是牵挂现实生活,钟情天下苍生的。

原文

夔怜蚿，蚿怜蛇，蛇怜风，风怜目，目怜心①。

夔谓蚿曰："吾以一足趻踔而行②，予无如矣③！今子之使万足，独奈何④？"蚿曰："不然。子不见乎唾者乎⑤？喷则大者如珠，小者如雾，杂而下者不可胜数也。今予动吾天机⑥，而不知其所以然⑦。"

蚿谓蛇曰，"吾以众足行而不及子之无足，何也？"蛇曰："夫天机之所动，何可易邪⑧？吾安用足哉⑨？"

蛇谓风曰："予动吾脊胁而行，则有似也⑩；今子蓬蓬然起于北海⑪，蓬蓬然入于南海，而似无有，何也？"风曰："然。予蓬蓬然起于北海而入于南海也。然而指我则胜我⑫，鳅我亦胜我⑬。虽然，夫折大木，蜚大屋者⑭，唯我能也，故以众小不胜为大胜也⑮。为大胜者，唯圣人能之。"

注释

①夔（kuī）：传说中一足异兽。怜：羡慕、仰慕之意。蚿（xián）：多足虫。

②趻踔（chēn chuō）：跳着走。

③予无如矣："无知予矣"的语序颠倒，没有像我这样简便了。

④独奈何：将怎么办呢。

⑤唾者：吐唾沫或打喷嚏的人。

⑥天机：自性所具有的机能。

⑦这句的意思为众足之动受自性所具天然机能支配，我并不知道它究竟是怎么动的，如同打喷嚏时，喷出多少大小不同的水珠完全是本性运动一样。

⑧易：改变。

⑨安用足：哪里用得着足呢。

⑩有似：有形象显示出来。

⑪蓬蓬然：风吹动时发出的呼呼之声。

⑫指我则胜我：用手指一指我，就能胜过我。

⑬鳅：足踏也。

⑭蜚大屋：把大屋子吹得飞上天。蜚：同飞。

⑮这句的意思为以众多小的不胜来求得大胜。

原文

孔子游于匡①，宋人围之数匝②，而弦歌不惙③。子路入见，曰："何夫子之娱也④？"孔子曰："来，吾语女。我讳穷久矣⑤，而不免，命也；求通久矣，而不得，时也⑥。当尧舜而天下无穷人，非知得也⑦；当桀纣而天下无通人，非知失也⑦。时势适然⑧。夫水行不避蛟龙者，渔人之勇也。陆行不避兕虎者⑨，猎夫之勇也。白刃交于前，视死若生者，烈士之勇也⑩。知穷之有命，知通之有时，临大难而不惧者，圣人之勇也。由，处矣⑪！吾命有所制矣⑫！"无几何，将甲者进⑬，辞曰："以为阳虎也⑭，故围之；今非也，请辞而退。"

注释

①匡：春秋时卫国邑名，在今河南睢县西。

②匝（zā）：环绕一周。宋：卫之误。

③惙（chuò）：通辍，止也。弦歌：弦指琴瑟之类乐器，歌为诵诗、唱诗。

④娱：快乐。

⑤讳穷：忌讳困穷。

⑥时：机遇，时势，时运之意。

⑦穷人，困穷不通达之人。

⑧时势适然：时势、时运造成这样的。

⑨兕（si）：犀牛一类猛兽。

⑩烈士：古代泛指有志于功业或重义轻生的人。

⑪处矣：安心吧。

⑫制：分限、限定。

⑬将甲者：统帅甲士的长官，将，统帅也，甲，指甲士，即着盔甲之兵士。

⑭阳虎：又名阳货，本为鲁国季孙氏家臣，后篡夺鲁国政权，带兵侵略匡邑，与匡人结仇。

原文

公孙龙问于魏牟曰①："龙少学先王之道，长而明仁义之行；合同异，离坚白②；然不然，可不可③；困百家之知，穷众口之辩④；吾自以为至达矣⑤。今吾闻庄子之言，汒焉异之⑥；不知论之不及与？知之弗若与⑦？今吾无所开吾喙⑧，敢问其方⑨。"

171

纪连海谈 **庄子**

公子牟隐机太息⑩，仰天而笑曰："子独不闻夫埳井之蛙乎⑪？谓东海之鳖曰：'吾乐与！出跳梁乎井干之上⑫，入休乎缺甃之崖⑬；赴水则接腋持颐⑭，蹶泥则没足灭跗⑮，还虷蟹与科斗⑯，莫吾能若也⑰。且夫擅一壑之水⑱，而跨跱埳井之乐⑲，此亦至矣。夫子奚不时来入观乎⑳？'东海之鳖左足未入，而右膝已絷矣㉑。于是逡巡而却㉒，告之海曰：'夫千里之远，不足以举其大㉓；千仞之高，不足以极其深。禹之时，十年九潦㉔，而水弗为加益；汤之时，八年七旱，而崖不为加损㉕。夫不为顷久推移㉖，不以多少进退者㉗，此亦东海之大乐也。'于是埳井之蛙闻之，适适然惊㉘，规规然自失也㉙。且夫知不知是非之竟㉚，而犹欲观于庄子之言㉛，是犹使蚊负山，商蚷驰河也㉜，必不胜任矣。且夫知不知论极妙之言而自适一时之利者㉝，是非埳井之蛙与？且彼方跐黄泉而登大皇㉞，无南无北，奭然四解㉟，沦于不测㊱；无东无西，始于玄冥㊲，反于大通㊳。子乃规规然而求之以察，索之以辩，是直用管窥天㊴，用锥指地也，不亦小乎？子往矣！且子独不闻夫寿陵余子之学行于邯郸与㊵？未得国能㊶，又失其故行矣，直匍匐而归耳㊷！今子不去，将忘子之故，失子之业。"

公孙龙口呿而不合㊸，舌举而不下，乃逸而走㊹。

> **注释**
>
> ①公孙龙：战国时期赵国人，曾作过平原君的门客。名家主要代表人物之一。
>
> ②合同异：为名家惠施一派的典型命题，强调事物的同一性。离坚白：为公孙龙的著名命题。认为一块坚硬的白石，坚白两种属性是分离的，因为眼看得白而无坚，手摸得坚而无白，只能说坚石、白石，不能

说坚白石，从而把客体各种属性分割开来，否认它们之间具有同一性。

③然不然，可不可：以不然为然，以不可为可。

④知：知识、见解。辩：口才。

⑤至达：极为通达事理。

⑥汒焉：同茫然，迷惘不清之意。汒：同茫。

⑦论：口才、辩才。知：知识、智力。

⑧喙：鸟兽的嘴，此指人之口。

⑨方：方法、方术、道理。

⑩公子牟：魏牟。隐机：背靠小几。机：同几。

⑪埳井：浅井。独：惟独、只有。

⑫跳梁：又作跳踉，跳跃之意。井干：井上之围栏。

⑬缺甃之崖：井壁缺口靠水之处，井蛙在这里休息。甃（zhòu）：井壁。崖：水边。

⑭腋：腋窝。颐：两腮下面。

⑮蹶（jué）：践踏。跗（fū）：脚背。没、灭：埋到、埋没之意。

⑯还：环视，向周围看。虷（hán）：井中赤虫。蟹：小螃蟹。科斗：蝌蚪，蛙类幼虫。

⑰莫吾能若："莫能若吾"的宾语提前，表示强调。

⑱擅：独占。壑：深沟，此指土井。

⑲跨跱：形容蛙在井中跳跃、蹲踞的神态。跱（zhi）：蹲着。

⑳夫子：井蛙对东海之鳖的尊称。奚：何。时来：时常前来，经常前来。

㉑絷（zhí）：绊住。东海之鳖身躯巨大，而埳井空间狭小，所以左足未踏到井底，右膝就被绊住了。

㉒逡（qūn）巡：犹豫徘徊，迟疑不决。

㉓举：称说，形容。

㉔潦：同涝，雨水过多，发生水灾。

㉕崖：同涯，水边，此指海水边缘。

㉖顷：短暂。久：长久。推移：改变、变化。

㉗不以多少进退者：不会因雨水之多少而使海水有所进退。

㉘适适然惊：惊骇恐怖的样子。

㉙规规然自失也：惊视自失的样子。

㉚知不知：智慧不能通晓。竟：同境。

㉛观：观察领会。

㉜商蚷（jù）：又名马蚿、马陆，一种暗褐色小虫。

㉝极妙之言：指庄子讲论大道极其玄虚微妙的言论。适：快意、满足。

㉞趾（cǐ）：踏地、履地。大皇：指天之极高处，大：同太。

㉟奭（shì）然：释然，逍遥自在，无拘无束的样子。四解：四面八方无不通达理解。

㊱沦于不测：深入于不可测知的境界。

㊲玄冥：幽远暗昧不可测知的玄妙境界。

㊳大通：于万事万物之道无不通达。

㊴规规然：琐细分辨的样子。用管窥天：从管子里去看天，比喻所见极小。

㊵寿陵：燕国邑名。余子：少年。

㊶国能：赵国人行路的本领。

㊷直：竟然。匍匐：爬行。

㊸呿（qū）：张开口。

㊹逸：逃走。走：奔跑。

【原文】

庄子钓于濮水①，楚王使大夫二人往先焉②，曰："愿以境内累矣③！"

庄子持竿不顾，曰："吾闻楚有神龟，死已三千岁矣，王以笥而藏之庙堂之上④。此龟者，宁其死为留骨而贵乎？宁其生而曳尾于涂中乎⑤？"

二大夫曰："宁生而曳尾涂中。"庄子曰："往矣！吾将曳尾于涂中。"

【原文】

惠子相梁⑥，庄子往见之。或谓惠子曰⑦："庄子来，欲代子相。"于是惠子恐，搜于国中，三日三夜。庄子往见之，曰："南方有鸟，其名为鹓鶵⑧，子知之乎？夫鹓鶵发于南海，而飞于北海，非梧桐不止⑨，非练实不食⑩，非醴泉不饮⑪。于是鸱得腐鼠⑫，鹓鶵过之，仰而视之曰：'吓⑬！今子欲以子梁国而吓我邪？'"

【原文】

庄子与惠子游于濠梁之上⑭。

庄子曰："鯈鱼出游从容⑮，是鱼之乐也。"

惠子曰："子非鱼，安知鱼之乐？"庄子曰："子非我，安知我不知鱼之乐？"

纪连海谈 庄子

惠子曰，"我非子，固不知子矣；子固非鱼也，子之不知鱼之乐，全矣⑯。"

庄子曰："请循其本⑰。子曰'汝安知鱼乐'云者，既已知吾知之而问我，我知之濠上也。"

注释

①濮水：水名。

②楚王：指楚威王。往先：前往致相邀之意，表示对贤人的礼遇。

③愿以境内累：此句为二大夫代表楚王向庄子所致之同。

④巾笥（sì）：笥为竹箱之类。庙堂：大庙之明堂，议政和举行祭祀仪式之处。

⑤曳尾于涂中：拖着尾巴在泥中爬行。

⑥惠子：惠施，宋人。梁：大梁，为战国时魏国都城，故魏亦称梁。

⑦或：有人、某人，不定代词。

⑧鹓鶵（yuān chú）：传说中鸾凤之类的神鸟。

⑨梧桐：落叶乔木。传说凤凰只在梧桐树上栖息。

⑩练实：竹实。

⑪醴泉：醴为甜酒，泉为泉水。

⑫鸱：猫头鹰，比喻惠施。

⑬吓：动物发出威吓敌人的声音。

⑭濠梁：濠水桥上。

⑮鯈（tiáo）鱼：亦称白鲦，银白色，易为人见。

⑯全矣：完全肯定的了。

⑰循其本：循着争论的根源讲起。

> 纪老师说 ●●●

庄子的《秋水》篇，后半部分讲述的是六则寓言，与前面的河伯与北海二神的对话没有多大的连接关系，而且这六则寓言，也是各行其道，之间没有直接的内在关联。

第一则寓言，先说的是独脚的夔羡慕多脚的蚿，多脚的蚿羡慕无脚的蛇，无脚的蛇羡慕无形的风，无形的风羡慕明察外物的眼睛，明察外物的眼睛羡慕内在的心灵。然后，通过夔对蚿、蚿对蛇、蛇对风的对话，论述各有所短的道理。按照前文提示来看，后面应该还有风对目、目对心的谈论，最后的归结总是要谈到道才是，可惜的是原文当中都见不到了。

此则寓言，那就只能小而言之，道理很简单，你再好，再优秀，总有人比你更好，更优秀。这是告诫那些小有成就的人不要太过自满。

举个例子来说：有一次，齐国的国君要封扁鹊为"天下第一神医"。然而扁鹊却坚决不接受，说自己并不是天下第一，自己的两个哥哥医术都比他高明。国王闻之稍感不解，问道："既然你的两个哥哥的医术都在你之上，为何此二人名不见经传？"扁鹊答道："我二哥扁雁能够治大病于小恙，还在那些重大疾病只出现微小症状之时，就能加以诊断并及时根治。所以他只是在家乡的村里小有名气，村里人知道有小毛病可以去找二哥。而大哥扁鸿的医术更加出神入化，能够防病于未然，只要看人一眼就可以判断出这个人可能得什么毛病，然后在其得病之前就及时治疗。所以只有家里人知道大哥的医术高明，连村里人都不知道大哥的水平。只有我扁鹊，既不能治大病于小恙，又不能防病于未然，等到我妙手回春时，病人已经病入膏肓了，所以我的两个没有名气的哥哥才是神医，而我只是名满天下的名医。

纪连海谈 庄子

  这个故事契合了庄子《夔怜蚿》的道理，说是道理，其实并不是很难懂的，无非是要看到自己的短处，做人要谦虚罢了，我们永远都要记得，圣人随便一出手，就能轻易甩你十八条街。

  第二则寓言，说孔子周游到匡地，卫国人一层又一层地包围了他，可是孔子仍在不停地弹琴诵读。孔子的弟子子路不明白，就问老师为什么这般做活。孔子说，我讳忌困窘蔽塞已经很久很久了，大概命运就该如此，时运不济，理当受阻。不过懂得困厄潦倒乃是命中注定，知道顺利通达乃是时运造成，面临大难而不畏惧的，这就是圣人的勇敢。子路你看我做得还可以吧？

  孔子闹的这一出，有人以为是最早的"空城计"，处在危险境地，怕是必然的，但能坦然应对，示人以安，好像也是缓兵之策。好在后来卫国人说是把孔老头错看成了阳虎，这才放他过关。

  阳虎何许人也？他可是孔子的死敌一个。此人身上大有故事，我在这里就不再展开说了，读者们自己问度娘吧。

  第三则寓言，是公孙龙向魏牟询问道理，他自认为最为通达，听了庄子的言谈，感到十分茫然。于是，魏牟先给他讲了一个坐井观天的故事，再分析说庄子的思想主张正俯极黄泉登临苍天，不论南北，释然四散通达无阻，深幽沉寂不可探测；不论东西，起于幽深玄妙之境，返归广阔通达之域。你竟拘泥浅陋地用察视的办法去探寻它的奥妙，用论辩的言辞去索求它的真谛，这只不过是用竹管去窥视高远的苍天，用锥子去测量浑厚的大地，不是太渺小了吗？

  魏牟还说，你公孙龙的才智还不足以知晓是与非的境界，却还想去察悉庄子的言谈，这就像驱使蚊虫去背负大山，驱使马蚿虫到河水里去奔跑，必定是不能胜任的。你现在就像邯郸学步的那个少年一样，未能学会赵国的本事,又丢掉了他原来的本领,最后只得爬着回去了。

魏牟还说,这样吧,遥远有多远,你就给我滚多远吧!公孙龙倒也听话,乖乖地滚到了远方。

魏牟是谁?有个说法是战国时魏国人,所以又叫魏公子牟,因封于中山,是中山国的王子,所以也叫中山公子牟。据说早年曾与公孙龙交好,亡国之后改宗庄子,成为庄子的追随者。

读到这里,我总是异常怀念庄子的那个时代,要是我的学生也像魏牟一样极力维护我的尊严,处处树立我的形象,我是不是显得更为高大上了?

第四则寓言,讲述的是庄子拒绝楚王任命的事情。这则寓言简短,但是比喻传神,其结构创造恐怕已经成了后人写作的范例也未可知。庄子看起来是一个愤世嫉俗的人,他生活在战国时期,与梁惠王、齐宣王同时代,约比孟轲的年龄略小,曾做过漆园小吏。他生活很穷困,却不接受楚威王的重金聘请。庄子在道德上其实是一位非常廉洁、正直、有棱角和锋芒的人。

庄子在濮水边垂钓,楚王派遣两位大臣先行前往致意,说:"楚王愿将国内政事委托给你,可能会让你受累了。"

庄子手把钓竿头也不回地说:"我听说楚国有一神龟,已经死了三千年了,楚王用竹箱装着它,用巾饰覆盖着它,珍藏在宗庙里。这只神龟,是宁愿死去为了留下骨骸而显示尊贵呢,还是宁愿活着在泥水里拖着尾巴呢?"两位大臣说:"宁愿拖着尾巴活在泥水里。"庄子说:"你们走吧!我仍将拖着尾巴生活在泥水里。"

庄子为什么选择用神龟作比喻这种婉拒的方法?因为对方是楚国的国君,如果马上回绝他的邀请,就太不礼貌了,也太不给国君面子了,

纪连海谈 庄子

而且弄不好会得罪国君,到时脑袋也保不住了,所以庄子用神龟的选择作比,比较委婉地推掉楚王的邀请。因为这神龟是楚国的,是楚王自己国家里的东西;而且这只神龟死后,楚王用锦缎和竹箱珍藏它,可见它的珍贵。所以庄子选用神龟来比喻自己。因为神龟虽然死后风风光光,但它宁愿选择拖着尾巴在泥里爬,这与庄子的追求是一致的。宁可像乌龟在泥浆中活着,也不愿让高官厚禄束缚了自己,让凡俗政务使自己身心疲惫。表现了他鄙弃富贵权势,不为官所累,坚持不受束缚,逍遥自在生活的高尚品质。表现了他对人格独立,精神自由的追求。

第五则寓言,说的是庄子与惠子的故事。惠子在梁国做宰相,庄子前往看望他。有人对惠子说:"庄子来梁国,是想取代你做宰相。"于是惠子恐慌起来,在都城内搜寻庄子,搜了整整三天三夜。

庄子大摇大摆地前往看望惠子,说:"南方有一种鸟,它的名字叫鹓鶵,你知道吗?鹓鶵从南海出发飞到北海,不是梧桐树它不会停息,不是竹子的果实它不会进食,不是甘美的泉水它不会饮用。正在这时一只鸱鹰寻觅到一只腐烂了的老鼠,鹓鶵刚巧从空中飞过,鸱鹰抬头看着鹓鶵,发出一声怒气:'吓'!如今你也想用你的梁国来怒叱我吗?"

《惠子相梁》这则故事,辛辣地讥讽了醉心于功名富贵者的嘴脸,表现了庄子对功名利禄的态度。故事发展出人意料,人物形成鲜明对照,比喻巧妙贴切,收到言简义丰的效果。

庄子往见惠子,表明自己的清高,无意功名利禄,指责惠子为保住官位而偏狭猜忌的心态,但这些并没有直接道出,而是寓于一个虚构的故事中,使人感到意味隽永,具有更强的讽刺性。庄子善于运用比喻。其中的"鹓鶵""鸱"和"腐鼠"都具有明显的比喻义,且比喻自然生动形象,特别是把鸱吓鹓鶵的情景刻画得惟妙惟肖,活画出了惠子因怕丢掉相国的官职而偏狭猜忌的丑态。

这则寓言，按理说惠子做得还算光明正大，历史上其实有比这个更为阴险的，那就是孙膑和庞涓的故事。

庞涓与孙膑为同窗，二人一起拜鬼谷子学习兵法。庞涓后来出仕魏国，担任了魏惠王的将军，但是他认为自己的才能比不上孙膑，于是暗地派人将孙膑请到魏国加以监视。孙膑到魏国后，庞涓嫉妒他的才能，于是捏造罪名将孙膑处以膑刑和黥刑，砍去了孙膑的双足并在他脸上刺字，想使他埋没于世不为人知。当齐国使者出使至魏国首都大梁时，孙膑以刑徒的身份秘密拜见齐国使者，用言辞打动了他。齐国使者觉得孙膑不同凡响，于是偷偷地用车将他载回齐国。逃奔到齐国的孙膑得到了田忌的赏识，于是他寄居于田忌门下担任门客。

魏惠王二十八年，魏国进攻韩国，次年齐救韩，采用孙膑策略，直趋魏都大梁，旋即退兵，诱使庞涓兼程追击，使其在马陵中伏大败，涓智穷，大叹"遂叫竖子成名"，自刎而死（一说被乱箭射死），史称马陵之战。

庞涓比惠子胆大，敢对同学暗地里下黑手，最终不过是搬起石头砸了自己的脚，还把命都搭了进去。

几千年前，庄子拜见惠施却反被搜捕，几千年后，有人也不断出来证明嫉妒者的本质是恐惧；然而庄子早就用鹓鶵栖梧的寓言告诉世人什么是真正的高贵，不是富贵名利，而是保持自我。

第六则寓言，说的是庄子和惠子斗智，情节也不复杂，说的是庄子和惠子两位辩论高手，一道在濠水的桥上游玩。庄子说："白鲦鱼游得多么悠闲自在，这就是鱼儿的快乐。"惠子说："你不是鱼，怎么知道鱼的快乐？"庄子说："你不是我，怎么知道我不知道鱼儿的快乐？"

惠子说:"我不是你,固然不知道你;你也不是鱼,你不知道鱼的快乐,也是完全可以肯定的。"庄子说:"还是让我们顺着先前的话来说。你刚才所说的'你怎么知道鱼的快乐'的话,就是已经知道了我知道鱼儿的快乐而问我,而我则是在濠水的桥上知道鱼儿快乐的。"

这是一场人能否知鱼之乐的辩论。其题虽小,而其旨甚大。除了第一句用叙述语略作交代外,通篇采用对话形式。两人一句接着一句,采用以子之矛攻子之盾的方法,顶针式地把这场辩论深化。庄周肯定人能知鱼之乐,惠施则否定人能知鱼之乐。且不说辩论双方谁是谁非,光两人在辩论中所反映出来的敏捷的思路,就使人应接不暇;睿智的谈锋,令人拍案叫绝;丰富的奇想,更能启人遐思。他们两人的辩论,虽则不足以谈惊四座,却也是洋溢着深厚的思辨力量和抒情色彩。

从故事本身来看,庄子占了上风。结尾处,在惠子巧妙地援引庄子的反驳建立起符合逻辑的推理后,庄子似乎应该无言以对而就此认输了,可是他却又返回争论的起始,借偷换概念而避重就轻地将惠子的发难化解了。所谓偷换概念,指他把惠子说的"安知",解释成"哪里知道"或"怎样知道",而惠子的本意却是"怎么(能)知道"。

"濠梁之辩"的绝妙之处,除了它的雄辩之外,还在于它具有无穷的韵味。辩论的双方都紧扣主题,但辩者的思维方式却截然不同,因而辩论的结果也就很难判断出谁是谁非。

当然,惠施是从认知规律上来说的,人和鱼是两种不同的生物,鱼不可能有人的喜怒哀乐感情;庄周则从艺术规律上来说,人乐鱼亦乐。从认知规律上说,庄周的逻辑推理,纯是玩弄诡辩。他是根据相对主义的理论,不仅完全泯灭了人和鱼不同质的差别和界限,而且把惠施的发问作为辩论的前提。"子曰'汝安知鱼乐'云者,既已知吾知之而问我,我知之濠上也。"施展诡辩到了强词夺理的地步。然而,庄周的诡辩却并不使人反感,因为庄周完全是以艺术心态去看待世界的。不但不会使人感到庄子是在狡辩,强词夺理,相反倒觉得庄周说得机趣横生,使人读后感到融融快乐,趣味盎然。

那么,现在看来,知鱼故事的本意其实是表达庄子渴望自由,意欲打破物我界限,以追求超然物外的快乐境界。

至 乐

原文

天下有至乐无有哉？有可以活身者无有哉？今奚为奚据？奚避奚处？奚就奚去？奚乐奚恶？

夫天下之所尊者，富贵寿善也①；所乐者，身安厚味美服好色音声也；所下者，贫贱夭恶②也；所苦者，身不得安逸，口不得厚味，形不得美服，目不得好色，耳不得音声。若不得者，则大忧以惧。其为形也亦愚哉。

夫富者，苦身疾作，多积财而不得尽用，其为形③也亦外④矣。夫贵者，夜以继日，思虑善否，其为形也亦疏⑤矣！人之生也，与忧俱生，寿者惛惛⑥，久忧不死，何之苦也！其为形也亦远矣。烈士为天下见善矣⑦，未足以活身。吾未知善之诚善邪，诚不善邪？若以为善矣，不足活身；以为不善矣，足以活人。故曰："忠谏不听，蹲循勿争⑧。"故夫子胥争之，以残其形⑨，不争，名亦不成。诚有善无有哉？

今俗之所为与其所乐，吾又未知乐之果乐邪？果不乐邪？吾观夫俗之所乐，举群趣者⑩，誙誙然⑪如将不得已⑫，而皆曰乐者，吾未之乐也，亦未之不乐也。果有乐无有哉？吾以无为诚乐矣，又俗之所大苦也。故曰："至乐无乐，至誉无誉。"

天下是非果未可定也。虽然，无为可以定是非。至乐活身，唯无为几存⑬。请尝试言之：天无为以之清，地无为以之宁。故两无为相合，万物皆化。芒乎芴乎⑭，而无从出乎！芴乎芒乎，而无有象乎！万物职职⑮，皆从无为殖⑯。故曰："天地无为也而无不为也。"人也孰能得无为哉！

> 注释

①善：善名，好名声。

②恶：恶名。

③为形：修养形体。

④外：外在，身外之物，此处指相反。

⑤疏：疏忽。

⑥惛（hūn）惛：糊涂不清。

⑦见善：称善。

⑧蹲循："逡巡"，退让。

⑨子胥：伍子胥。

⑩举：全；趣"趋就。

⑪誙（kēng）誙然：拼死追逐的样子。

⑫已：停止。

⑬几：近。

⑭芒（máng）乎芴（wù）乎：恍乎惚乎，无形无象，不可揣测。

⑮职职：繁多。

⑯殖：繁殖。

纪连海谈 庄子

纪老师说

快乐是人生的真谛，是人类自身永恒追索的主题。从人生的意义上来讲，人生追求的应该就是快乐，所以我们一生无不在寻求快乐的路途上。可乐在何处，又如何求得呢？

庄子在《至乐》的第一部分中，先是提出了五个问题，随后列举了世人对苦和乐的看法。在庄子看来，世上的人们所尊崇看重的，是富有、高贵、长寿和善名；所爱好喜欢的，是身体的安适、丰盛的食品、漂亮的服饰、绚丽的色彩和动听的乐声；所认为低下的，是贫穷、卑微、短命和恶名；所痛苦烦恼的，是身体不能获得舒适安逸、口里不能获得美味佳肴、外形不能获得漂亮的服饰、眼睛不能看到绚丽的色彩、耳朵不能听到悦耳的乐声；假如得不到这些东西，就大为忧愁和担心。

接下来，庄子批判这都是愚蠢的，随后逐一批评这些世人的观点。他认为富有的人，劳累身形勤勉操作，积攒财富却不能全部享用。高贵的人，夜以继日地苦苦思索怎样才会保全权位和厚禄。长寿的人整日里糊糊涂涂，长久地处于忧患之中而不死去。刚烈之士为天下而忘身殉国不足以存活自身。

对应世上，这样的人的确大量存在，有的人终生劳碌积攒财富却在这个过程中搞垮了身体。有的人成了公众人物，获得无数的鲜花与掌声，却不得不躲避狗仔队的追踪，苦于连点个人的隐私都没有。有的人，整日寻求养生之道，唯恐自己下一秒就会死去。有的人为了一介浮名，搭上了卿卿性命。

庄子认为世俗所从事与所欢欣的，不知道是快乐还是不快乐。反正大家都在全力去追逐，不达目的决不罢休。庄子看来，这其实不是快乐。那么，世上果真有快乐还是没有呢？庄子提出了自己的观点，那就是认为无为就是真正的快乐，还说："最大的快乐就是没有快乐，最大的荣誉就是没有荣誉。"

原来，庄子认为从来就没有什么真正的快乐，所谓"至乐"其实就是"无乐"。

其实，快乐只是生命的一种感受、一种心态、一种体验，快乐只是一种类似于欣慰的感情，浓烈而绵长，浸润在生活里，存在于比较中，并往往紧随在痛苦之后。快乐与痛苦是交织一起的，对此每个人都有体验，不过不同的人对痛苦、快乐的体验程度并不相同，因为人人都是一个复杂的个体，两个人不可能有绝对相同的阅历和境遇，所以对同一事物会有截然不同的体悟。比如古代一个旅馆住着很多人，一日夜间突降大雪，秀才清晨推门见雪，诗兴大发："大雪纷纷落地！"官吏善于拍马，接曰："乃是皇家瑞气。"馆主出于盈利，应和曰："再下三年何妨！"躲在墙角冻得瑟瑟发抖的乞丐则怒骂道："放你娘的狗屁！"

所以说，快乐往往存在于痛苦之后。人们都熟悉"痛快"这个词，即只有经过"痛"才能获得"快"之意。比如说吧，你顶着烈日弯腰割了半天麦子，累极之后躺在麦堆上睡一会儿，你说舒服不舒服？再比如说，领导让写一个材料，一开始一头雾水，茫然无绪，经过苦苦思索，询问度娘，终于七拼八凑落笔成文，自己满意，领导夸奖，心里总是乐呵呵的吧？再比如放开二胎政策，有些人忐忑之后，终于成功怀孕，十月怀胎，一朝分娩，过程当也是极其痛苦的，但当看到期盼已久的婴儿，那种快乐是不是又油然而生？

清朝有个写书的叫沈日霖，他曾经说过这样一段话：把握住自己喜悦的心，留意生活细节中的快乐因素，点燃起生活中细小的快乐火花，来享受快乐的人生。

你说说，他说的有没有道理？

 纪连海谈 庄子

原文

庄子妻死，惠子吊之，庄子则方箕踞①鼓盆②而歌。惠子曰："与人居，长子、老、身③死，不哭亦足矣，又鼓盆而歌，不亦甚乎！"

庄子曰："不然。是其始死也，我独何能无概④！然察其始而本无生；非徒无生也，而本无形；非徒无形也，而本无气。杂乎芒芴之间，变而有气，气变而有形，形变而有生，今又变而之死，是相与为春秋冬夏四时行也。人且偃然⑤寝于巨室⑥，而我噭噭然随而哭之，自以为不通乎命，故止也。"

注释

①箕：分开两脚，形如簸箕；踞：坐。
②盆：像盆一样的瓦罐，敲出的声音响亮。
③长子：生养子女。
④概："慨"。
⑤偃然：安静地躺着。
⑥巨室：指天地之间。

原文

支离叔与滑介叔①观于冥伯之丘②，昆仑之虚③，黄帝之所休。俄

而柳④生其左肘，其意蹶蹶然⑤恶之。支离叔曰："子恶之乎？"滑介叔曰："亡⑥，子何恶！生者，假借⑦也；假之而生生者，尘垢⑧也。死生为昼夜。且吾与子观化⑨而化及我，我又何恶焉！"

注释

①支离叔与滑（huá）介叔：虚拟人名。

②冥伯之丘：虚拟丘名。

③虚：同"墟"，指空旷。

④柳："瘤"的通假。

⑤蹶蹶然：吃惊的样子。

⑥亡：无。

⑦借：此处指借于它物聚合而成。

⑧尘垢：积尘。

⑨观化：体察变化。

纪老师说

庄子的妻子死了，老朋友惠子前往吊唁，庄子却正在分开双腿像簸箕一样坐着，一边敲打着瓦缶一边唱卡拉OK。惠子说："你跟死去的妻子生活了一辈子，生儿育女直至衰老而死，人死了不伤心哭泣也就算了，还敲着瓦缶唱歌，你还有没有人性？"

庄子说："不对。这个人她初死之时，我怎么能不感慨伤心呢！然而仔细考察她开始原本就不曾出生，不只是不曾出生而且本来就不曾具有形体，不只是不曾具有形体而且原本就不曾形成元气。夹杂在恍恍惚惚的境域之中，变化而有了元气，元气变化而有了形体，形体变化而有了生命，如今变化又回到死亡，这就跟春夏秋冬四季运行一样。死去的那个人将安安稳稳地寝卧在天地之间，而我却呜呜地围着她啼哭，自认为这是不能通晓于天命，所以也就停止了哭泣。"

庄子看来，人的死生，乃是气的聚合与流散，犹如四季更替，妻子从哪里来又到了哪里去，我不来一曲，我还能做什么？

庄子认为，既然生死是人生中不可避免的事，既然生必然要转化为死，死也要转化为生，既然生有生的意义，死也有死的价值，那么人们对生死的态度就应该是坦然地面对它，安然地顺从它。在庄子看来，生是时机，死是顺化，人只有能够坦然地随顺生死之化，才算是真正领悟了生命的真谛。

人都有生老病死，身边的亲人总有离开我们的时候，当亲人离开的时候，怎么走出痛苦？虽然庄子的做法我们很难理解，但亲人去世总是无法挽回的，如果长久的浸润在痛苦之中，无法自拔，恐也是有损自身的。

面对至亲的离别，哀伤是非常正常的反应，是情感的自然流露。而一旦限制情感的产生和表现，是非常不人道的。如果可以在这个阶段，把所有的负面情绪表现出来，是很恰当的方式。其次是活在当下，做自己原来的事情，如工作、约会、吃饭、娱乐，请在处理好丧事之后，按照原来的样子继续生活，再次是寻找倾述对象，比如自己的朋友、亲人，倾诉的内容可以是对亲人的追思，也可以是你们共同的重要经历。最后是转移注意力，做一做自己喜欢的事情，比如旅游、跑步、看书、睡觉。时间长了，自然能从痛苦的情绪中挣脱出来。

支离叔和滑介叔在山丘旷野里游乐观赏。不一会儿，滑介叔的左肘上长出了一个瘤子，他显得惊动不安，好像厌恶它的样子。支离叔说：

"你讨厌这东西吗？"滑介叔说："没有，我怎么会讨厌它！具有生命的形体，不过是借助外物凑合而成；一切假借他物而生成的东西，就像是灰土微粒一时间的聚合和积累。人的死与生也就犹如白天与黑夜交替运行一样。况且我跟你一道观察事物的变化，如今这变化来到了我身上，我又怎么会讨厌它呢！"

这是庄子借滑介叔之口，表达自己对生死的看法。寓言中的支离叔是忘形的，滑介叔是去智的，所以他们的思维是那么超然。这则寓言有人看出的是做人要达观，哪个人看得全面，看得透彻，看得远，哪个人的心就会更轻盈地在人世间游走。

有这么一个故事，说有位老太太，她的两个女儿长大后一个嫁给卖伞的、一个嫁给卖鞋的。从此，她整天坐在路口哭，被人称为"哭婆婆"。

一天，一位禅师路过，问其缘由。老太太告诉禅师：每当天晴的时候，就想起了卖伞女儿的伞会卖不出去，因此伤心而哭；而每当天下雨的时候，又想起卖鞋女儿的鞋一定不好卖，因此也伤心落泪。禅师说：下雨的时候，你要想卖伞女儿的生意好；天晴的时候，你要想卖鞋的女儿卖得好，这样你就不会哭了。禅师一番话，老太太顿悟，之后，她的脸上就永远挂着笑容了。

老太太为什么前后有这么大的变化？我觉得是禅师教会了她以达观的心态面对自然，面对生活的种种困难。

目光长远，看得全面，换个角度看待问题，困难就不再称其为困难，就能柳暗花明，就能带着轻松上路，每一个人生路上的行者也就不会孤单。既然万事万物都没有绝对的完美，我们就只有怀着达观的心态，前行。

原文

庄子之楚，见空髑髅，髐然①有形，撽②以马捶③，因而问之，曰："夫子贪生失理，而为此乎？将子有亡国之事，斧钺之诛，而为此乎？将子有不善之行，愧遗父母妻子之丑，而为此乎？将子有冻馁之患，而为此乎？将④子之春秋⑤故及此乎？"于是语卒⑥，援髑髅⑦，枕而卧。

夜半，髑髅见梦曰："子之谈者似辩士。视子所言，皆生人之累也，死则无此矣。子欲闻死之说⑧乎？"庄子曰："然。"髑髅曰："死，无君于上，无臣于下，亦无四时之事，从然⑨以天地为春秋，虽南面王乐，不能过也。"庄子不信，曰："吾使司命⑩复生子形，为子骨肉肌肤，反子父母、妻子、闾里、知识⑪，子欲之乎？"髑髅深矉蹙頞曰⑫："吾安能弃南面王乐而复为人间之劳乎！"

注释

①髐（xiāo）然：枯朽。

②撽（qiào）：敲打。

③马捶（chuí）：马鞭子。捶：同"箠"。

④将：设若。

⑤春秋：年寿。

⑥卒：结束。

⑦援：拿。

⑧说：同"悦"。

⑨从然：从容。

⑩司命：掌管生命的鬼神。

⑪知识：朋友。

⑫深矉（pín）蹙（cù）頞（é）：很愁苦的样子。矉：同"颦"，皱眉头；頞：同"额"。

原文

颜渊东之齐，孔子有忧色。子贡下席而问曰："小子敢问，回东之齐，夫子有忧色，何邪？"

孔子曰："善哉汝问！昔者管子有言，丘甚善之，曰：'褚小者不可以怀大①，绠短者不可以汲深②。'夫若是者，以为命有所成而形有所适也③，夫不可损益。吾恐回与齐侯言尧、舜、黄帝之道，而重以燧人、神农之言④。彼将内求于己而不得，不得则惑，人惑则死。"

"且女独不闻邪？昔者海鸟止于鲁郊，鲁侯御⑤而觞⑥之于庙⑦，奏九韶以为乐⑧，具太牢以为膳⑨。鸟乃眩视忧悲⑩，不敢食一脔⑪，不敢饮一杯，三日而死。此以己养养鸟也，非以鸟养养鸟也。夫以鸟养养鸟者，宜栖之深林，游之坛陆⑫，浮之江湖，食之鳅鲦⑬，随行列而止，委蛇而处⑭。彼唯人言之恶闻，奚以夫譊譊为乎⑮！咸池九韶之乐⑯，张之洞庭之野，鸟闻之而飞，兽闻之而走，鱼闻之而下入，人卒闻之，相与还而观之。鱼处水而生，人处水而死，彼必相与异，其

好恶故异也。故先圣不一其能,不同其事。名止于实,义设于适,是之谓条达而福持。"

注释

①褚:衣袋。

②绠(gěng):绳索。

③命有所成而形有所适:性命智愚各有所定,形体喜恶各有适宜。

④重:推崇。

⑤御:迎。

⑥觞(shāng):酒宴。

⑦庙:宗庙。

⑧九韶:舜时的名乐。

⑨太牢:祭祀用的牛羊猪齐备。

⑩眩视:看得眼花缭乱。

⑪脔(luán):切成块的肉。

⑫坛陆:水中的沙洲。坛:同"澶"。

⑬鳅(qiū)鲦(yóu):鳅:同"鳅",泥鳅;鲦:小白鱼儿。

⑭委虵(shé):同"逶迤",宽舒自得。

⑮譊(náo)譊:喧闹,嘈杂。

⑯咸池:尧时名乐。

原文

列子行,食于道从①,见百岁髑髅,攓蓬而指之曰②:"唯予与汝知而未尝死③、未尝生也。若果养乎④?予果欢乎?"

注释

①道从：道旁。

②攓（qiān）：拔。蓬：草。

③而：尔，你。

④若：你。恙：同"恙"，忧。

纪老师说

庄子到楚国去，途中见到一个骷髅，心生感慨，说，"嘿，哥们，你是怎么变成骷髅的。到底是贪生失理还是遭遇砍杀？是羞愧而死还是饥寒交迫？亦或是享尽天年自然死亡？"

骷髅不搭腔，只在夜间托梦对庄子说，"哥们，你根本不懂死亡的快乐，无人管束，不用操劳，给我个王做我也不换。你要是让我活过来，我还是会义无反顾的选择死亡。"

在骷髅梦中，庄子想象了一个理想世界，尽管这个世界是在人死之后的阴间，但实际上，这个理想世界却在一定程度上反映并揭示了庄子乃至广大平民对于美好社会的基本构想，同时，也是借骷髅之口写出人生在世的拘累和劳苦。有人说庄子是在宣扬死比活好，这种说法并不准确，换个角度来说，庄子想告诉我们的是，即便对于死亡，也应该持一种豁达、平静的态度。

孔子担心弟子颜渊去往齐国或将遭遇不测，担心颜渊跟齐侯谈论尧、舜、黄帝治理国家的主张，而且还进一步地推重燧人氏、神农氏的言论。那时，齐侯必将要求自己苦苦思索，由于他的智商和情商都不高，肯定不能理解，不理解必定就会产生疑惑，一旦产生疑惑便会迁怒颜渊而杀害他。

纪连海谈 庄子

　　这就像鲁国国君用"九韶"之乐和"太牢"膳食，去伺候一只美丽的小鸟，小鸟本是栖息于深山老林，游戏于水中沙洲，浮游于江河湖泽、啄食泥鳅和小鱼，随着鸟群的队列而止息，从容自得、自由自在地生活的。当然无法适应人类的这种优越待遇，结局只能是悲伤地死去。

　　颜渊不适合去齐国，小鸟不适合养在太庙里，是什么原因呢？庄子看来，无非是不以事物的好恶去对待，无法适应自然而存活，条理无法通达而福德无法长久。

　　有时候，我们会身不由己，外部环境改变了，人也随着发生变化，这种改变有时候趋向于好，有时候趋向于坏，就看这个人能不能尽快的适应环境，能不能迅速在新的环境中定好自己的位置，找到自己发光发热的起点。

　　庄子借孔子的话，表达自己的观点，指出人为的强求只能造下灾祸，一切都得任其自然。

　　安徒生曾写过一篇童话《夜莺》，说的是在古代的中国，皇帝的花园里住着一只夜莺，它的歌声非常美妙动听，为忙碌的渔夫和穷苦的女孩带来快乐和安慰。但是不论皇帝或是他的臣子，都不知道自己国内有这么一只鸟儿，直到外国人的书里说起，才好不容易地找到了它。这虽然是一只并不漂亮的平凡的灰色鸟儿，但它的歌声也打动了皇帝的心弦，使他不禁流出了眼泪。这时，日本皇帝送来一只夜莺，是人造的工艺品，全身镶满钻石、红玉和碧玉，跟真的夜莺完全一样，只要上好发条，就会唱真夜莺所唱的歌。当皇宫里的人几十次不知疲倦地被引诱去听这只"高等皇家夜间歌手"的歌唱时，真夜莺就悄悄地飞回青翠的树林中去了。

　　可惜一年以后，人造夜莺所能唱的调子，听的人甚至都能够背了；

随后，它身体里面的发条也断了，勉强修好，也只能每年让它唱一次。又过了五年，皇帝也病了，垂危中，面对死神，他呼唤人造夜莺为他歌唱，但这只鸟儿因为没有上好发条，一动也不会动。就在这个时候，窗外传来那只小夜莺的歌声，它是特地在这个非常时刻来向皇帝唱安慰和希望的歌的。果然，随着它的歌声，"皇帝孱弱的肢体里，血也开始流得快起来"，使他终于恢复了体力，而且神志也清醒了，原来等在他身边的死神则变成一股寒冷的白雾，从窗子里消失了。

这个童话，适合不同年龄段的人去读，但不管谁去读，都能读出夜莺回归的自然，才是它应该待的地方。安徒生童话的根本精神传递了一种"自然人"而非"社会人"的情感，体现出了一种"审美"而非"实利"的注意力。它让我们真正听到了我们内心的声音，那就是要听从心灵的需求，回归到自然中去。

庄子借列子的故事，说明一种对待生死的态度，表达了死生都不足以忧愁与欢乐的观点。他说列子外出游玩，在道旁吃东西，看见一个上百年的死人的头骨，拔掉周围的蓬草指着骷髅说："只有我和你知道你是不曾死、也不曾生的。你果真忧愁吗？我又果真快乐吗？"

死亡不必忧愁，活着未必快乐，看淡生死，这仍是一种达观的人生态度，

庄子说过，人只有经过一场大觉才能知道他自身是一场大梦。他为我们建立了一种生死观，让我们含笑面对死亡，让我们在死神面前，具有了洞彻人生的智慧，并始终保持潇洒的风度和英雄的气概。

多年之后，一个叫陶渊明的人说："生实艰难，死如之何！"是不是恰巧与庄子的观点相契相合？

纪连海谈 庄子

原文

种有几①，得水则为继②，得水土之际则为鼃蠙之衣③，生于陵屯④则为陵舄⑤，陵舄得郁栖⑥则为乌足⑦。乌足之根为蛴螬⑧，其叶为胡蝶。胡蝶胥⑨也化而为虫，生于灶⑩下，其状若脱⑪，其名为鸲掇⑫。鸲掇千日为鸟，其名为干余骨⑩。干余骨之沫⑬为斯弥⑭，斯弥为食醯⑮。颐辂⑯生乎食醯，黄軦生乎九猷，瞀芮生乎腐蠸。羊奚比乎不筝，久竹生青宁；青宁生程，程生马，马生人，人又反入于机。万物皆出于机，皆入于机。

注释

①种有几：种种物类都生于几。几：微小的生物，喻指生机。

②继（jì）：生于几的微小生物，喻指几的继续。

③鼃（wā）蠙（pín）之衣：生于继的生物，绿色，喻指像蛙皮，或浮于水里，或生于湿地。

④陵屯：靠水边的高地。

⑤陵舄（xì）：生于鼃蠙之衣的草，长在水边高地。

⑥郁栖：陵舄腐烂物，喻指肥土。

⑦乌足：生于陵舄的草，有根有叶。

⑧蛴（qí）螬（cáo）：生于乌足根的小虫。

198

⑨胥：互化。另说"短暂"。

⑩灶：喻指如灶般燥热。不是灶台。

⑪脱：同"蜕"。

⑫鸲（qú）掇（duō）：虫名。

⑬沫：唾沫。

⑭斯弥：虫名。

⑮食醯（xī）：虫名。

⑯颐（shěn）辂（lù）：虫名。

纪老师说

人们都说达尔文是进化论的奠基者，在我看来，庄子一点也不输达尔文，只不过庄子的"进化"理论总是显得非常科幻。

他说，"物类千变万化源起于微细状态的'几'，有了水的滋养便会逐步相继而生，处于陆地和水面的交接处就形成青苔，生长在山陵高地就成了车前草，车前草获得粪土的滋养长成乌足，乌足的根变化成土蚕，乌足的叶子变化成蝴蝶。蝴蝶很快又变化成为虫，生活在灶下，那样子就像是蜕皮，它的名字叫做灶马。灶马一千天以后变化成为鸟，它的名字叫做干余骨。干余骨的唾沫长出虫子斯弥，斯弥又生出蠛蠓。颐辂从蠛蠓中形成，黄軦从九猷中长出，蠓子则产生于萤火虫。羊奚草跟不长笋的老竹相结合，老竹又生出青宁虫，青宁虫生出豹子，豹子生出马，马生出人，而人又返归造化之初的浑沌中。万物都产生于自然的造化，又全都回返自然的造化。"

这是万物循环论。这是一种转化发生在从植物到昆虫到禽鸟再到走兽和人这样一个循环相生的过程。也就是说，世间万物的转化是全方位的，不但是一个从动物到动物的过程，而且包括植物，乃至水土这样的非生物也参与到这样一种运化的过程中来。所谓"万物一也，臭腐复化为神奇，神奇复化为臭腐"。

宋代的周敦颐不去除窗前的杂草，别人问他为何，他说这与自家意思一般。周敦颐与花鸟草虫感情与共，其实也是庄子天地大化的理论，人在自然中从来不是孤立的存在。

中国古典文化相信，万物并不像它们所看来那样界限分明，在这种气化宇宙观看来，万物皆由气所凝聚，消散后又化而为气，因而事物与事物间的转化是一件完全可以理解的事情。即使是石头，也往往是天地精气所凝聚，能够化而为人。想到这一点，我会直接联想到那个大闹天宫的石猴子。

人生与自然的融合凝聚，何尝不是人生与自然之间一种抽象的感悟呢？

达 生

原文

　　达生之情者①，不务生之所无以为②；达命③之情者，不务知之所无奈何。养形必先之以物，物有余而形不养者有之矣；有生必先无离形，形不离而生亡者有之矣。生之来不能却，其去不能止。悲夫！世之人以为养形足以存生；而养形果不足以存生，则世奚足为哉！虽不足为而不可不为者，其为不免矣。

　　夫欲免为形④者，莫如弃世⑤。弃世则无累，无累则正平⑥，正平则与彼更生⑦，更生则几⑧矣。事奚足弃则生奚足遗⑨？弃世则形不劳，遗生则精不亏。夫形全精复，与天为一⑩。天地者，万物之父母也，合则成体，散则成始⑪。形精不亏，是谓能移⑫；精而又精，反以相天⑬。

注释

①达生之情者：通达性命实情的人。

②生之所无以为：性命所不能做的东西。

③命：命运，指富贫、智愚之类。

④为形：此处指劳累形体。

⑤弃世：抛弃世间分外之事。

⑥正平：心正气平。

⑦与彼更生：与自然一起变化。

⑧几：近于道。

⑨遗：忘。

⑩与天为一：与自然合而为一。

⑪合则成体，散则成始：气混合就成形体，气离散就是重新开始。

⑫能移：能随自然变化。

⑬反以相天：返本归真而有助于自然之道。相：助；反：同"返"。

原文

子列子①问关尹②曰："至人潜行不窒③，蹈火不热，行乎万物之上而不栗。请问何以至于此？"

关尹曰："是纯气④之守也，非知⑤巧果敢之列⑥。居，予语女。凡有貌象声色者，皆物也，物与物何以相远？夫奚足以至乎先？是色而已。则物之造乎不形而止乎无所化⑦，夫得是而穷之者，物焉得而止⑧焉！彼将处乎不淫之度⑨，而藏乎无端之纪⑩，游乎万物之所终始⑪，一其性⑫，养其气⑬，合其德⑭，以通乎物之所造⑮。夫若是者，其天守全⑯，其神无郤⑰，物奚自入焉！"

"夫醉者之坠车，虽疾不死。骨节与人同而犯害与人异，其神全也，乘亦不知也，坠亦不知也，死生惊惧不入乎其胸中，是故迕⑱物而不慴⑲。彼得全于酒而犹若是，而况得全于天乎？圣人藏于天，故莫之能伤也。

复仇者不折镆干⑳，虽有忮心者不怨飘瓦，是以天下平均。故无攻战之乱，无杀戮之刑者，由此道也。"不开人之天，而开天之天，开天者德生，开人者贼生。不厌其天，不忽于人，民几乎以其真！"

注释

①子列子：列子，列御寇；子列子，对列子的尊称。

②关尹：姓尹名喜，函谷关令，以官称之关尹。

③潜行不窒：潜入水中而不窒息。

④纯气：纯和之气。

⑤知：同"智"。

⑥列：同"例"，引申"做到的"。

⑦止乎无所化：以无所变化为止境。止，不是"停留"。

⑧止：制止。

⑨处乎不淫之度：安心于不过分的限度内。道家以禀受为本分、为度。

⑩藏乎于无端之纪：藏身于无端无绪的混沌之境界。

⑪游乎万物之所终始：遨游于万物生死变化中。

⑫一其性：不二其天性，天性本一，人为分之，一其性即不伪其性，不矫其性。

⑬养其气：不劳损其气。

⑭合其德：不以外在离其性。

⑮物之所造：自然。

⑯天守全：天性得以保全。

⑰神无郄（xì）：凝神无间。郄：同"隙"。

⑱迕：逆，同"忤"。

⑲慴：同"慑"。

⑳镆（mò）干：宝剑。

纪连海谈 **庄子**

原文

仲尼适楚，出于林中，见痀偻①者承蜩②，犹掇③之也。

仲尼曰："子巧乎！有道邪？"曰："我有道也。五六月累丸二而不坠，则失者锱铢④；累三而不坠，则失者十一；累五而不坠，犹掇之也。吾处身也，若厥株拘⑤；吾执臂也，若槁木之枝；虽天地之大，万物之多，而唯蜩翼之知。吾不反不侧⑥，不以万物易蜩之翼，何为而不得！"

孔子顾谓弟子曰："用志不分，乃凝于神，其痀偻丈人之谓乎！"

注释

①痀偻：像老人弓背的样子。

②承蜩：用竿粘蝉。承，指用竿粘；蜩：蝉。

③掇：拾取。

④锱铢：古代称重的微小单位，引伸为很少。

⑤厥株拘：木桩、断树。厥：同"橛"，木桩；株拘：同"株枸"，断树。

⑥不反不侧：不动摇。

纪老师说

庄子认为，通晓生命实情的人，能放弃对生命没好处的东西；通晓命运实情的人，能放弃命运无可奈何的事情。世俗之人认为养育身形便足以保存生命，于是整日浸泡在操劳和勤苦之中。免除操劳形体，莫若忘却世事。依次类推，就没有劳苦和拘累，就能跟随自然一道生存与变化，也就接近于大道了。学会遗忘和舍弃，身形得以保全而精神得以复本还原，就跟自然融合为一体。形体保全精神不亏损，这就叫做能够随自然的变化而变化；精神汇集达到高度凝聚的程度，返过来又和自然相辅相成。

也就是说，一个人，只要做到"弃世"就能"无累"，就能"形全精复""与天为一"。

我想到近来在网上看到的一些年轻人，心甘情愿抛开尘世，寻一个清静的地方修身养性的事情。这种人远离人群，过着清修的生活，他们神秘得就像山中精灵，衣着简朴，应季而食，依山而眠，靠山而居。

据说在武夷山，就有一个叫"草木君"的90后姑娘，眷恋山中生活，大学毕业后，就选择进山，过起了隐居世外的生活。她还自称山居一天有四乐，朝行慧苑，夜下灵峰，僧庐听雨，云端喝茶。草木君在山脚处造了一间岩茶工作室，除了简单的山居日常，她还得潜下心来制茶、焙茶，对自然之物的经营是为换来丰沛的生活。可只要得空，她便会邀上三五知己转山嬉水。

我虽然不太赞成这种"弃世""无累"的生活，但一想到这些修道之人也是在追求生命的天然与本真，也就能理解了。

宋代禅宗无门禅师有一首诗偈，说春有百花秋有月，夏有凉风冬有雪，若无闲事挂心头，才是人生好时节。想来这种人，不一定能参透生命的本质，却也是活得相对安闲。

想想自己俗务缠身，远远做不到这般率性潇洒，也就只能在心里默默为这些人点个赞了。

庄子借助关尹之口，认为要持守住纯和之气，这样精神就不会亏损，外物就难以入侵。他还借助于醉酒之人与圣人的类比，揭示出一个

纪连海谈《庄子》

深刻的道理,那就是藏身于自然,百事都不缠身,开发自然的真性,做到随遇而安,获得生存。

我很喜欢这样一则故事:

酷夏,一位小和尚指着寺院的一片枯黄的草地对师父说:"你看,这些草又干又黄,马上就要死了,这太有损我们寺院的美观了,我们应该在这儿再撒些草籽。"师父向他挥挥手说:"随时!"

许多天过去了,小和尚因为没有得到师父的任何吩咐,不禁暗自着急。他等呀等呀,终于熬过了中秋节。这天,师父交给他一包种子让他去撒到草地里。小和尚非常高兴地拿着种子去撒。还没等他撒完,忽然间秋风四起,种子随风飘走了好多。小和尚大叫起来:"不好了,不好了,种子被风吹跑了。""没关系,吹走的大多都是空的种子,种在地里也不会发芽的。"师父说,"随性!"

小和尚刚刚播完种,空中飞来了几只寻食的鸟,他们在草地上不停地啄着什么。"天呐,种子要被它们吃光了,这可如何是好!"小和尚急得抓耳挠腮,惊慌不已。"没关系,种子多得很,吃不完!"师父说,"随遇!"

到了半夜,老天突降一场倾盆大雨,把小和尚播种的草地冲得面目全非。第二天清早,小和尚飞一样地冲进禅房:"师父,全完了,种子都被暴雨冲走了!"师父微笑着说:"冲到哪里就在哪里发芽!随缘!"

六七天过去了,快要枯死的草地上竟然冒出了许多嫩绿的草芽,就连一些没有播种的墙角也冒着绿绿的生机。小和尚高兴地直蹦。师父含笑点头:"随喜!"

人呐,总要学会豁达,持守纯和元气是至关重要的,进一步才是使精神凝聚。对喜怒哀乐都淡漠随性一点，学会一种快乐的心态，这样，你的世界才是美好的。

庄子接下来讲了这样的故事，孔子到楚国去，走出树林，看见一个驼背老人正用竿子粘蝉，就好像在地上拾取一样。

孔子说："先生真是巧啊！有门道吗？"驼背老人说："我有我的办法。经过五六个月的练习，在竿头累叠起两个丸子而不会坠落，那么失手的情况已经很少了；叠起三个丸子而不坠落，那么失手的情况十次不会超过一次了；叠起五个丸子而不坠落，也就会像在地面上拾取一样容易了。我立定身子，犹如临近地面的断木，我举竿的手臂，就像枯木的树枝；虽然天地很大，万物品类很多，我一心只注意蝉的翅膀，从不思前想后左顾右盼，绝不因纷繁的万物而改变对蝉翼的注意，为什么不能成功呢！"

孔子转身对弟子们说："运用心志不分散，就是高度凝聚精神，恐怕说的就是这位驼背的老人吧！"

庄子借"疴偻""承蜩"的故事，说明养神的基本方法，这就是使神思高度凝聚专一，不要被身外的事物所诱惑牵扯。

有这么一则小故事：某人去庙中拜佛求福，发现一位跟佛一模一样的人也在求佛，便问他："你怎么跟佛长得一个模样？"那人道："我就是佛。""你就是佛，那你为什么还要求你自己呢？""求人不如求己。"佛答道。

世人遇事总会想得到别人帮助，却恰恰忘了自己，久而久之形成一种依赖，于是自己便成了累赘。而反过来，一求己，就成了佛。

清代宰相孙将鸣曾为资国寺题了这样一副楹联："浮生若梦谁非寄，到处能安即是家"。大意是这位宰相感叹尘世浮沉恍如梦境，哪一

个人的生命不是暂时寄托到人间来的呢！但只要我们能够珍惜当下的生活，随遇而安，就能够做到四海为家了。

这里，孙将鸣强调的是人的心态作用，不管生活怎样，你的心安稳了，生命也就安稳了。所以反观自心，寻找那心的解脱才是最高境界，而绝非一味向外寻求外境或者依赖外援而得。

在生活中，我们往往很明显地感觉到自己的心，常会随着环境和时间改变而不断变化，这是"心随境转"，是我们不能控制自己心态的结果，这容易给自己带来烦恼。因为我们的情绪也会常常因他人的高兴而高兴，因他人的悲伤而悲伤，或者看到他人强过自己，而嫉妒难过，看到对手受伤而暗自庆幸！这些心理的产生，都是我们太在意外境的影响而导致的，它往往使我们的身心都不能自在，使我们的心灵蒙垢。所以，人要时刻关照自己的内心，把自己的身体当做道场去修炼，去关爱他人，真心付出，提升自我，那么一切美好的事物，都会随之而来。你可能会听见雪花飘落在屋顶的声音，你可能会感觉到花蕾在春风里慢慢开放时那种美妙的生命力，你还可能闻到秋风中带着从远山传来的树叶清香。真的，在平凡的日常生活中，你会不断地发现并享受到生活的美。

原文

颜渊问仲尼曰："吾尝济乎觞深之渊①，津人操舟若神②。吾问焉，曰：'操舟可学邪？'曰：'可。善游者数能③。若乃夫没人④，则未尝见舟而便操之也'。吾问焉而不吾告，敢问何谓也？"

仲尼曰："善游者数能，忘水也。若乃夫没人之未尝见舟而便操之也，彼视渊若陵，视舟之覆犹其车却也。覆却万方陈乎前而不得入其舍，恶往而不暇！以瓦注者巧⑤，以鈎注者惮⑥，以黄金注者殙。其巧一也，而有所矜⑦，则重外也。凡外重者内拙。"

注释

①觞深：宋国一条深渊，形状像觞，因此得名。

②津人：摆渡的人。

③数能：练习几次就会。

④没（mò）人：会潜水的人。

⑤以瓦注：用瓦片当赌注的筹码。

⑥鈎：同"钩"，衣带钩。

⑦矜：顾惜。

纪连海谈 庄子

原文

田开之①见周威公②。威公曰："吾闻祝肾③学生④，吾子与祝肾游，亦何闻焉？"田开之曰："开之操拔篲⑤以侍门庭，亦何闻于夫子！"威公曰："田子无让⑥，寡人愿闻之。"开之曰："闻之夫子曰：'善养生者，若牧羊然，视其后者而鞭之。'"威公曰："何谓也？"

田开之曰："鲁有单豹者⑦，岩居而水饮，不与民共利⑧，行年七十而犹有婴儿之色；不幸遇饿虎，饿虎杀而食之。有张毅者⑨，高门县薄⑩，无不趋也⑪，行年四十而有内热之病以死。豹养其内而虎食其外，毅养其外而病攻其内，此二子者，皆不鞭其后者也。

仲尼曰："无入而藏，无出而阳⑫，柴⑬立其中央⑭。三者若得，其名必极⑮。夫畏涂者⑯，十杀一人，则父子兄弟相戒也，必盛卒徒⑰而后敢出焉，不亦知乎！人之所取畏者⑱，衽⑲席之上，饮食之间；而不知为之戒者，过也。"

注释

①田开之：姓田，名开之，祝肾的学生。

②周威公：东周的君主，桓公之子。

③祝肾：姓祝，名肾，田开子的老师。

④学生：学习养生之道。

⑤拔篲（huì）：扫帚。

⑥让：谦逊。

⑦单豹：姓单，名豹，鲁国人。

⑧共利：争利。

⑨张毅：姓张，名毅，鲁国人。

⑩县（xuán）薄：悬挂门帘。

⑪趋：往。

⑫无出而阳：不要投身世俗过于显露。阳：显露。

⑬柴：槁木。

⑭中央：中间。

⑮其名必极：他的名声必高。

⑯畏涂：险途。畏：险；涂：同"途"。

⑰盛：强；卒：聚众；徒：随从。

⑱取畏：最可怕。取：同"最"。

⑲衽（rèn）：衣服。衽：同"袵"。

原文

祝宗人①元端②以临牢筴，说彘曰："汝奚恶死？吾将三月犠④汝，十日戒，三日齐⑤，藉白茅⑥，加汝肩尻乎雕俎之上⑦，则汝为之乎？"为彘谋，曰不如食以糠糟而错之牢筴之中⑧，自为谋，则苟生有轩冕之尊，死得于䐁楯⑨之上，聚偻之中则为之⑩。为彘谋则去之，自为谋则取之，所异彘者何也。

注释

①祝宗人：祭祀官。

②元端：衣冠。

③彘（zhì）：猪。

④犠（huàn）：同"豢"。

211

⑤齐（zhāi）：同"斋"。

⑥藉白茅：铺垫白茅。

⑦彫（diāo）：同"雕"；俎（zǔ）：盛肉的器具。

⑧错：同"措"，放置。

⑨腞（zhuàn）楯（shǔn）：画有图案的柩车。

⑩聚偻：棺椁。

原文

桓公田①于泽，管仲御，见鬼焉。公抚管仲之手曰："仲父②何见？"对曰："臣无所见。"公反，诶诒③为病，数日不出。

齐士有皇子告敖④者曰："公则自伤，鬼恶能伤公！夫忿滀⑤之气，散而不反，则为不足；上而不下，则使人善怒；下而不上，则使人善忘；不上不下，中身当心⑥，则为病。"桓公曰："然则有鬼乎？"曰："有。沈⑦有履⑧，灶有髻⑨。户内之烦壤⑩，雷霆⑪处之，东北方之下者，倍阿鲑蠪⑫跃之；西北方之下者，则泆阳⑬处之。水有罔象⑭，丘有峷⑮，山有夔⑯，野有彷徨，泽有委蛇。"公曰："请问委蛇之状何如？"皇子曰："委蛇，其大如毂，其长如辕，紫衣而朱冠。其为物也，恶闻雷车之声，则捧其首而立。见之者殆乎霸。"

桓公辴然而笑曰："此寡人之所见者也。"于是正衣冠与之坐，不终日而不知病之去也。

注释

①田：打猎。

②仲父：对管仲的尊称。

③诶（ēi）诒（yí）：失魂落魄的样子。

④皇子告敖：姓皇子，名告敖，齐国人。

⑤忿滀（chù）：忿怒聚结邪气。滀：聚结。

⑥中身当心：郁积体内和心中。

⑦沈（chén）：同"沉"，此处指水下的泥里。

⑧履：鬼名。

⑨髻：灶神名。

⑩烦壤：烦攘。壤：同"攘"。

⑪雷霆：鬼名。

⑫倍阿鲑（guī）蠪（lóng）：鬼名。

⑬泆（yì）阳：鬼名。

⑭罔象：鬼名。

⑮峷：鬼名。

⑯夔：鬼名。

原文

纪渻子①为王②养斗鸡。十日而问："鸡已乎③？"曰："未也，方虚憍④而恃气。"十日又问，曰："未也，犹应向景⑤。"十日又问，曰："未也，犹疾视而盛气。"十日又问，曰："几矣。鸡虽有鸣者，已无变矣，望之似木鸡矣，其德全矣，异鸡无敢应者，反走矣。"

注释

①纪渻（shěng）子：姓纪，名渻子。

纪连海谈 

②王：《列子·黄帝》篇为周宣王。
③鸡已乎：鸡驯养好了吗？
④虚憍（jiāo）：虚浮骄矜。憍：同"骄"。
⑤应向景：应：回应；向：同"响"；景：同"影"。

纪老师说

庄子就是个故事大王，他擅长通过一些故事来阐述自己所持的观点。

颜渊向孔子询问驾船的道理，孔子说善于游泳的人很快就能学会驾船，这是因为他们习以成性适应于水而处之自然。至于那善于潜水的人不曾见到过船就能熟练地驾驶船，是因为他们眼里的深渊就像是陆地上的小丘，看待船翻犹如车子倒退一样。船的覆没和车的倒退以及各种景象展现在他们眼前却都不能扰乱他们的内心，他们到哪里都是从容自得。这就像赌注一样，看得重自然会分神，而这样的人一定是笨拙的。

庄子这是借善游者"忘水"来说明只有忘却外物才能真正凝神。

田开之对周威公叙说与祝肾交游得到的道理，提出祝肾的道理就是这样一句话：善于养生的人，就像是牧放羊群似的，瞅到落后的便用鞭子赶一赶。而且还举了两个例子，说单豹注重内心世界的修养，可是老虎却吞食了他的身体，张毅注重身体的调养可是疾病侵扰了他的内心世界，这两个人，都不是能够鞭策落后而取其适宜的人。而且，孔子也是认可这种做法的，一定要学会深藏，学会不去显山露水，学会独立于世俗之外。

庄子这是指出养神还得"养其内"与"养其外"并重，即处处顺应适宜而不过，取其折中。

主持宗庙祭祀的官吏穿好礼服戴上礼帽来到猪圈边，对着栅栏里的猪说："你为什么要讨厌死呢？我将喂养你三个月，用十天为你上戒，用三天为你作斋，铺垫上白茅，然后把你的肩胛和臀部放在雕有花纹的祭器上，你愿意这样吗？"为猪打算，仍不如吃糠咽糟被关在猪圈里，为自己打算，就希望活在世上有高贵荣华的地位，死后则能盛装在绘有文采的柩车上和棺椁中。为猪打算就会舍弃白茅、雕俎之类的东西，为自己打算却想求取这些东西，所不同于猪的原因究竟是什么呢？

庄子借祭祀人对猪的说话，讽喻人类自身争名逐利的行为。

齐桓公自以为遇到了鬼，皇子告敖开导他说，"是齐桓公自己身体内有郁结，生病都是自找的。"又以不同类型的鬼模样，告诉齐桓公，解除了他的内心症结。结果不到一天，病就好了。这个故事告诉人们，心神宁静释然才是养神的基础。

日本的白隐禅师是一位修行有道的高僧。有一对夫妇在白隐禅师住处附近开了一家食品店，他们有一个漂亮的女儿。无意间，夫妇俩发现女儿的肚子无缘无故地大起来。这种见不得人的事，使得她的父母震怒异常！在父母的一再逼问下，她终于吞吞吐吐地说出"白隐"两个字。这对夫妻怒不可遏地去找白隐理论，白隐听完了对方的辱骂，只淡淡地应道："就是这样么？"可事情并没有完，等那姑娘肚中的孩子降生后，姑娘的父母竟毫不犹豫地将婴儿送给了白隐。

这着实是让白隐禅师难堪的事，"一位出家的和尚，竟与民女通奸，还生了孩子，出的是哪门子的家"，街谈巷议不绝于耳。

这位白隐禅师尽管名誉扫地，但并不介意，他没有任何辩解，只是认真、细心地照顾着孩子——他向邻居乞求婴儿所需要的奶水，买来其他婴儿用品，虽不免横遭白眼，或是冷嘲热讽，但他总是处之泰然，仿

纪连海谈 庄子

佛他是受人之托抚养别人的孩子一般,他只想让那个孩子一天天健康、快乐地成长。

一年后,那位没有结婚的妈妈,终于不忍心再欺瞒下去了,她老老实实地向父母吐露真情:孩子的生父是在鱼市工作的一名青年。于是姑娘的父母羞愧万分地去跟白隐禅师赔礼道歉,并抱回孩子。

白隐仍然是淡然如水,在交回孩子时仍然只是轻轻说道:"就是这样吗?"

我特别喜欢这个故事,白隐禅师在这个故事中真的是足够冷静,他不以外界对他的冷眼嘲讽为意,总是心静如水,就像哲学一样地活着。

每一个人,都应该审视自己的行为,做任何事,都要清心寡欲,用心专一,只有且仅有如此,方能成就大事。

呆若木鸡是个成语,一般用来形容一个人有些痴傻发愣的样子,或因恐惧或惊异而发愣的样子,是一个贬义词。然而它最初的含义正好相反,是一个非常高级的褒义词。

这个成语,就来源于庄子的《达生》一文。"望之似木鸡",这是斗鸡追求的境界。"呆若木鸡"最早也是形容一个人镇静自若,态度稳重,和"发呆"没有一点关系,和"大智若愚"倒是比较贴近。

庄子这则寓言很有趣,同时也表达了深刻的哲理,让人不由得想到古人所说的"大智若愚""大巧若拙""大勇若怯"。在庄子看来,真正有大智慧的人表现出来的也许是愚钝,真正有高超技巧的人看起来却有些笨拙,真正勇敢的人往往被别人误解为胆怯。但是,如果真正处于非常境况时,这些人往往能够表现出非同寻常的能力。庄子通过这则寓言,也许是在阐明"相反的两极在某种高度便相互接近转化"的道理,这也正是道家思想所特有的辩证思维。

原文

孔子观于吕梁①，县水三十仞②，流沫四十里，鼋鼍③鱼鳖之所不能游也。见一丈夫④游之，以为有苦而欲死也，使弟子并流⑤而拯之。数百步而出，被发行歌而游于塘下⑥。孔子从⑦而问焉，曰："吾以子为鬼，察子则人也。请问，'蹈水⑧有道乎'"曰："亡，吾无道。吾始乎故⑨，长乎性⑩，成乎命⑪。与齐⑫俱入，与汩⑬偕出，从水之道而不为私焉⑭。此吾所以⑮蹈之也。"孔子曰："何谓始乎故，长乎性，成乎命？"曰："吾生于陵而安于陵，故也；长于水而安于水，性也；不知吾所以然而然，命也。"

注释

①吕梁：地名。

②县（xuán）：同"悬"；仞：约合八尺。

③鼋（yuán）鼍（tuó）：鼋，类似鳖，比鳖大；鼍，大鱼，有脚。

④丈夫：男子。

⑤并流：顺流。

⑥塘下：岸下。

⑦从：跟从。

⑧蹈水：游水。

⑨故：故旧，平常。

⑩性：习得，成性。

⑪命：命运，自然。

⑫齐：漩涡。齐，原指回旋。

⑬汩（gǔ）：涌流。

⑭从水之道而不为私焉：顺着水流而不自专。

⑮所以：……方法。

原文

梓庆①削木为鐻②，鐻成，见者惊犹鬼神。鲁侯见而问焉，曰："子何术以为焉？"对曰："臣工人，何术之有？虽然，有一焉。臣将为鐻，未尝敢以耗气也，必齐③以静心。齐三日，而不敢怀庆赏爵禄；齐五日，不敢怀非誉巧拙；齐七日，辄然④忘吾有四枝⑤形体也。当是时也，无公朝⑥，其巧专而外骨消⑦。然后入山林，观天性⑧，形躯至矣⑨，然后成见⑩鐻，然后加手⑪焉；不然则已，则以天合天⑫，器之所以疑神者，其是与！"

注释

①梓庆：名庆，梓是职务，古时常这样称呼人名。梓：木匠。

②鐻（jù）：古代乐器，类似钟。

③齐（zhāi）：同"斋"。

④辄（zhé）然：不动的样子。

⑤枝：同"肢"。

⑥公朝：公家和朝廷。

⑦骨：同"滑"，乱；消：除。

⑧观天性：观看树木的天然材质。

⑨形躯至矣：指树的形态最适合制作鐻。

⑩见（xiàn）：呈现。

⑪加手：加工、制作。

⑪以天合天：把我的天性与树的天性合而为一。

原文

东野稷①以御见庄公②，进退中绳，左右旋中规。庄子以为文③弗过也，使之钩④百而反。颜阖⑤遇之，入见曰："稷之马将败。"公密⑥而不应。少焉，果败而反。公曰："子何以知之？"曰："其马力竭矣，而犹求焉，故曰败。"

注释

①东野稷（jì）：人名。

②庄公：鲁庄公。

③文：编织图案。

④钩（gōu）：同"钩"，弯曲，引伸为转圈。

⑤颜阖（hé）：人名。

⑥密：静默。

原文

工倕①旋②而盖③规矩，指与物化④而不以心稽⑤，故其灵台⑥一而不桎⑦。忘足，屦之适也；忘要⑧，带之适也；知忘是非，心之适

也；不内变，不外从，事会⑨之适也。始⑩乎适而未尝不适者，忘适之适也。

注释

①工倕（chuí）：名倕，职务工匠，尧时代的人。

②旋：旋转，此处指画图案。

③盖：超过。

④指与物化：手与物一起变化，指手顺着物的变化来画。

⑤以心稽：用心留意。

⑥灵台：精神。

⑦一而不桎：专一而不拘束。

⑧要（yāo）：同"腰"。

⑨事会：遇事。

⑩始：本。

原文

有孙休者①，踵门而诧子扁庆子曰②："休居乡不见谓不脩③，临难不见谓不勇；然而田原不遇岁④，事君不遇世⑤，宾于乡里⑥，逐于州部，则胡罪乎天哉⑦？休恶遇此命也？"

扁子曰："子独不闻夫至人之自行邪？忘其肝胆，遗其耳目，芒然彷徨乎尘垢之外⑧，逍遥乎无事之业，是谓为而不恃⑨，长而不宰⑩。今汝饰知以惊愚⑪，脩身以明污⑫，昭昭乎若揭日月而行也⑬，汝得全而形躯⑭，具而九窍，无中道夭于聋盲跛蹇而比于人数⑮。亦幸矣，又何暇乎天之怨哉！子往矣！"

孙子出，扁子入，坐有间⑯，仰天而叹。弟子问曰："先生何为叹乎？"扁子曰："向者休来⑰，吾告之以至人之德，吾恐其惊而遂至于惑也。"弟子曰："不然。孙子之所言是邪？先王之所言非邪？非固不能惑是。孙子所言非邪？先生所言是邪？彼固惑而来矣，又奚罪焉！"

扁子曰："不然。昔者有鸟止于鲁郊⑱，鲁君说之⑲，为具太牢以飨之⑳，奏九韶以乐之，鸟乃始忧悲眩视，不敢饮食。此之谓以己养养鸟也。若夫以鸟养养鸟者，宜栖之深林，浮之江湖，食之以委蛇㉑，则平陆而已矣㉒。今休，款启寡闻之民也㉓，吾告以至人之德，譬之若载鼷以车马㉔，乐鴳以钟鼓也㉕。彼又恶能无惊乎哉！"

注释

①孙休：鲁国人，姓孙，名休。

②踵门：走到门前。扁庆子：人名。

③见：受。下句同。脩：同"修"，指修养。

④不遇岁：没有遇上好年成。

⑤不遇世：缉有遇土圣明降围君。

⑥宾：摈弃，排斥。

⑦胡：何；与下句的"恶"字用法相同。

⑧芒然：茫然，无知无识、不知所为的样子。仿偟：纵放。

⑨为而不恃：有所作为而不自恃。

⑩长而不宰：有所建树却不自得。

⑪饰知：装扮得很有才干。

⑫脩（xiū）：同"修"。明污：显露他人的污秽。

⑬昭：明亮的样子。揭：举。

⑭而：你。

⑮蹇（jiǎn）：瘸腿。比：并列。

⑯有间：一会儿，很短暂的时间。

⑰向者：先前，刚才。

⑱"海鸟止于鲁郊"故事见《至乐》篇。

⑲说（yuè）：喜悦。

⑳飨（xiǎng）：宴请。

㉑本句文意不通，疑有错漏。

㉒平陆：十分普通的道理。

㉓款：通作"窾"，孔窍。"款启"形容一孔之见，见识很少。

㉔鼷（xī）：最小的鼠，常用来比喻微小的东西。

㉕䳾（yàn）：同"鹩"，小鸟名。

纪老师说

孔子是一个善良的人，他见人落水就派弟子去拯救，没想到闹了一个大笑话，原来人家是在戏水玩耍。孔子为此求教游水的方法，并得到了这样的道理：出生于山地就安于山地的生活，这就叫做故常；长大了又生活在水边就安于水边的生活，这就叫做习性；不知道为什么会这样而这样生活着，这就叫做自然。

庄子借孔子观人游水的故事，体察出安于环境、习以性成的道理。

庄子笔下有个好木匠，名字叫梓庆，他制作的鐻简直是鬼神所造。鲁侯问其原因，他说自己秘诀在于准备做鐻时，从不敢随便耗费精神，必定斋戒来静养心思。斋戒三天，不再怀有庆贺、赏赐、获取爵位和俸禄的思想；斋戒五天，不再心存非议、夸誉、技巧或笨拙的杂念；斋戒七天,已不为外物所动仿佛忘掉了自己的四肢和形体。这时眼里已不存在公室和朝廷,智巧专一而外界的扰乱全都消失。然后进入山林,观察各种木料的质地;选择好外形与体态最与鐻相合的,这时业已形成的鐻的形象便呈现于眼前,然后动手加工制作;不是这样我就停止不做。

庄子讲这则寓言的用意何在?无非是说明集思凝神的重要,把自我与外界高度融为一体,也就会有鬼使神工之妙。

我再补充一个故事:

法国有个著名的雕塑家叫罗丹,一次,正在他雕塑作品时,奥地利作家茨威格闻讯专程赶来求教。此时的罗丹,已经完全沉浸在雕塑的愉快之中,对敲门声丝毫没有察觉。后来听到来人是茨威格,就放下手中的雕刻刀和作品,跑去开门。

一开门,茨威格就被罗丹一路引到了工作室。茨威格一进工作室,便看到,满屋子都是许许多多的雕塑,被摆放得整整齐齐。它们无不栩栩如生,活灵活现。罗丹却立即走到作品前,蹲下身来,他发现什么了?他发现了一个细小的错误。他顾不上与茨威格攀谈一会,连忙拿起雕刻刀,又开始改进自己的作品。罗丹全神贯注地工作着。他早已忘记自己是带茨威格来看雕塑的。而茨威格呢,也蹲在一旁,细细地端详着罗丹手中的作品,一面不时地向罗丹提一些供罗丹参考的建议。过了好一会儿,茨威格感觉腿麻木了,便站起身来,去工作室四周,欣赏那些花费了罗丹大量心血的雕塑。他不只粗略地感受雕塑的立体感,而且他还细化到某个细节上,进行品味。而罗丹呢,他不顾自己的腿已经麻木,一心只想着雕刻好自己的作品。一个小时过去了,茨威格放下作品,转过身来,想看看罗丹的雕塑刻得怎么样了。此时,罗丹刻完了自己的作品,满意地走下雕刻架。他慢慢地朝后退着,目光仍然停留在作

纪连海谈 庄子

品上,当他发觉踩着什么时,低头一看,发现茨威格站在那里,自己倒把客人的脚给踩了。

罗丹为此道歉,茨威格却深刻地理解他这种行为。

事后,茨威格这样说:"再没有什么像亲见一个全然忘记时间、地方与世界那样使我感动。那时,我参悟到一切艺术与伟业的奥秘——专心,完成或大或小的事业的全力集中,把易于驰散的意志贯注在一件事业上的本领。于是,我察觉我至今在我自己的工作上所缺少的是什么——那能使人除了追求完整的意志而外把一切都忘掉的热忱,一个人一定能够把自己完全沉浸在他的工作里,没有别的秘诀。"

这些故事,听听斯·茨威格这些内心流露出来的话,对于那些擅长说话而不付诸实践的人,内心有没有受到触动呢?

东野稷善于驾车,进退能够在一条直线上,左右转弯形成规整的弧形。庄公这个老顽童认为就是编织花纹图案也未必赶得上,于是要他转上一百圈后再回来。颜阖说一定会失败的。结果果然是失败的。颜阖指出原因,无非是马的力气用完了,怎么不会失败呢?

这是一个反面的例子,强调在自恃轻用、耗神竭劳情况下,做什么事情都会失败。给我们的启示是做任何事情都要量力而为,否则物极必反,凡事要有一个度。

庄子继续说故事,说工倕随手一画就胜过用圆规与矩尺画出的,手指跟随事物一道变化而不须用心留意,所以他心灵深处专一凝聚而不曾受过拘束。忘掉了脚,便是鞋子的舒适;忘掉了腰,便是带子的舒适;知道忘掉是非,便是内心的安适;不改变内心的持守,不顺从外物的影响,便是遇事的安适。本性常适而从未有过不适,也就是忘掉了安适的安适。庄子这是直接指出养神须得"不内变""不外从",忘却自我,也忘却外物，从而达到无所不适的境界。

　　欧洲文艺复兴时期的著名画家达·芬奇，从小爱好绘画。父亲送他到当时意大利的名城佛罗伦萨拜名画家佛罗基奥为师。老师要他从画蛋入手。他画了一个又一个，足足画了十多天。老师见他有些不耐烦了，便对他说："不要以为画蛋容易，要知道，1000个蛋中从来没有两个是完全相同的；即使是同一个蛋，只要变换一下角度去看形状也就不同了，蛋的椭圆形轮廓就会有差异。所以，要在画纸上把它完美地表现出来，非得下番苦功不可。"从此，达·芬奇用心学习素描，经过长时期勤奋艰苦的艺术实践，终于创作出许多不朽的名画。

　　达·芬奇成功的原因何在？无非是内心宁静，排除万物的干扰，做事专一所致。反观我们身边的许多人，有没有这种境界呢？没有这种境界却还想出人头地，怎么可能呢？

　　孙休认为上天对自己的命运不公，扁子却对此不以为然，指出他过于张扬，就知道炫耀自己的打扮和修养。虽然这一部分内容有繁复之处，不像前面各段那么紧凑，但目的仍在于说明"忘"，忘身便能无为而自适，而无为自适才是养神的真谛。

　　世界著名的科学家居里夫人有端庄美丽的容貌，但是她投身于科学研究，不在乎"美丽健康的容貌在悄悄地隐退"。居里夫人在科学研究领域取得了巨大的成就，"一生共获得10项奖金、16种奖章、107个名誉头衔，特别是获得两次诺贝尔奖"，但是她"视名利如粪土"。在这看似矛盾的背后是居里夫人献身科学的人生追求和淡泊名利的人生态度。

　　忘我，自适，是人生一大境界。而现实中的人大多此生忙碌，有的根本不图努力，有的人不知道如何努力，有的人努力一辈子，始终领悟表浅。以庄子的观点来看，以一颗向善之心，随顺方便，即可趋向完美。

山　木

原文

庄子行于山中，见大木枝叶盛茂，伐木者止其旁而不取也。问其故，曰："无所可用。"庄子曰："此木以不材得终其天年。"

夫子出于山①，舍于故人之家②。故人喜，命竖子杀雁而烹之③。竖子请曰："其一能鸣，其一不能鸣，请奚杀？"主人曰："杀不能鸣者。"

明日，弟子问于庄子曰："昨日山中之木，以不材得终其天年，今主人之雁，以不材死；先生将何处④？"

庄子笑曰："周将处乎材与不材之间。材与不材之间，似之而非也⑤，故未免乎累。若夫乘道德而浮游则不然⑥，无誉无訾⑦，一龙一蛇，与时俱化，而无肯专为⑧；一上一下⑨，以和为量⑩，浮游乎万物之祖，物物而不物于物，则胡可得而累邪！此神农、黄帝之法则也。若夫万物之情⑪，人伦之传⑫，则不然。合则离，成则毁；廉则挫⑬，尊则議⑭，有为则亏，贤则谋，不肖则欺，胡可得而必乎哉⑮！悲夫！弟子志之⑯，其唯道德之乡乎⑰！"

注释

①夫子：庄周。

②舍：留宿。

③竖子：指童仆。雁：鹅。烹：疑为"享"字之讹，"享之"即款待庄子的意思。

④处：对待。

⑤似之：指近似于大道。

⑥乘道德：驾驭大道与正德，即顺应自然之意。

⑦訾（zǐ）：诋毁。

⑧专为：偏滞某一方面。

⑨上、下：喻指伸缩、进退。

⑩和：顺；量：度量，准则。

⑪物物：以外物为物，役使外物，不物于物：不被外物所役使。

⑫人伦：人类；传：传习。

⑬廉：方正。

⑭議（é）：通"俄"，倾覆的意思。

⑮"必"字之后语意有所隐含，意思是必定偏滞于某一方面。

⑯志：记住，这个意义后又写作"誌"。

⑰乡、鄉：通"向"，归向的意思。

原文

市南宜僚见鲁侯①，鲁侯有忧色。市南子曰："君有忧色，何也？"鲁侯曰："吾学先王之道，脩先君之业②；吾敬鬼尊贤，亲而行之，无须臾离居③；然不免于患，吾是以忧。"

市南子曰："君之除患之术浅矣！夫丰狐文豹④，栖于山林，伏于岩穴，静也；夜行昼居，戒也；虽饥渴隐约⑤，犹旦胥疏于江湖之上而求食焉⑥，定也；然且不免于罔罗机辟之患⑦。是何罪之有哉？

纪连海谈 庄子

其皮为之灾也⑧。今鲁国独非君之皮邪？吾愿君刳形去皮⑨，洒心去欲⑩，而游于无人之野。南越有邑焉⑪，名为建德之国。其民愚而朴，少私而寡欲；知作而不知藏⑫，与而不求其报⑬；不知义之所适，不知礼之所将⑭；猖狂妄行⑮，乃蹈乎大方⑯；其生可乐，其死可葬。吾愿君去国捐俗⑰，与道相辅而行。"

君曰："彼其道远而险，又有江山，我无舟车，奈何？"市南子曰："君无形倨⑱，无留居⑲，以为君车。"君曰："彼其道幽远而无人，吾谁与为邻？吾无粮，我无食，安得而至焉？"

市南子曰："少君之费，寡君之欲⑳，虽无粮而乃足。君其涉于江而浮于海，望之而不见其崖㉑，愈往而不知其所穷。送君者皆自崖而反，君自此远矣！故有人者累㉒，见有于人者忧㉓。故尧非有人，非见有于人也。吾愿去君之累，除君之忧，而独与道游于大莫之国㉔。方舟而济于河㉕，有虚船来触舟㉖，虽有惼心之人不怒㉗，有一人在其上，则呼张歙之㉘，一呼而不闻，再呼而不闻，于是三呼邪，则必以恶声随之。向也不怒而今也怒，向也虚而今也实。人能虚己以游世㉙，其孰能害之！"

注释

①市南宜僚：人名。

②脩：同"修"，承继的意思。

③离：散。居：安居。

④丰狐：封狐，大狐。文：花纹。

⑤隐约：潜藏。

⑥旦：为"且"字之讹。胥疏：疏远。

⑦罔：网（䋞）。机辟：用于捕兽的机关。

⑧为之灾：给它带来灾祸。

⑨㓮（kū）：剖开后又挖空。去皮：喻指忘掉自己的国家。

⑩去：舍弃。

⑪南越：指遥远的南方，属杜撰。

⑫作：这里指耕作。

⑬与：给与，帮助别人。

⑭将：行。

⑮猖狂：纵放，随心所欲。

⑯大方：大道。

⑰捐：丢弃。

⑱形倨：体态容颜依恃高位而傲慢。

⑲无留居：不要墨守旧习滞留而止。

⑳寡：减少的意思。

㉑崖：岸。

㉒有人者：拥有国土和人民的人，即统治他人的人。

㉓见：受到。

㉔大寞：广漠、太虚。

㉕方舟：把两条船合并在一起。

㉖虚船：空船。

㉗惼：心地偏狭而性急。

㉘歙（xī）：收敛。

㉙虚己：指处世无心，听任外物变化。

纪连海谈 庄子

原文

北宫奢为卫灵公赋敛以为钟①,为坛乎郭门之外②,三月而成上下之县③。王子庆忌见而问焉④,曰:"子何术之设⑤?"

奢曰:"一之间⑥,无敢设也。奢闻之,'既彫既琢⑦,复归于朴⑧',侗乎其无识⑨,傥乎其怠疑⑩;萃乎芒乎⑪,其送往而迎来;来者勿禁,往者勿止;从其强梁⑫。随其曲傅⑬,因其自穷⑭,故朝夕赋敛而毫毛不挫,而况有大塗者乎⑮!"

注释

①北宫奢:卫国大夫,复姓北宫;赋敛:类似摊派的一种募集活动。钟:古乐器名。

②坛:祭坛。郭:外城。

③县:吊挂钟器的架子。

④王子庆忌:周大夫,为周之王族,故冠以"王子"之称。

⑤设:筹划、设计。

⑥一:专一。

⑦彫:通"雕"。

⑧朴:本真、真性。

⑨侗乎:纯朴无知的样子。

⑩傥乎:忘却心智的样子。怠疑:摈退各种思虑,从容不疑。

⑪萃:聚。芒:同"茫"。

⑫强梁:强横不讲理。

⑬曲傅:隐委顺和。

⑭因:遵循、依照。

230

⑮塗：通"途"。

纪老师说

庄子的弟子问他，"为什么山中的大树，因为不成材而能终享天年，主人养的鹅，因为不成材而被杀掉待客？"庄子说，"我将处于成材与不成材之间，也就是不一定要偏滞于某一方面，处于成材与不成材之间，好像合于大道却并非真正与大道相合，所以这样不能免于拘束与劳累。只有归于自然才是正理。

山木无用却能保全，鹅不能鸣因而被杀，说明很难找到一条万全的路，最好的办法也只能是役使外物而不被外物所役使，浮游于"万物之祖"和"道德之乡"。

鲁侯自以为治国做得不错，但仍有忧虑之色，市南宜僚拜见之后告诫说，减少你的耗费，节制你的欲念，虽然没有粮食也是充足的。还说统治他人的人必定受劳累，受制于别人的人必定会忧心。希望能减除鲁侯的劳累，除去鲁侯的忧患，独自跟大道一块儿遨游于太虚的王国。

庄子认为，贪图权位必然引起争端，带来祸患，唯有"虚己"才能除患避祸。市南宜僚劝国君要剖空身形舍弃皮毛，荡涤心智摈除欲念，进而逍遥于没有人迹的原野。还要国君也能舍去国政捐弃世俗，从而跟大道相辅而行。

在古希腊，人们将"节制"视为美德，苏格拉底曾说："一个有节制的国家是一个秩序井然的国家。"从某种意义上来讲，节制意味着为对方着想，每一个欲念都需要考虑他人是否受影响而加以控制，每一种行为都需要顾及他人是否受侵害而加以限制。"节制"之于欲望，就像机械的"刹车制动"，没有节制，放纵任为，贪婪之风就会一泻千里。

节制欲念要从心而治，只有时刻保持一种平常心、平和心、平衡心，才能不以物喜，不以己悲，不为欲念所扰。不攀比、不跟风，耐得住寂寞、守得住清贫，堂堂正正做人，踏踏实实做事，才能不为欲念所困。

著名的演员陈道明就说过这样一段很有道理的话：这个世界不是你的世界，不是说你成功了，你想做什么就能做什么。我觉得做人的最高意境是节制，而不是释放，所以我享受这种节制，我觉得这是人生最大的享受，释放是很容易的，物质的释放、精神的释放都很容易，但是难的是节制。

人要学会节制！站在几千年后的时空流里，我仍然感到庄子的认识是多么的深刻。

北宫奢替卫灵公征集捐款铸造钟器，在外城门设下祭坛，三个月就造好了钟并编组在上下两层钟架上。王子庆忌感到不解，问为什么做得这么好。

北宫奢强调精诚专一而又顺其自然，而且特别推崇这句话：既然已细细雕刻细细琢磨，而又要返归事物的本真。北宫奢说，"纯朴无心是那样无知无识，忘却心智是那样从容不疑；财物汇聚而自己却茫然无知，或者分发而去或者收聚而来；送来的不去禁绝，分发的不去阻留；强横不讲理的就从其自便，隐委顺和的加以随应，依照各自的情况而竭尽力量，所以早晚征集捐款而丝毫不损伤他人，何况是遵循大道的人呢！

2016年1月7日，CCTV—9播出《我在故宫修文物》纪录片，片中第一次完整呈现世界级的中国文物修复过程和技术，展现文物的原始状态和收藏状态；第一次近距离展现文物修复专家的内心世界和日常生活；

第一次通过对文物修复领域"庙堂"与"江湖"互动，展现传统中国四大阶层"士农工商"中唯一传承有序的"工"的阶层的传承密码以及他们的信仰与变革。

纪录片最打动人的是人，是每一个勤勤恳恳的文物修复者，他们每个人都认真做事，安心生活。这样子的状态真的是让人非常地羡慕。在他们的身上没有勾心斗角，没有世事纷扰，岁月一派静好。很多人都希望活得更纯粹一些，能够专注地做着自己想做的事情，不必要为了其他事情费神。而他们就是这样的人。他们有着共通的气质，对于时间都有一种超然。"过几年"，"也就五六年"他们对于时间都是如此般地轻描淡写。而再看看他们的工作似乎又可以理解了，他们经手的是上百年的甚至上千年的文物，在有百年历史的紫禁城内工作，时间在他们身上变得很是模糊。所以一个个都特别地显年轻。

这些中国最顶尖的文物修复专家，很多人几十年如一日，默默地，静静地，从事着一份伟大又平凡的事业。说伟大，是因为他们用自己高超的技艺把千百年前的珍宝以它们最完美的姿态呈现给现代的人们，这仿佛是跨越千年的相遇，让人震撼和感动。说平凡，是因为他们就像巷子里最普通的工匠，看起来那么的随和，仿佛手里拿的不是一件价值连城的文物，只是普通的一个钟，一个表，而他要做的只是尽自己的力量修好它。

我们要学习这些匠人脚踏实地，充满热爱，专心致志地去对待自己的工作，这对我们的职业也有积极正面的影响，浮躁的我们真应该好好静下来，看看这些大师们是怎么对待工作的，一辈子能做好一件事，也是功德圆满的。

纪连海谈 *庄子*

原文

孔子围于陈蔡之间，七日不火食①。大公任往吊之曰②："子几死乎？"曰："然。""子恶死乎？"曰："然。"

任曰："子尝言不死之道。东海有鸟焉，其名曰意怠。其为鸟也，翂翂翐翐③，而似无能；引援而飞④，迫胁而栖⑤，进不敢为前，退不敢为后；食不敢先尝，必取其绪⑥。是故其行列不斥⑦，而外人卒不得害，是以免于患。直木先伐，甘井先竭。子其意者饰知以惊愚⑧，修身以明污⑨，昭昭乎若揭日月而行⑩，故不免也。昔吾闻之大成之人曰⑪：'自伐者无功⑫；功成者堕⑬，名成者亏。'孰能去功与名而还与众人！道流而不明居⑭，得行而不名处⑮；纯纯常常⑯，乃比于狂⑰；削迹捐势⑱，不为功名。是故无责于人⑲，人亦无责焉。至人不闻⑳，子何喜哉？"

孔子曰："善哉！"辞其交游，去其弟子，逃于大泽；衣裘褐㉑，食杼栗㉒；入兽不乱群，入鸟不乱行。鸟兽不恶，而况人乎！

注释

①不火食：指不能生火做饭，没有吃的。

②大公：古代对老年人的称呼。

③翂翂翐翐：飞行舒缓的样子。

234

④引援:引领、带着。

⑤追胁:身子挨着身子。

⑥绪:余剩。

⑦不斥:不受排斥,是说它们的行列为众鸟所容。

⑧饰知:装扮成很有才智。惊愚:使愚人惊,即惊吓众人。

⑨明污:使别人的污秽彰明显露。

⑩以上三句已见于《达生》篇最后一部分。

⑪大成之人:旧注指圣德宏博的老子。

⑫伐:夸耀。

⑬堕(huī):通"隳",毁败的意思。

⑭道流:大道彰明流传。不明居:指韬光隐迹而居。

⑮得:德,即行为之有所得。不名处:不以其名而居,即藏誉匿耀而不处其名。

⑯纯纯常常:纯朴而又平常。

⑰比:比同,近似。

⑱捐:弃。削迹捐势:削除形迹,舍弃权势。

⑲责:谴责、责备。下句同。

⑳不闻:不求闻达,这里语意有所隐含。

㉑衣:用如动词,"穿……衣"的意思。

㉒杼(zhù):柞树。

原文

孔子问子桑雽曰①:"吾再逐于鲁②,伐树于宋③,削迹于卫④,穷于商周⑤,围于陈蔡之间。吾犯此数患⑥,亲交益疏⑦,徒友益散,何与？"

子桑雽曰："子独不闻假人之亡与⑧？林回弃千金之璧，负赤子而趋⑨。或曰：'为其布与⑩？赤子之布寡矣；为其累与？赤子之累多矣。弃千金之璧，负赤子而趋，何也？'林回曰：'彼以利合⑪，此以天属也⑫。'夫以利合者，迫穷祸患害相弃也⑬。以天属者，迫穷祸患害相收也。夫相收之与相弃亦远矣。且君子之交淡若水，小人之交甘若醴⑭；君子淡以亲，小人甘以绝。彼无故以合者，则无故以离。"孔子曰："敬闻命矣！"徐行翔佯而归⑮，绝学捐书，弟子无挹于前⑯，其爱益加进。

异日，桑雽又曰："舜之将死，真泠禹曰⑰：'汝戒之哉！形莫若缘⑱，情莫若率⑲。缘则不离，率则不劳；不离不劳，则不求文以待形⑳，不求文以待形，固不待物㉑。'"

注释

①子桑雽（hù）：人名。

②再：第二次。

③孔子周游列国时，与弟子在宋国的一棵大树下演习礼仪，被宋国大夫桓魋（tuí）所追赶，并砍倒了大树，孔子被迫离开宋国。

④子到卫国，卫国人很不欢迎他，孔子离开时卫人有意铲掉了孔子一行的足迹；在匡地又被误认为是阳虎而被围困了五天。

⑤穷：不得志。商、周：这里所指乃是殷商和周王朝后裔所生活的国度，即宋国和卫国。

⑥犯：遭逢，承受。

⑦益：更加。下句词。

⑧假：古国名。

⑨赤子：初生的婴儿。

⑩布：古代以布为钱币，引申为"价值"的意思。

⑪彼：指千金之璧。

⑫属：连接，相关。"天属"即自然的相关，天性的连接。

⑬迫：逼近。下句同。

⑭醴：甜酒。

⑮翔佯：亦即"徜徉"或"倘佯"，逍遥自得的样子。

⑯挹（yī）：通"揖"，指拱手之礼。

⑰真冷：以真道晓谕之义。

⑱缘：顺。

⑲率：率直，即表示真情。

⑳文：纹，装饰。

㉑不待物：无须仰赖外物。

原文

庄子衣大布而补之①，正緳系履而过魏王②。魏王曰："何先生之惫邪？"

庄子曰："贫也，非惫也。士有道德不能行，惫也；衣弊履穿，贫也，非惫也；此所谓非遭时也。王独不见夫腾猿乎？其得枏梓豫章也③，揽蔓其枝而王长其间④，虽羿、蓬蒙不能眄睨也⑤。及其得柘棘枳枸之间也⑥，危行侧视⑦，振动悼慄⑧；此筋骨非有加急而不柔也⑨，处势不便，未足以逞其能也。今处昏上乱相之间⑩，而欲无惫，奚可得邪？此比干之见剖心征也夫⑪！"

纪连海谈 **庄子**

> **注释**

①大布：粗布。

②緳（xié）：带。

③枏："楠"字的异体。

④揽蔓其枝：抓住藤蔓似的小树枝。

⑤逢蒙：古代著名的善射者，逢蒙是羿的弟子。睍（miǎn）睨（nì）：斜着眼睛看。

⑥柘（zhè）、棘、枳（zhǐ）、枸（gǒu）：四种带刺的小灌木。

⑦危行：小心翼翼地行走。

⑧悼慄：恐惧而战栗。

⑨加急：收缩而有了变异。

⑩昏上乱相：昏君乱臣。

⑪见：受到、遭受。征：验征。

> **纪老师说**

孔子被围困在陈国、蔡国之间，七天七夜不能生火煮饭。太公任前去教导孔子，以意怠鸟能够免除祸患的方法，使孔子领悟自己不能免除祸患的原因。而且还引用老子的话说："自吹自擂的人不会成就功业；功业成就了而不知退隐的人必定会毁败，名声彰显而不知韬光隐晦的必定会遭到损伤。"太公任说，"老孔啊，你怎么还不明白这个道理呢？"

结果呢，孔子一下子来了个180度大拐弯，辞别朋友故交，离开众多弟子，逃到山泽旷野；穿兽皮麻布做成的衣服，吃柞树和栗树的果实；进入兽群兽不乱群，进入鸟群鸟不乱行。你说谁还会讨厌他呢？

孔子在陈、蔡之间被围，说明世途多艰，庄子认为"削迹捐势""不为功名"才是处世之道。

亨利·卡文迪许是英国物理学家、化学家。他首次对氢气的性质进行了细致的研究，证明了水并非单质，预言了空气中稀有气体的存在。发现了库仑定律和欧姆定律，将电势概念广泛应用于电学，并精确测量了地球的密度，被认为是牛顿之后英国最伟大的科学家之一。

据说卡文迪许很有素养，但是没有英国的那种绅士派头。他不修边幅，几乎没有一件衣服是不掉扣子的；他不好交际，不善言谈，终生未婚，过着奇特的隐居生活。40岁那年，亨利·卡文迪许，先后继承了两大笔巨额遗产。面对着大笔财富，他这个整天沉浸在实验室里的人，有些手足无措。而他的心并没有被金钱所腐蚀，为了一心执着于研究，他把自家富丽堂皇的别墅布置成简单的实验室，在卧室的床边放着许多观察仪器，以便随时观察天象。

有一次，他的一个仆人因病生活发生困难，向他借钱，他毫不犹豫地开了一张一万英镑的支票，还问够不够用。卡文迪许酷爱图书，他把自己收藏的大量图书，分门别类地编上号，管理得井井有序，无论是借阅，甚至是自己阅读，也都毫无例外地履行登记手续。卡文迪许可算是一位活到老、干到老的学者，直到79岁高龄、逝世前夜还在做实验。卡文迪许一生获得过不少外号，有"科学怪人""科学巨擘""最富有的学者，最博学的富豪"等。

谁能拥有一份洒脱的心态，谁就能拥有一份不俗的人生。

孔子问桑雽自己多次遭困的原因。桑雽说："以利益相合的，遇上困厄、灾祸、忧患与伤害就会相互抛弃；以天性相连的，遇上困厄、灾祸、忧患与伤害就会相互包容。相互收容与相互抛弃差别也就太

远了。"

桑雽还说，"君子的交谊淡得像清水一样，小人的交情甜得像甜酒一样；君子淡泊却心地亲近，小人甘甜却利断义绝。大凡无缘无故而接近相合的，那么也会无缘无故地离散。"

桑雽又拿舜将死的时候，用真道晓谕夏禹的语言来阐述道理，说身形不如顺应，情感不如率真。顺应就不会背离，率真就不会劳苦；不背离不劳神，那么也就不需要用纹饰来装扮身形；无须纹饰来矫造身形，当然也就不必有求于外物。

君子之交淡如水，小人之交甘若醴。这两句话说得特别在理。

唐朝名将薛仁贵在成名之前过得非常清苦，生活上全靠朋友王茂生夫妇接济度日，后来薛仁贵参军立了大功，被李世民封为"平辽王"。封王以后的薛仁贵那可是身价倍增，登门送礼的络绎不绝，可是薛仁贵却一一退回，唯独留下了王茂生夫妇送的一坛子清水。看到这样的事情薛仁贵的属下都感到不解，于是问薛仁贵："大王为什么退回金银珠宝，却留下了一坛子清水啊！"薛仁贵笑着说道："我过去落难时，全靠王兄弟夫妇经常资助，没有他们就没有我今天的荣华富贵。如今我美酒不沾，厚礼不收，却偏偏要收下王兄弟送来的清水，因为我知道王兄弟贫寒，送清水也是王兄弟的一番美意，这就叫君子之交淡如水。"

在中国的传统文化里，距离是一门非常复杂的生活美学。距离产生的朦胧和模糊可能蕴藏着说不清的轻柔和温暖，而友情也在这种温暖的距离之美中产生。因为有距离我们不用担心真诚是否虚伪，我们可以以真诚回报真诚。因为有距离我们不用担心人心隔肚皮，不必要担心利益纷争。

所以，为人处世，交友需谨慎，切记要近君子，远小人。真诚的友谊，应该是简简单单的交往，清清淡淡的牵挂。这样更比醇醇烈烈的抱腕、生死相随的结拜更让人向往。

庄子向魏王讲解疲惫与贫困的区别，他说："士人身怀道德而不能够推行，这是疲惫；衣服坏了鞋子破了，这是贫穷，你现在看到我麻丝陋鞋的情况其实是所谓的生不逢时。"

昏君乱臣，导致有德之人活得小心翼翼，胆战心惊，这绝对是史上常见的现象。那些贤能之辈，真的是生不逢时，呜呼哀哉。

不过，有人说，历史上有个皇帝，也是生不逢时呢。

谁呀？大明王朝的崇祯皇帝啊！

提起崇祯皇帝朱由检，我们最常说的就是"亡国之君""吊死在歪脖子树上"等。其实崇祯皇帝是一位年轻有为的皇帝，只可惜真的是生不逢时。

17岁的崇祯登上帝位之后，不久就以雷厉风行的手段清除了以魏忠贤为首的阉党，使他们受到致命性的打击曾一度使明室有了中兴的可能。面对大明王朝内外交困的局面，崇祯皇帝非常勤于政务，事必躬亲。他平反冤狱，全面考核官员，禁朋党，力戒廷臣交结宦官，整饬边政。不过，当时的明王朝内外交困，内有农民起义军，朝臣中门户之争不绝，疆场上则将骄兵惰。面对危机四伏的政局，朱由检殷殷求治。

崇祯皇帝生活上非常的节俭，没有任何的不良嗜好，每逢经筵，恭听阐释经典，毫无倦意，召对廷臣，探求治国方策。勤于政务，事必躬亲。同时，他平反冤狱，起复天启年间被罢黜官员。全面考核官员，禁朋党，力戒廷臣交结宦官。与前两朝相较，朝政有了明显改观。

崇祯的生不逢时，一是在明王朝的最后几位皇帝的统治时期，明王朝已经显示出了败亡的迹象。积累下来的积弊，在崇祯皇帝继位的时候

已经变得相当的严重。二是崇祯皇帝在位期间关外的大清强大了起来，同时由于明朝已经从根上腐烂到底了，所以明朝末年农民起义军为主的农民起义，明军节节败退，完全丧失了战斗力，这是导致明朝灭亡的直接原因。三是朱由检对于所有的事情都是自己一个人独断专行，养成了孤僻多疑、刚愎自用、独断专行的性格特点。崇祯帝的性格特点及形成原因让这位末代皇帝的身上的悲剧性色彩更加的浓重，这样一个孤僻多疑、刚愎自用、独断专行的皇帝必然无法做到力挽狂澜，难以成为大明的中兴之主。

　　崇祯这么累，年纪轻轻就累趴下了，你说说，他妈妈要是知道了，心理阴影面积该会有多大呢？

原文

孔子穷于陈蔡之间①，七日不火食，左据槁木②，右击槁枝，而歌猋氏之风③，有其具而无其数④，有其声而无宫角⑤，木声与人声，犁然有当于人之心⑥。

颜回端拱还目而窥之⑦。仲尼恐其广己而造大也⑧，爱己而造哀也⑨，曰："回，无受天损易，无受人益难⑩。无始而非卒也⑪，人与天一也。夫今之歌者其谁乎？"

回曰："敢问无受天损易。"仲尼曰："饥渴寒暑，穷桎不行⑫，天地之行也，运物之泄也⑬，言与之偕逝之谓也⑭。为人臣者，不敢去之⑮。执臣之道犹若是，而况乎所以待天乎！"

"何谓无受人益难？"仲尼曰："始用四达⑯，爵禄并至而不穷，物之所利，乃非己也，吾命其在外者也⑰。君子不为盗，贤人不为窃。吾若取之，何哉！故曰，鸟莫知于鷾鸸⑱，目之所不宜处⑲，不给视⑳，虽落其实㉑，弃之而走。其畏人也，而袭诸人间，社稷存焉尔。"

"何谓无始而非卒？"仲尼曰："化其万物而不知其禅之者，焉知其所终？焉知其所始？正而待之而已耳。"

"何谓人与天一邪？"仲尼曰："有人，天也；有天，亦天也。人之不能有天，性也，圣人晏然体逝而终矣！"

注释

①穷：困窘。

②据：依，靠着。

③猋（biāo）氏：神农氏。风：民歌、歌谣。

④数：情势。

⑤无宫角：宫、商、角、徵、羽称作五音，"无宫角"也就是不合于音律的意思。

⑥犁然：释然，分解清楚的样子。

⑦端拱：端正地拱着手，十分虔恭地站着。还通"旋"，转过来的意思，"还目"即回过头来看。

⑧广己：以己为广，把自己的道德看得过于高远广大。造：适，至。

⑨造哀：达到最大的哀伤。

⑩益：利益、好处。

⑪卒：终了。

⑫桎：桎梏，比喻对人的束缚。

⑬运：通"员"。"运物"即品物，各称物类的意思。

⑭偕逝：一块儿发展变化。

⑮去：离弃，这里指背离国君的旨意。

⑯用：任用。

⑰其：用法同"之"。"其"字亦作"有"，亦可通。

⑱知：智。鹓（yì）鸸（ér）：即燕子。

⑲处：居止。"不宜处"即不适宜停歇的地方。

⑳不给视：不再投去第二次目光，即不再看第二次。

㉑实：食物。

原 文

庄周游于雕陵之樊①，睹一异鹊自南方来者，翼广七尺，目大运寸②，感周之颡而集于栗林③。庄周曰："此何鸟哉，翼殷不逝④，目大不睹？"褰裳躩步⑤，执弹而留之⑥。睹一蝉，方得美荫而忘其身，螳蜋执翳而搏之⑦，见得而忘其形；异鹊从而利之⑧，见利而忘其真⑨。庄周怵然曰⑩："噫！物固相累⑪，二类相召也！"捐弹而反走，虞人逐而谇之⑫。

庄周反入，三月不庭⑬，蔺且从而问之⑭："夫子何为顷间甚不庭乎⑮？"庄周曰："吾守形而忘身，观于浊水而迷于清渊。且吾闻诸夫子曰：'入其俗，从其令⑯'。今吾游于雕陵而忘吾身，异鹊感吾颡，游于栗林而忘真，栗林虞人以吾为戮⑰，吾所以不庭也。"

注 释

①雕陵：果园名。樊：藩，篱舍。

②运寸：直径一寸。

③感：触，碰着。颡：额头。集：停歇。

④殷：大。逝：住；"不逝"即不能远飞。

⑤褰（qiān）：通"搴"，提起的意思。躩（jué）步：换步行走。

⑥留：停守，等待机会。

⑦翳：隐蔽。"执翳"即用树叶作隐蔽。

⑧从：紧随。利之：以之为利，认为那是捕捉的好时机。

⑨忘其真：丧失了自身的本性。

⑩怵然：惊忍而警惕的样子。

⑪相累：这里是相互加害、相互争斗的意思。

纪连海谈  庄子

⑫虞人：守园人。逐：追赶。谇（suì）：责问。

⑬三月：又作"三日"。

⑭蔺且：庄子弟子。

⑮顷间：近期以来。

⑯令：禁的意思。

⑰戮：辱。

原文

阳子之宋①，宿于逆旅②。逆旅人有妾二人，其一人美，其一人恶，恶者贵而美者贱③。阳子问其故，逆旅小子对曰："其美者自美，吾不知其美也；其恶者自恶，吾不知其恶也。"阳子曰："弟子记之！行贤而去自贤之行，安往而不爱哉！"

注释

①阳子：阳朱。

②逆旅：旅店。

③贵：尊贵、宠爱。贱：低贱，被轻视。

纪老师说

孔子受困于陈国、蔡国之间，整整七天不能生火就食，唱起歌来也有气无力，还不合节拍。弟子颜回看不下去了，孔子开导他说，"不受自然的损害容易，不接受他人的利禄则较困难。前者指饥饿、干渴、严寒、酷暑，穷困的束缚使人事事不能通达，这是天地的运行，万物的变迁，说得是要随着天地、万物一块儿变化流逝。后者指的是初被任用办

什么事都觉得顺利，爵位和俸禄一齐到来没有穷尽，外物带来的好处，本不属于自己，只不过是我的机遇一时存在于外物。至于没有什么开始不同时又是终了的，变化无穷的万物不可能知道是谁替代了谁而谁又为谁所替代，这怎么能知道它们的终了？又怎么能知道它们的开始？只不过谨守正道随应变化而已。那就是说人类的出现，是由于自然；自然的出现，也是由于自然。人不可能具有自然的本性，也是人固有的天性所决定的，圣人安然体解，随着自然变化而告终！

孔子受厄之事，告诉我们即便身处逆境，圣人也能安然顺应。

人生旅途，难免有低谷或高峰，有失意或得意。在不同的境遇中，怨天尤人，诅咒命运的不公，都是沉不住气的表现。因为，沉得住气是睿智的彰显，是理智的沉淀，是成熟的标志。

处变不惊，遇乱不慌，身处逆境，安然自得。唐代文学家刘禹锡曾有陋室之铭，他虽身处逆境，身居陋室，但仍坚守自己的节操和信念，"斯是陋室，唯吾德馨"；在陋室中，他过着轻松宁静和淡泊充实、怡然自得的生活，不为官场物欲所动心迷志，"可以调素琴，阅金经，无丝竹之乱耳，无案牍之劳形"，有此精神境界，还有什么样的困难和厄运能击倒他呢？

螳螂捕蝉，黄雀在后，这个故事最早出现在《山木》一文，庄子发现这件事之后，感到惊恐而警惕，说："世上的物类原本就是这样相互牵累、相互争夺的，两种物类之间也总是以利相召引！"弟子蔺且不明就里，庄子说，"我留意外物的形体却忘记了自身的安危，观赏于混浊的流水却迷惑于清澈的水潭。而且我从老聃老师那里听说：'每到一个地方，就要遵从那里的习惯与禁忌。'如今我来到雕陵栗园便忘却了自身的安危，奇异的怪鹊碰上了我的额头，游玩于果林时又丧失了自身的

真性,管园的人不理解我又进而侮辱我,因此我感到很不愉快。"

人世间总是在不停地争斗,特别是有一种人,老是在背后说你的坏话,想方设法阻拦你要做的事情。这种人叫小人。这种人在单位里不是很多,但哪怕只有一两个也十分讨厌。

处理这种情况要从两方面着手。一方面是自身有缺点,比如自己性格直率天真幼稚,在工作中不大注意个人与群体的关系,自己工作很卖力很得领导赏识,结果就遭到个别人的忌妒,特别是在一个消极情绪比较盛行的群体里尤为明显,而自己反觉得自己没有做错什么,这种情况受到落后分子的排挤、打击就很自然,但是他们打击你又没有什么把柄整你,不敢明里和你过不去,于是就会采取一些背地里的动作。

另一方面不排除有些人就是素质差,你和他们可能并没有前面说的这种直接原因,但他们就是爱背后算计人,谁也拿他们没办法。被他们算计的原因,也不外乎你比他们另类。弄清原因之后,自己就要学会为人处世的方法。一个人只注重靠个人学识才华干出一番事业来,是很天真的想法。正确的办法就是既要发挥自己的才能,又要处理好和周围人群的关系,不然你就会陷入无尽无休的苦恼里,试想,在大家都不接受你的环境里,你的才华再大,能脱颖而出吗?光是别人背后给你设下的障碍,就会使你头破血流。学会处事是一辈子都学不完的课程。平时自己要多学习,多和别人交朋友,要让自己融入集体,在这种前提下发挥自己的特长优势做出出色的成绩,自己的人生目标才能得到实现。

阳朱到宋国去,住在旅店里。旅店主人有两个妾,一个漂亮,一个丑陋,可是长得丑陋的受到宠爱而长得漂亮的却受到冷淡。阳朱问其缘故,店主回答:"那个长得漂亮的自以为漂亮,但是我却不觉得她漂亮;那个长得丑陋的自以为丑陋,但是我却不觉得他丑陋。"阳子转对弟子说:"弟子们记住!品行贤良但却不自以为具有了贤良的品行,去到哪里不会受到敬重和爱戴啊!"

这件事得出什么道理?忘形是很重要的事情,而做人要品德高尚而又不骄傲自己的长处才对;恃才而骄傲被人轻视,贤德而谦虚受人喜爱。

萧伯纳是爱尔兰著名的戏剧家。一次,他应邀到俄国访问。一天闲暇时他漫步在莫斯科街头,遇到一位可爱的小女孩儿,一时兴起,便高兴地与她玩儿起游戏。这一老一少玩儿得十分高兴,到了分手的时候,萧伯纳得意地对小女孩儿说:"回去告诉你妈妈,今天跟你玩游戏的可是鼎鼎大名的萧伯纳。"谁知小女孩儿望了萧伯纳一眼,学着他的口气,骄傲地说:"你也回去告诉你妈妈,今天跟你玩游戏的是小女孩儿安妮。"

小女孩儿的回答使萧伯纳大吃一惊,他立刻意识到自己的傲慢,事后,他感慨万分地对朋友说:"一个人无论有多大的成就,对任何人都应该平等相待,常常保持谦虚的态度。这个莫斯科小女孩儿给我的教训,是我一辈子也无法忘记的。"

真正伟大的人是不会觉得自己很伟大的,正是因为他们意识到自己的渺小,才使他们的形象变得高大。当我们取得一点成绩、拥有一点财富和地位的时候,不要沾沾自喜,更不要得意忘形,不要忘了,我们只是芸芸众生中的普通一员。谦虚是人们不断完善的最好途径,是通向成功的重要条件。只有学会谦虚,人才会不断进取,从而取得更大成就。

纪连海谈 庄子

田子方

原文

田子方侍坐于魏文侯①，数称谿工②。文侯曰："谿工，子之师邪？"子方曰："非也，无择之里人也；称道数当③，故无择称之。"文侯曰："然则子无师邪？"子方曰："有"。曰："子之师谁邪？"子方曰："东郭顺子④。"文侯曰："然则夫子何故未尝称之？"子方曰："其为人也真，人貌而天虚⑤，缘而葆真⑥，清而容物。物无道，正容以悟之⑦，使人之意也消⑧。无择何足以称之？"

子方出，文侯傥然，终日不言，召前立臣而语之曰："远矣，全德之君子！始吾以圣知之、言仁义之行为至矣，吾闻子方之师，吾形解而不欲动⑨，口钳而不欲言。吾所学者，直土梗耳⑩，夫魏真为我累耳⑪！"

注释

①田子方：魏国人，姓田，名无择，字子方。

②数（shuò）：多次。称：称赞。谿工：人名，姓谿，名工。

③称道：言语、谈论。

④东郭顺子：人名，名叫顺子，居住在东郭，因而称作东郭顺子。

⑤人貌：相貌跟普通人一样。虚：孔窍，亦即指心。

⑥缘：顺着，这里指顺应外物。葆：同"保"，保有真性。

⑦悟之：使之醒悟。

⑧意：这里指惑迷之意，即邪恶的念头。

⑨解（xiè）：懈怠。

⑩土梗：泥土塑成的偶像，喻指不是真实的东西。

⑪真：亦写作"直"。

原文

温伯雪子适齐①，舍于鲁。鲁人有请见之者，温伯雪子曰："不可。吾闻中国之君子②，明乎礼义而陋于知人心③，吾不欲见也。"

至于齐，反舍于鲁，是人也又请见。温伯雪子曰："往也蕲见我④，今也又蕲见我，是必有以振我也⑤。"出而见客，入而叹。明日见客，又入而叹。其仆曰："每见之客也⑥，必入而叹，何邪？"曰："吾固告子矣：'中国之民，明乎礼义而陋乎知人心。'昔之见我者，进退一成规、一成矩⑦，从容一若龙、一若虎⑧，其谏我也似子，其道我也似父⑨，是以叹也。"

仲尼见之而不言。子路曰："吾子欲见温伯雪子久矣，见之而不言，何邪？"仲尼曰："若夫人者，目击而道存矣⑩，亦不可以容声矣⑪。"

注释

①温伯雪子：楚国人，姓温，名伯，雪子为字。

②中国：这里指鲁国。

③陋：粗陋，笨拙。

④蕲（qí）：求。

⑤振：振动。

⑥之：此，这些。

⑦一：全。规、矩：喻指礼义，这句是说进退全都合于礼仪要求。

⑧从容：举止行动。龙、虎：分别喻指行动举止上的腾跃与雄踞。

⑨道：疏导，开导。

⑩击：动。

⑪容：通"庸"，用的意思。

纪老师说

魏文侯问田子方，"为什么只称赞邻居，不称赞自己的老师东郭顺子，"田子方回答，"老师为人十分真朴，相貌跟普通人一样而内心却合于自然，顺应外在事物而且能保持固有的真性，心境清虚宁寂而且能包容外物。外界事物不能合符'道'，便严肃指出使之醒悟，从而使人的邪恶之念自然消除。我根本找不出语言来赞美他。"

魏文侯听了深有感悟，顿感自己的渺小，觉得东郭顺子是深不可测德行完备的君子。

大家都知道关于张良孺子可教的故事。张良行刺秦始皇未遂，逃到下邳隐匿，改名为张良。有一天，他在桥上遇到一个穿粗布衣裳的老人。老人把一只鞋子丢到桥下，然后对张良说："小伙子！你替我去把鞋捡起来！"

张良下桥把鞋捡了起来，又恭敬地跪着替老人穿上。老人说："你这小伙子很不错，值得我指教。"张良听了，连忙答应。三番五次的约见之后，老人终于对张良感到满意了。然后，拿出一本书交给张良，说："你要下苦功钻研这部书。钻研透了，以后可以做帝王的老师。十年后有大成就。"。第二天早晨，张良看那本书，乃是《太公兵法》。张良觉得这事很奇特，于是常常用功专研此书。后来，张良研读《太公兵法》很有成效，成了汉高祖刘邦的重要谋士，为刘邦建立汉朝立下了汗马功劳。

这是小学生就能读到的故事，给人的教诲往往是年轻人有出息，可以造就。但我反复读这个故事，老觉得那老人真是深不可测之人。且不说那老人是不是故事所说的太公，单是他这份慧眼识人的能力就让人望尘莫及。

谁能想到，这么一个打扮不同的老人，却神光内敛，有着惊天的本领呢？所以说，不了解一个人，就不要小看身边的人。

温伯雪子到齐国经过鲁国，鲁国有很多人仰慕于他，纷纷递上名片，请求拜见。温伯雪子不见，途中返回，人家又投帖拜见，看看头衔肯定无非是什么部长、局长、总经理、董事长，温伯雪子有点心动，就见了。结果来人的进退全都那么循规蹈矩，动容却又全都如龙似虎，他们劝告温伯雪子时的样子就像是个儿子，他们开导温伯雪子时的样子又像是个父亲，因此温伯雪子叹息不已。长叹中原国家的人，明瞭礼义却不善解人心。

啥意思呢？号称礼义之邦的这些人啊，他们只是明于礼仪，在礼仪上中规中矩，像模像样。但是他们没有达到知人心的程度，不能与人交流，更达不到在道上交流这种境界。他们没有这个能耐，想都没有想到过还有"道"这个存在。我又不是你什么人，在我这里装什么小子和老子呢？

孔子也递了自己的名片，前来拜见温伯雪子，不过是一言未发，只在背后感叹说，这家伙真不简单，眼光一射就能看出内蕴的大道，我还是装

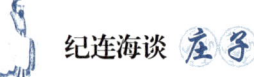

个哑巴吧!

庄子举温伯雪子之例,并不是要他们互相攻击,而是尊重彼此的追求,尊重彼此的生活。

常听有人规劝我,要我研究这个那个,要我认识谁谁谁,要我学习经商,我是不太赞成的,但又无法极力反对,只能叹息说自己能力不足。他们想让我融进去的圈子与生活,倒不是说朋友不朋友的那种归类,而是从生活观念、从事行当、兴趣爱好或做人做事所处环境等个人体系方面,看对方与自己相近与否。很多圈子的人只会对自己喜欢的那类信息动态关注,而自己不熟知或不喜欢的,要么无视要么屏蔽。多数时候都会以自我体系为准则,在面对同一个事件,因人而异或许会有多种各个不同的看法结论,很多人会进入"我的看法是这样的,所以应该这样才对才合理,其他的不对或不合理"这样的认同误区。

"每个人都有各自的生活方式,请尊重别人的生活方式""走自己的路,让别人去说吧……""做自己的主人,不要活在别人的眼光和评论里……" 这样的话,这样的哲理句子,平时听的看的不少。很多话大家都会说,很多道理也都懂,可是真心做到尊重别人的生活不议论别人是非,又有多少人真正明白且做到呢?

孔子拜见温伯雪子之后,一言不发的事情,真是显得他可爱了许多。

原文

颜渊问于仲尼曰:"夫子步亦步,夫子趋亦趋,夫子驰亦驰;夫子奔逸绝尘①,而回瞠若乎后矣②!"夫子曰:"回,何谓邪?"曰:"夫子步,亦步也;夫子言,亦言也;夫子趋,亦趋也;夫子辩,亦辩也;夫子驰,亦驰也;夫子言道,回亦言道也;及奔逸绝尘而回瞠若乎后者,夫子不言而信③,不比而周④,无器而民滔乎前⑤,而不知所以然而已矣。"

仲尼曰:"恶⑥,可不察与!夫哀莫大于心死,而人死亦次之。日出东方而入于西极,万物莫不比方⑦,有目有趾者⑧,待是而后成功⑨,是出则存,是入则亡。万物亦然,有待也而死,有待也而生⑩。吾一受其成形⑪,而不化以待尽⑫,效物而动⑬,日夜无隙,而不知其所终,薰然其成形⑭。知命不能规乎其前⑮,丘以是日徂⑯。吾终身与汝交一臂而失之⑰,可不哀与!女殆著乎吾所以著也。彼已尽矣⑱,而女求之以为有,是求马于唐肆也⑲。吾服,女也甚忘;女服,吾也亦甚忘⑳。虽然,女奚患焉!虽忘乎故吾,吾有不忘者存。"

注释

①奔逸:快速奔跑。

②瞠(chēng)若:直瞪着眼睛的样子。

③信：取信。

④比：靠紧，亲近。

⑤器：象征权力地位的贵重器物，喻指爵位。滔：涌聚。

⑥恶：呵斥之声。

⑦比：比照、按照。

⑧有目有趾者：指人。

⑨是：指代"日"；"待是"是依靠太阳的意思。

⑩有待：有所待，有所期待或依赖，这里是指太阳的隐没和升起。

⑪受：禀受。

⑫不化以待尽：不再变化成别的形体而等待着最终的衰亡。

⑬效：应。

⑭薰然：温和自然的样子。

⑮规（kuī）：通"窥"，窥测，预先知道。

⑯徂：往，"日徂"是说每天都随着变化而推移。

⑰交一臂：彼此相交而亲近。

⑱彼：指代上句中所说的那些显明的东西。尽：消失，逝去。

⑲唐肆：空市。

⑳服：思存。甚忘：迅速遗忘。

原文

孔子见老聃，老聃新沐①，方将被发而干②，慹然似非人。孔子便而待之③，少焉见，曰："丘也眩与，其信然与？向者先生形体掘若槁木④，似遗物离人而立于独也。"老聃曰："吾游心于物之初⑤。"

孔子曰："何谓邪？"曰："心困焉而不能知，口辟焉而不能言⑥，尝为汝议乎其将⑦。至阴肃肃⑧，至阳赫赫⑨；肃肃出乎天，赫赫出乎地⑩；两者交通成和而物生焉，或为之纪而莫见其形⑪。消息满虚，一晦一明，日改月化，日有所为，而莫见其功。生有所乎萌⑫，死有所乎归⑬，始终相反乎无端，而莫知乎其所穷⑭。非是也，且孰为之宗！"

孔子曰："请问游是⑮。"老聃曰："夫得是，至美至乐也⑯，得至美而游乎至乐，谓之至人。"孔子曰："愿闻其方"。曰："草食之兽不疾易薮，水生之虫不疾易水⑰，行小变而不失其大常也，喜怒哀乐不入于胸次。夫天下也者，万物之所一也⑱。得其所一而同焉，则四支百体将为尘垢⑲，而死生终始将为昼夜，而莫之能滑⑳，而况得丧祸福之所介乎㉑！弃隶者若弃泥涂㉒，知身贵于隶也，贵在于我而不失于变。且万化而未始有极也，夫孰足以患心！已为道者解乎此。"

孔子曰："夫子德配天地㉓，而犹假至言以修心，古之君子，孰能脱焉㉔？"老聃曰："不然。夫水之于汋也㉕，无为而才自然矣。至人之于德也，不修而物不能离焉，若天之自高，地之自厚，日月之自明，夫何脩焉！"

孔子出，以告颜回曰："丘之于道也，其犹醯鸡与㉖！微夫子之发吾覆也㉗，吾不知天地之大全也。"

注释

①沐：洗头发。

②被（pī）：通"披"。

③便：通"屏"，屏蔽的意思。

④掘（wù）：通"杌"，指没有枝叶的树干，形容直立不动像木头

似的。

⑤物之初：宇宙之初。

⑥辟：合。

⑦将：大略。

⑧肃肃：阴冷的样子。

⑨赫赫：炎热的样子。

⑩这里说阴气出于天，阳气出于地。

⑪纪：纲纪。

⑫所乎萌：所萌发的地方。

⑬所乎归：归向的地方。

⑭反：返；"相反"即相互循环的意思。

⑮反：返；"相反"即相互循环的意思。

⑯至美至乐：不存在美与不美、乐与不乐，这种境界是真正的最美、最乐。

⑰疾：害怕，忧。

⑱所一：所同一，这里是指共同生活的地方。

⑲四支：四肢。将为尘垢：终将化为尘垢。

⑳滑：乱。

㉑介：留存、搁置。"得丧祸福之所介"就是说介意得失祸福。

㉒隶：附属、从属；"隶者"即附属于自己的东西。

㉓配：合。

㉔脱：脱出、免于。

㉕沟：水涌出。

㉖醯（xī）鸡：酒瓮内的小飞虫，即蠛蠓。

㉗微：通作"无"，没有、不是的意思。发：启发，这里指教诲。覆：覆盖，引申为蒙昧的意思。

原文

庄子见鲁哀公①。哀公曰："鲁多儒士，少为先生方者②。"庄子曰："鲁少儒。"哀公曰："举鲁国而儒服③，何谓少乎？"

庄子曰："周闻之，儒者冠圜冠者④，知天时；履句屦者⑤，知地形；缓佩玦者⑥，事至而断。君子有其道者，未必为其服也；为其服者，未必知其道也。公固以为不然⑦，何不号于国中曰⑧：'无此道而为此服者，其罪死！'"

于是哀公号之五日，而鲁国无敢儒服者，独有一丈夫儒服而立乎公门⑨。公即召而问以国事，千转万变而不穷。庄子曰："以鲁国而儒者一人耳⑩，可谓多乎？"

注释

①庄周与鲁哀公并非同时代人，庄子也并未见过鲁哀公，这里乃是寓言。

②方：道、学说。

③举：全。儒服：指穿着儒士的服装。

④圜（yúan）：同"圆"。冠圜冠：是说戴着圆帽。

⑤句屦：麻鞋，这里泛指鞋子。

⑥缓：五色丝绳，用来穿系玉玦。玦（jué）：一种环形玉器。

⑦固：必定、坚持。

⑧号：号令。

⑨丈夫：古代对成年男子的称呼。

⑩这句语意有所隐含，乃是说"以鲁国之大"。

纪老师说 ●●●

孔子的学生很不理解，眼前的这个不起眼的老头不说什么，却能够取信于大家，不对人表示亲近，却能使情意传遍周围的人，不居高位、不获权势，却能让人民像滔滔流水那样涌聚于身前。

孔子解释说，同学们听好了，这是因为心死大于身死，要想不至于心死，就得随应外物的变化而相应有所行动，有所推移和改变。

庄子认为，一个人（像孔子）相时而动，顺应时局变化而相应变化，这才是得道的基本方法。

想起《孙子·行军篇》在论述出征作战过程中，要根据不同地理条件妥善处理好行军宿营和观察判断敌情的问题。比如在正常情况下，"半渡而击"是打击敌人的最佳时机。但是，在泓水之战中，宋襄公在楚军半渡时不愿乘人之危，坐失良机；在潍水之战中，韩信同学先主动渡河进攻，吸引对方"半渡而击"，然后佯败后退，在敌方渡河来追时放上游水灌敌，大败敌军。

宋襄公失败的原因何在？无非是冥顽不化，不懂得随时局变化而相应做出变化，成了战争史上的千年笑柄。韩信同学就不一样了，这家伙头脑灵活，善于抓住时机，相时而动，所以才取得了胜利。

庄子告诉我们，墨守成规，不懂变化，还是要吃大亏的！

老聃刚刚洗了头，在自然的风里悠然不动，就像个木头人一样。孔子不理解，老聃告诉他，这是处心遨游于混沌鸿濛宇宙初始的境域。孔子很好奇，问是怎么回事。老聃说，"阴阳生万物，万物每时每刻都在改变、推演、开始、终了。达到这种处心遨游的境界，就是"至人"，也就是体察到了"至美"和"至乐"。万物生存的环境没有力量扰乱它，喜怒哀乐的情绪就不会产生。古代君子品德高尚，本是自然而然的事情，也就用不着修养。"

孔子听了很惭愧，觉得自己跟老聃比，简直就是小巫见大巫。

庄子拜见鲁哀公。鲁哀公说："鲁国多儒士，很少有信仰庄子先生道学的人。"庄子说："你恐怕是错了，我看鲁国很少儒士。"鲁哀公说："全鲁国的人都穿着儒士的服装，怎么说儒士很少呢？"

庄子说："我听说，儒士戴圆帽的，知晓天时；穿着方鞋的，熟悉地形；佩带用五色丝绳系着玉玦的，遇事能决断。君子身怀那种学问和本事的，不一定要穿儒士的服装；穿上儒士服装的人，不一定会具有那种学问和本事。你如果认为一定不是这样，何不在国中号令：'没有儒士的学问和本事而又穿着儒士服装的人，定处以死罪！'"

于是哀公号令五天，鲁国国中差不多没有敢再穿儒士服装的人，只有一个男子穿着儒士服装站立于朝门之外。鲁哀公立即召他进来以国事征询他的意见，无论多么复杂的问题都能做出回答。庄子说："鲁国这么大而儒者只有一人呀，怎么能说是很多呢？"

庄子和鲁哀公打赌，结果鲁哀公自己打自己的脸，弄得很没面子。其实难怪，世间的人多是故意将自己装扮成人们敬仰的样子，以满足自己的虚荣心。

《孟子》中有一篇文章，说的是齐国有个人和一妻一妾共同生活。丈夫每次外出，都说是吃饱喝足才回家。妻子问跟他一起吃饭的都是些什么人，他就说都是有钱有地位的人。妻子对妾说："丈夫出去，都是

酒醉饭饱才回家,问是谁跟他在一起吃喝,他说都是有钱有地位的人。可是,从来也不曾见有显贵体面的人到家里来。我要暗中看看他到底去什么地方。"

第二天清早起来,妻子便拐弯抹角地跟踪丈夫。发现丈夫走遍整个都城,没有谁停下来与他打招呼交谈。最后走到东门城外的坟墓中间,向那些扫墓的人乞讨残羹剩饭。不够,又四下里看看,到别的扫墓人那里。这就是他天天酒醉饭饱的方法。

妻子回去,把看到的一切告诉了妾,说:"丈夫是我们指望依靠过一辈子的人。现在却是这个样子。"于是两人一起在院子里大骂,哭成一团。丈夫呢,却一点也不知道,还得意洋洋地从外面回来,在妻妾面前大耍威风。

孟子批判讽刺了那种不顾礼义廉耻、以卑鄙的手段追求富贵利达的人。他自欺欺人,做着连自己妻妾也被欺骗隐瞒的见不得人的勾当,却装出一副骄傲自满的神气。

有其形不一定有其真,有其真也就不一定拘其形。自欺欺人,总有露馅的一天,滥竽充数,鱼目混珠的,总会暴露他的本质,仔细想来,这样的人,我们身边还少吗?有的人明明经济情况一般,却买了个100元钱的仿版LV。被人问起来,还很自信的说自己的LV是什么什么款式,好像哪里买的什么高档货一样。

呜呼哀哉!

原文

　　百里奚爵禄不入于心①，故饭牛而牛肥②，使秦穆公忘其贱，与之政也。有虞氏死生不入于心③，故足以动人。

注释

　　①百里奚：春秋著名政治家，辅助秦穆公成就了霸业。

　　②饭牛：饲养牛。

　　③有虞氏：舜。

原文

　　宋元君将画图①，众史皆至②，受揖而立③；舐笔和墨④，在外者半。有一史后至者，儃儃然不趋⑤，受揖不立，因之舍⑥。公使人视之，则解衣般礴臝⑦。君曰："可矣，是真画者也。"

注释

　　①宋元君：宋元公。

　　②史：这里专指画匠。

　　③受：受命，接受旨意。

　　④舐（shì）：以舌头舔。

⑤ 憴憴（tǎn）然：安闲的样子。

⑥ 之：往。

⑦ 般：亦做"槃"；"般礡"是指分开双腿而坐。臝（luǒ）："裸"字的异体。

原文

文王观于臧①，见一丈夫钓②，而其钓莫钓③；非持其钓有钓者也④，常钓也⑤。

文王欲举而授之政⑥，而恐大臣父兄之弗安也；欲终而释之⑦，而不忍百姓之无天也⑧。于是旦而属之大夫曰⑨："昔者寡人梦见良人⑩，黑色而髯⑪，乘驳马而偏朱蹄⑫，号曰⑬：'寓而政于臧丈人⑭，庶几乎民有瘳乎⑮！'"诸大夫蹴然曰⑯："先君王也⑰。"文王曰："然则卜之⑱。"诸大夫曰："先君之命，王其无它⑲，又何卜焉！"

遂迎臧丈人而授之政。典法无更⑳，偏令无出㉑。三年，文王观于国，则列士坏植散群㉒，长官者不成德㉓，斔斛不敢入于四竟㉔。列士坏植散群，则尚同也㉕；长官者不成德，则同务也㉖；斔斛不敢入于四竟，则诸侯无二心也。文王于是焉以为大师㉗，北面而问曰㉘："政可以及天下乎？"臧丈人昧然而不应㉙，泛然以辞㉚，朝令而夜遁㉛，终身无闻。

颜渊问于仲尼曰："文王其犹未邪㉜？又何以梦为乎㉝？"仲尼曰："默，汝无言！夫文王尽之也，而又何论刺焉㉞！彼直以循斯须也㉟。"

注释

①文王：周文王。臧：地名。

②丈夫：乃是"丈人"之误，是古代对老人的尊称。

③莫钓：无心钓鱼的样子。

④有钓：有心在钓。

⑤常：通"尚"，"尚"是上的意思，所谓"常钓"即垂于水面之上而钓。

⑥举：举拔，推荐提拔。

⑦终而释之：就此作罢放弃这个念头。"之"字指代举拔并委以朝政的想法。

⑧无天：这里喻指失去了庇护，即得不到天子的恩泽。

⑨旦：大清早。属：嘱咐，这个意义后代写作"嘱（囑）"。

⑩昔：通"夕"，指夜里。

⑪髯：胡须很多。

⑫驳马：杂色马。偏朱蹄：马蹄半侧为红色。

⑬号：大声呼喊。

⑭寓：托付、委托。而：你。

⑮庶几：差不多。瘳（chōu）：病愈。

⑯蹴（cù）然：惊惧的样子。

⑰先君王：文王之父。

⑱卜：占卜。

⑲无它：不应有别的考虑，即不必犹豫。

⑳更：更换，改变。

㉑偏令：偏私之令。

㉒列士：贵族阶层中地位较低的人。植：将主；"坏植"就是失却了领头的人。

㉓成德：显露和夸耀自己的功德。

㉔籔（yǔ）、斛（hú）：均为量器名，用来计量谷物。"籔"（yǔ）同于"斛"。竟：边境。

㉕尚同：尊尚同一，指政令受到普遍尊重，全国上下意愿相同。

㉖同务：具有相同的政务。

㉗大师：这里是指君王的师傅。

㉘北面：表示最大的恭敬与尊重。

㉙昧然：默然，默不说话的样子。

㉚泛然：浮泛的，漫无目的的样子。

㉛令：这里指客王向臧丈人征询意见。

㉜本句语意有所隐含，"犹未"是说还没有达到圣人的境界。

㉝梦为：为梦，假托为梦。

㉞论刺：评论、指责。

㉟直：只、仅仅。循：顺。

纪老师说

百里奚从不把爵位和俸禄放在心上，所以饲养牛时牛喂得很肥，使秦穆公忘记了他地位的卑贱，而把国事交给他。有虞氏从不把死生放在心上，所以能够打动人心。

大凡成功者，都是专注做一件事情，一直坚持做下去，不论是否成功，始终都不会放弃。因为结果并不重要，重要的是你充分享受了这个过程。不管是谁，要想成功，就必须坚持，一直走下去，不要半途而废，也不要眉毛胡子一把抓。只要你付出辛勤的汗水，有朝一日，你也会在某一个领域和行业，成为大家羡慕和佩服的人才、人物。有人写过这样一段话，我觉得挺有道理：做什么事都要专注，有了专注，就能持之以恒；有了专注，便能克险攻关；有了专注便能细节之外见成功；有了专注，便能勤奋努力，勇往直前。遇事做到认真与专注，便会少犯错误，更快地走向成功；学会专注，让你在人生路上披荆斩棘；学会专注，让你在海上扬帆远航；学会专注，让你走上成功的殿堂；学会专注，让你体验人生路上的美景；学会专注，这世界才会如此美丽。

宋元公打算画几幅画，众多的画师都赶来了，接受了旨意便在一旁恭敬地拱手站着，舔着笔，调着墨，站在门外的还有半数人。有一位画师最后来到，神态自然，一点也不慌急，接受了旨意也不恭候站立，随即回到馆舍里去。宋元公派人去观察，这个画师已经解开了衣襟、裸露身子、叉腿而坐。宋元公说："好呀，这才是真正的画师。"

事物总有形式和内容两个方面，没有形式就没有内容，没有内容也就没有形式。但有形式，却不能有形式主义。比如考核评比，是不是形式，当然是形式，但不能认为所有的考核评比都是形式主义，一概而论。试想工作中没有任何量化指标，不搞任何考核评比，就像赛跑不画终点线，不设金银铜牌，谁还去争先恐后，谁还去奋力冲刺。所以，必要的评比是完全必要的，但如果脱离实际，过多、过频、过滥，或表面文章、弄虚作假、为名次而名次，那就是形式主义。一味的形式主义，也是有害的。

画画并非一定要有画画的架势。同样的道理推理，读书不能讲形式，环保不能讲形式，反浪费不能讲形式……

在我国历史上，渔夫为隐居者的较多。历朝历代避世之士以隐居江

湖垂钓为清高，以此来表现自身的社会价值，视作是最高境界，所以渔夫大都是以隐士的形象出现在人们面前。

文王遇见的臧地垂钓老人，就是这样的一个人，他身在垂钓却不像是在钓鱼，不是手拿钓竿而有心钓鱼，钓钩总是悬在水面上。文王感觉这老人不是一般人，决定委以重任，又怕臣子们不肯屈从，便假托先王的托梦命令。

后来，臧地垂钓老人管理朝政，典章法规不更改，偏曲的政令不发布。各地的地方势力集团全都纷纷离散，各级长官不再树立夸耀自己的功德，不同的斛和斜不再能进入国境使用。政令通达上下同心，政务相当劳绩统一，诸侯也不会生出异心，国家得到发展，百姓得以安乐。

臧丈人无为而治，而文王泽披苍生。这是古代最有意思的故事。不过，人要是有才能，完全可以寻求更好的传达方法，亦或是凭借考试做到出类拔萃，完全不用依靠一片水域，死死地拿着一根钓竿意钓。这年头谁要还这么傻乎乎地借以钓人，那也算是笑话一则了！

原文

列御寇为伯昏无人射①,引之盈贯②,措杯水其肘上③,发之,适矢复沓④,方矢复寓⑤。当是时,犹象人也⑥。伯昏无人曰:"是射之射⑦,非不射之射也⑧。尝与汝登高山,履危石⑨,临百仞之渊⑩,若能射乎?"

于是无人遂登高山,履危石,临百仞之渊,背逡巡⑪,足二分垂在外⑫,揖御寇而进之。御寇伏地,汗流至踵⑬。伯昏无人曰:"夫至人者,上窥青天,下潜黄泉,挥斥八极⑭,神气不变⑮。今汝怵然有恂目之志⑯,尔于中也殆矣夫!"

注释

①列御寇、伯昏无人:均为人名。

②引:引弦,即拉开弓。盈贯:满矢。

③措:置放。

④适:往,指箭射出去。沓(tà):重合,指一支紧接着一支地射出。

⑤寓:寄,搭放。

⑥象人:木偶人,形容一动也不动。

⑦射之射:有心射箭的射法。

⑧不射之射：无心射箭的射法。

⑨履危石：站立在高危的山石上。

⑩"百仞"言其极深，为一略数。

⑪逡（qīn）巡：却退。

⑫二分：十分之二。

⑬踵（zhǒng）：脚后跟。

⑭挥斥：纵放，形容精神自由奔放。八极：八方。

⑮神气：神情。

⑯怵然：恐惧的样子。恂（xuàn）：通作"眩"，眩目即指眼花。

原文

肩吾问于孙叔敖曰①："子三为令尹而不荣华②，三去之而无忧色③。吾始也疑子，今视子之鼻间栩栩然④，子之用心独奈何？"

孙叔敖曰："吾何以过人哉！吾以其来不可却也，其去不可止也，吾以为得失之非我也，而无忧色而已矣。我何以过人哉！且不知其在彼乎，其在我乎？其在彼邪⑤？亡乎我⑥；在我邪？亡乎彼。方将踌躇⑦，方将四顾⑧，何暇至乎人贵人贱哉⑨！"

仲尼闻之曰："古之真人，知者不得说⑩，美人不得滥⑪，盗人不得劫，伏戏、黄帝不得友⑫。死生亦大矣，而无变乎己，况爵禄乎！若然者，其神经乎大山而无介⑬，入乎渊泉而不濡⑭，处卑细而不惫，充满天地，既以与人⑮，己愈有。"

注释

①肩吾：隐者。孙叔敖：楚国著名政治家。

②令尹：楚国的官名，相当于宰相。

③去：去职，这里指被免职。

④栩栩然：欢畅自适的样子。

⑤其：指代前面提到的充任令尹之事。

⑥亡：失。

⑦踌躇：优闲自得的样子。

⑧四顾：描写踌躇满志的样子。

⑨至：顾及。

⑩知者：智者。说：游说，说服。

⑪滥：觊觎，即产生淫乱的念头。

⑫伏戏：伏羲。

⑬介：阻碍。

⑭濡：沾湿。

⑮既：全。

原文

楚王与凡君坐①，少焉，楚王左右曰凡亡者三②。凡君曰："凡之亡也，不足以丧吾存。夫'凡之亡不足以丧无存'，则楚之存，不足以存存③。由是观之，则凡未始亡而楚未始存也。"

注释

①楚王：楚文王。

②左右：近臣。三：概数，言其多。

③存存：以楚国的存在为存在。

纪连海谈 庄子

纪老师说

要论讲故事,庄子是集大成者。接下来,他讲了这么一个故事:

列御寇为伯昏无人表演射箭的本领,他拉满弓弦,又放置一杯水在手肘上,发出第一支箭,箭还未至靶的紧接着又搭上了一支箭,刚射出第二支箭而另一支又搭上了弓弦。在这个时候,列御寇的神情真像是一动也不动的木偶人似的。伯昏无人看后说:"这只是有心射箭的箭法,还不是无心射箭的射法。我想跟你登上高山,脚踏危石,面对百丈的深渊,那时你还能射箭吗?"

于是伯昏无人便登上高山,脚踏危石,身临百丈深渊,然后再背转身来慢慢往悬崖退步,直到部分脚掌悬空这才拱手恭请列御寇跟上来射箭。列御寇伏在地上,吓得汗水直流到脚后跟。伯昏无人说:"一个修养高尚的'至人',上能窥测青天,下能潜入黄泉,精神自由奔放达于宇宙八方,神情始终不会改变。如今你胆战心惊有了眼花恐惧的念头,你要射中靶的不就很困难了吗?"

庄子以伯昏无人凝神而射作比喻,说明不受外物干扰意志凝神的重要性。

阿基米德是伟大的古希腊哲学家、百科式科学家、数学家、物理学家、力学家,静态力学和流体静力学的奠基人,并且享有"力学之父"的美称,阿基米德和高斯、牛顿并列为世界三大数学家。阿基米德曾说过:"给我一个支点,我就能撬起整个地球。"

据说,公元212年,古罗马军队入侵叙拉古,阿基米德坐在残缺的石墙旁边,正在沙地上画着一个几何图形。一个罗马士兵命令阿基米德离开,他傲慢地做了个手势说:"别把我的圆弄坏了!"罗马士兵勃然大怒,马上用刀一刺,就杀死了这位古代科学家阿基米德。

据说，阿基米德死亡的版本很多，不过他在做题时被士兵杀死，应该没有异议。无论阿基米德是怎么死的，最为惋惜的就是那位罗马军队的统帅马塞拉斯，马塞拉斯将杀死阿基米德的士兵当作杀人犯予以处决，他为阿基米德举行了隆重的葬礼，并为阿基米德修建了一座陵墓，在墓碑上根据阿基米德生前的遗愿，刻上了"圆柱内切球"这一几何图形。

不受外物干扰，聚精会神的阿基米德是伟大的。面临深渊，伏在地上，吓得汗水直流的列御寇是可笑的。有时候，伟大与可笑之间，可能只差一个全心贯注的距离。

肩吾向孙叔敖问："你三次出任令尹不显荣耀，三次罢官也没露出忧愁的神色，仍然那么欢畅自适，你的心里究竟是怎样的呢？"

孙叔敖很谦虚地说："我没有什么过人之处，我认为官职爵禄的到来不必去推却，它们的离去也不可以去阻止。我认为得与失都不是出自我自身，因而没有忧愁的神色罢了。况且我不知道这官爵是落在他人身上呢，还是落在我身上呢？落在他人身上吗？那就与我无关；落在我的身上吗？那就与他人无关。我正心安理得优闲自在，我正踌躇满志四处张望，哪里有闲暇去顾及人的尊贵与卑贱啊！"

孙叔敖的话感动了孔子，他说："古时候的真人，最有智慧的人不能说服他，最美的女人不能使他淫乱，强盗不能够抢劫他，就是伏羲和黄帝也无法跟他结为朋友。死与生也算得上是大事情了，却不能使他有什么改变，更何况是爵位与俸禄呢？像这样的人，他精神穿越大山不会有阻碍，潜入深渊不会沾湿，处身卑微不会感到困乏，他的精神充满于天地，将全部奉献给他人，自己却越发感觉到充实富有。"

楚文王与凡国国君坐在一起，不一会儿，楚王的近臣一次又一次报告凡国已经灭亡。凡国国君说:"凡国的灭亡,不足以丧失我的存在。既然'凡国的灭亡不足以丧失我的存在',那么楚国的存在也不足以保存它的存在。由此看来,那么,凡国也就未尝灭亡而楚国也就未尝存在了。"

孙叔敖就是个"真人",他对官爵的得失无动于衷,凡国国君对国之存亡无动于衷,两个故事都说明,不能为任何外物所动,善于自持便能虚怀无己。

苏格拉底逛完集市之后,告诉学生他此行最大的收获就是"发现这个世界上原来有那么多我并不需要的东西"。弘一法师有这样两句箴言:"不为外物所动之谓静,不为外物所实之谓虚。"正因为苏格拉底具有"不为外物所动"的宁静、虚空的心境,他才不为外物所累,不让心灵负荷沉重的包袱,而危及他对于真、善、美的哲学的追求。

不为外物所累,生活才会更加恬淡自在,既享受身心的愉悦,又提升了精神境界。大学者钱锺书终生淡泊名利,甘于寂寞。他谢绝所有新闻媒体的采访,中央电视台《东方之子》栏目的记者,曾千方百计想冲破钱锺书的防线,最后还是不无遗憾地对全国观众宣告:钱锺书先生坚决不接受采访,我们只能尊重他的意见。由此,可见出钱老静虚淡定、泰然自安的心境。无独有偶,莫言荣获2012年诺贝尔文学奖后,各界人士都在热议高论,采访的记者多如过江之鲫,文学爱好者也趋之若鹜,书店里的莫言著作一抢而空,相干不相干的大学则在竞相邀请莫言当名誉教授……面对此情此景,莫言淡定地说:"只希望尽快从喧嚣中摆脱出来,大家该干嘛干嘛去。"正因为莫言有一种豁达超脱的胸襟,有一种洞穿名利虚荣的睿智,才不被盛名高誉所陶醉、所捧杀。因此,拥有超越功利之上的情怀,人生才有充裕畅享平静的闲适。

知北游

原文

知北游于玄水之上①，登隐弅之丘，而适遭无为谓焉。知谓无为谓曰："予欲有问乎若②：何思何虑则知道③？何处何服则安道④？何从何道则得道⑤？"三问而无为谓不答也，非不答，不知答也。知不得问，反于白水之南，登狐阕之上，而睹狂屈焉。知以之言也问乎狂屈⑥。狂屈曰："唉！予知之，将语若，中欲言而忘其所欲言⑦。"知不得问，反于帝宫，见黄帝而问焉。黄帝曰："无思无虑始知道，无处无服始安道，无从无道始得道。"

知问黄帝曰："我与若知之，彼与彼不知也⑧，其孰是邪？"黄帝曰："彼无为谓真是也，狂屈似之⑨；我与汝终不近也⑩。夫知者不言，言者不知，故圣人行不言之教。道不可致⑪，德不可至。仁可为也⑫，义可亏也⑬，礼相伪也。故曰，'失道而后德，失德而后仁，失仁而后义，失义而后礼。礼者，道之华而乱之首也⑭。'故曰，'为道者日损⑮，损之又损之以至于无为，无为而无不为也。'今已为物也⑯，欲复归根⑰，不亦难乎！其易也，其唯大人乎⑱！生也死之徒⑲，死也生之始，孰知其纪⑳！人之生，气之聚也㉑；聚则为生，散则为死。若死生之徒，吾又何患！故万物一也㉒，是其所美者为神奇，其所恶者为臭腐；臭腐复化为神奇，神奇复化为臭腐。故曰，'通天下一气耳㉓。'圣人故贵一㉔。"

纪连海谈 庄子

知谓黄帝曰:"吾问无为谓,无为谓不我应。非不我应,不知应我也。吾问狂屈,狂屈中欲告我而不我告,非不我告,中欲告而忘之也。今予问乎若,若知之,奚故不近?"黄帝曰:"彼其真是也㉕,以其不知也;此其似之也㉖,以其忘之也;予与若终不近也,以其知之也。"

狂屈闻之,以黄帝为知言㉗。

注释

① 知:同"智"。玄水:寓言中的水名。

② 若:你。

③ 知道:懂得道。以下仿此解。

④ 服:事,指行事、行动。安道:安于道,即符合大道。

⑤ 道:方式、办法。

⑥ 之:此。

⑦ 中欲言:内心里刚想说。

⑧ 彼与彼:这里是指无为谓与狂屈。

⑨ 似:近似。

⑩ 不近:不能接近于道,即不是正确的。

⑪ 致:罗致,获得。

⑫ 仁可为也:不存偏爱,所以说仁是可以作为的。

⑬ 亏:残损。

⑭ 华:"花"字的本字,这里是掩盖、伪饰的意思。

⑮ 为道者:体察大道的人。损:指减少伪饰。

⑯ 已为物:已经对外物有所作为。

⑰根：这里实指道。

⑱大人：大圣人，指得道之人。

⑲徒：属，同类。

⑳纪：头绪，引申指规律。

㉑气：构成宇宙万物的本原，合成万物的最细微的一种物质基础。

㉒一：指万物同出于"气"，因而具有同一性，共通性。

㉓通：全，整个。

㉔贵一：以事物的同一为贵，即看重事物的同一性。

㉕彼：指代无为谓。

㉖此：指代狂屈。

㉗知言：最通晓大道的谈论。

原文

天地有大美而不言，四时有明法而不议①，万物有成理而不说②。圣人者，原天地之美而达万物之理③，是故至人无为，大圣不作，观于天地之谓也。

今彼神明至精④，与彼百化⑤；物已死生方圆⑥，莫知其根也，扁然而万物自古以固存⑦。六合为巨，未离其内；秋豪为小⑧，待之成体⑨。天下莫不沈浮⑩，终身不故⑪；阴阳四时运行，各得其序。惛然若亡而存⑫，油然不形而神⑬，万物畜而不知⑭。此之谓本根，可以观于天矣。

注释

①明法：显明的规律，这里指四季周而复始的运行。

②成理：定规。

③原：探寻、推究的意思。达：通晓、了解。

④今：亦作"合"。彼：指代"道"。

⑤与（yǔ）：参与。彼：指代万物。百化：言其多，指各种各样的变化。

⑥方圆：喻指变化的两种对立的形态。

⑦扁然：普遍地、自然而然地，这里用来形容万物的生长。

⑧豪：通"毫"，"秋豪"即秋毫。

⑨之：指代"道"。

⑩沈浮：喻指消逝与存在的变化。

⑪故：故常之态；"不故"是说不会固守常态，即始终保持变化的新姿。

⑫惛（hūn）然：昧暗的样子。

⑬油然：蕴含着生机的样子。不形：不具有具体的形象。

⑭畜：畜养，养育；这里用表被动，是被养育、受到养育的意思。

纪老师说

知向北游历来到隐弅的山丘，遇到无为谓。知对无为谓说："我想向你请教一些问题：怎样才能懂得道？怎样才符合于道？怎样才能获得道？"问了好几次无为谓都不回答。知从无为谓那里得不到解答，返回到白水的南岸，在狐阕的山丘见到了狂屈。知把先前的问话向狂屈提出请教，狂屈说："唉，我知道怎样回答这些问题，可是心中正想说话却又忘记了那些想说的话。"知从狂屈那里也没有得到解答，便转回到黄帝的住所向他再问。黄帝说："没有思索、没有考虑方才能够懂得道，没有安处、没有行动方才能够符合于道,没有依从、没有方法方才能够获得道。"

黄帝非常谦虚,他对知说:"无为谓是真正正确的,狂屈接近于正确,我则始终未能接近于道。知道的人不说,说的人不知道,所以圣人施行的是不用言传的教育。道不可能靠言传来获得,德不可能靠谈话来达到。体察道的人每天都得清除伪饰,清除而又再清除以至达到无为的境界,达到无所作为的境界也就没有什么可以作为的了。圣人看重的是万物同一的特点。"

黄帝还说,"无为谓他是真正了解大道的,因为他什么也不知道;狂屈他是接近于道的,因为他忘记了;我和你终究不能接近于道,因为我们什么都知道。"

狂屈听说了这件事,认为黄帝的话是最了解道的谈论。

庄子借知和黄帝的谈话,强调大道本不可知,凡讲出来的都不是真道,因为"知者不言,言者不知",宇宙万物原来都是"气",提出"通天下一气耳"的重要命题,"气"聚则生,"气"散则死,万物归根结底乃是混一的整体。以此看来,"道"是不可见不可言的最高的主宰,是世界的本源,是宇宙的本体。

庄子的"道",在现在来看,有些人觉得很玄,读不懂,其实庄子的"道"不外乎几个特点,一是道是一种看不见摸不到的力量,可传不可受,可得不可见,它好像在操纵宇宙万物;二是道的运作有法则,有规律可循;三是道是生成万物的原因,它先于天地而存在,万物都是从道中衍生出来的,道是最本质的东西,也是第一义的;四是道超越时空存在,所谓的时间、空间,也都是大道生成的产物。

庄子认为,那些能说出来的道,其实离道还有一定的距离。人类探

索万物也是这个道理，比如大家都认为现在的物理学已经解决了多数问题，但是量子力学一旦被人发现，就给人类打开了一扇更加广阔的知识之窗。人类只有不断摸索，不断认识，不断肯定与否定中，才能继续发展起来。

天地具有伟大的美但却无法用言语表达，四时运行具有显明的规律但却无法加以评议，万物的变化具有现成的定规但却用不着加以谈论。圣哲的人，探究天地伟大的美而通晓万物生长的道理，所以"至人"顺应自然无所作为，"大圣"也不会妄加行动，这是说对于天地做了深入细致的观察。

大道神明精妙，参与宇宙万物的各种变化；万物业已或死、或生、或方、或圆，却没有谁知晓变化的根本，一切都是那么自然而然地自古以来就自行存在。"六合"算是十分巨大的，却始终不能超出道的范围；秋天的毫毛算是最小的，也得仰赖于道方才能成就其细小的形体。宇宙万物无时不在发生变化，始终保持着变化的新姿，阴阳与四季不停地运行，各有自身的序列。大道是那么浑沌昧暗仿佛并不存在却又无处不在，生机旺盛、神妙莫测却又不留下具体的形象，万物被它养育却一点也未觉察。这就称作本根，可以用它来观察自然之道了。

庄子认为，天地的"大美"就是"道"，"道"是客观存在的、最高的、绝对的美。"道"主宰着天地万物，它不依赖于任何事物，却创生万物，使得天地自然万物依托"道"而自然生长。"道"的造化神妙莫测，使万物变化无穷，或死或生或方或圆，并在变化中依其自身的规律。天地不管多么大，秋毫尽管这么小，它们的浮沉变化，始终都离不开"道"的作用。道，是天地万物所以生成的总原理，所以叫"本根"。

庄子这是进一步提出"至人无为,大圣不作",一切"观于天地"的主张,即一切顺其自然。

读到这里,让我想起明代思想家王阳明格物致知的事例来,说的是在一个庭院里,有个小亭子,亭子旁边长着一片茂密的竹子。王阳明伙同一个姓杨的朋友坐在亭前,面对着竹子,全神贯注,目不旁视,静静地体会着关于竹子的道理。一天过去了,两天过去了,到了第三天,姓杨的朋友累病了,被人抬了下去。王阳明依然面对竹子,静坐体会。第三天、第四天过去了,没有体会出关于竹子的道理来。第五天、第六天过去了,还是没有一点效果。到了第七天,王阳明也病倒了,同样被人抬了下去。面对竹子,静坐七天,关于竹子的道理,是一无所获。

王阳明为什么格物失败,我觉得是他没有理解庄子所说的"道",道是深奥的,玄妙的,无所不容,王阳明虽是一代大家,但他想凭借一己之力,去参透世间至理大道,恐怕他还差了点火候。

纪连海谈 庄子

原文

啮缺问道乎被衣①,被衣曰:"若正汝形,一汝视②,天和将至③,摄汝知④,一汝度⑤,神将来舍⑥。德将为汝美,道将为汝居,汝瞳焉如新生之犊而无求其故⑦!"

言未卒⑧,啮缺睡寐。被衣大说⑨,行歌而去之,曰:"形若槁骸,心若死灰,真其实知⑩,不以故自持⑪,媒媒晦晦⑫,无心而不可与谋。彼何人哉!"

注释

①啮(niè)缺、被衣:寓托的人名。

②一:凝聚专一的意思。

③天和:自然的和气。

④摄:收敛。

⑤度(duó):计谋,思忖。

⑥舍:寄留、停止,这里指精神的凝聚。

⑦瞳焉:瞪着眼睛、幼稚无知的样子。故:事。

⑧卒:终。

⑨说(yuè):通"悦";喜悦、高兴。

⑩真:纯真,返归本真的意思。

⑪持：矜持。

⑫媒媒：昏暗不明的样子。

原文

舜问乎丞曰①："道可得而有乎？"曰："汝身非汝有也，汝何得有夫道？"舜曰："吾身非吾有也，孰有之哉？"曰："是天地之委形也②；生非汝有，是天地之委和也③；性命非汝有，是天地之委顺也④；孙子非汝有⑤，是天地之委蜕也⑥。故行不知所往，处不知所持，食不知所味；天地之强阳气也⑦，又胡可得而有邪？"

注释

①丞：舜的老师。

②委：委托、给予。

③和：和顺之气。

④顺：同前，指和顺之气。

⑤孙子：亦作"子孙"。

⑥蜕：蜕变，指像蝉依时蜕变一样地延续变化。

⑦强阳：指运动。

纪老师说

齧缺向被衣请教道，被衣说："你得端正你的形体，集中你的视力，自然的和气便会到来；收敛你的心智，集中你的思忖，精神就会来你这里停留。玄德将为你而显得美好，大道将居处于你的心中，你那瞪着圆眼稚气无邪的样子就像初生的小牛犊而不会去探求外在的事物！"

被衣话还没说完，齧缺便已睡着。被衣见了十分高兴，唱着歌儿离去，说："身形犹如枯骸，内心犹如死灰，朴实的心思返归本真，而且并不因为这个缘故而有所矜持，浑浑噩噩，昏昏暗暗，没有心计而不能与之共谋。那将是什么样的人啊！"

齧缺问道，庄子借被衣之口描述寂志守神的体道之法。

借啮缺问道于被衣的故事，提出真正知道者应是"形如槁骸，心若死灰"，暗昧无心的样子。真正知道自己的人生道路，并坚定地沿着自己的人生道路走下去的人，不会为名誉地位财富所引诱，所以能做到"形如槁骸，心若死灰"。

我讲一个大家都熟悉的女孩的故事。

这个女孩最初在加拿大求学，她参加过大大小小几十次的音乐比赛。唱歌就是她的梦想，她急切地渴望赢得比赛，能有一个好的唱片公司签下她，也能发行自己的专辑，做一个受人欢迎的歌手。终于在一次比赛中，他被一家唱片公司的音乐制作人看好，决定在她完成学业后签她做歌手。两年后，她完成了学业，兴致勃勃来到台湾找当年的音乐人时，却大失所望。由于公司效益差，被激烈的竞争所淘汰，公司倒闭，一切早已物是人非。

然而，这个女孩儿并没有放弃，她把自己的歌曲录音小样儿投送到各个唱片公司。但"长相平平，歌技一般"的回复给她的却都是伤心与失望。亲朋好友劝她，或许她真的不适合唱歌，别在这上面浪费时间了，去学习学习别的特长也行啊……

倔强的她仍不肯低头，相信上苍的眷顾和青睐，更坚信自己的努力会有所收获，她肯定自己的价值，她相信自己一定能成功。从那以后，她每天更加努力地练歌，把自己锁在房间里可以唱上一天。她身材矮小瘦弱，但歌声却有着惊人的爆发力。逐渐她被认可，终于被一家有实力的唱片公司签约做了艺人。这个女孩，就是张韶涵。

2006年，张韶涵的《隐形的翅膀》受到广泛关注。2007年北京大学新年联欢晚会上，校长许智宏以一曲《隐形的翅膀》助兴，引发了诸多讨论。同年，张韶涵在央视春晚上演唱了歌曲《隐形的翅膀》。2009年北京高考，《隐形的翅膀》成为作文题目，她也成为了第一个歌曲名被用于出高考题目的歌手。

我特别喜欢这首歌的歌词：每一次，都在徘徊孤单中坚强。每一次，就算很受伤也不闪泪光。我知道，我一直有双隐形的翅膀，带我飞，飞过绝望……

这个歌词，总是能给人一种向上的力量，而在了解了张韶涵的故事之后，更能指导每一个人把握自己的人生之路，执着坚定地走下去。

怀揣着梦想上路，相信自己执着的坚持。向努力的目标，为之付出的汗水，加上对自己的肯定，都将会成为登上成功的阶梯。"形如槁骸，心若死灰"，原是一种人生的大境界呢！

接下来，舜向丞请教说："道可以获得而据有吗？"丞说："你的身体都不是你所据有，你怎么能获得并占有大道呢？"舜说："我的身体不是由我所有，那谁会拥有我的身体呢？"丞说："这是天地把形体托给了你；降生人世并非你所据有，这是天地给予的和顺之气凝积而成，性命也不是你所据有，这也是天地把和顺之气凝聚于你；即使是你的子孙也不是你所据有，这是天地所给予你的蜕变之形。所以，行走不知去哪里，居处不知持守什么，饮食不知什么滋味；行走、居处和饮食都不过是天地之间气的运动，又怎么可以获得并据有呢？"

这个片段，庄子是借丞之口说人的形体、生命都不是自己所有的，

纪连海谈 庄子

是天地支配和造化的。这个说法有点武断，是的，我们的身体、生命、性命确实受天地造化支配，但既然我们出生在这个世界上，虽然要遵循天地的道路和规律，但我们也应该有自己的道路，绝不是丧失自我，听命于天。自己的人生道路完全是可以靠自己的力量寻求而来。

有这么一个人，小学三年级便被迫辍学，认识的汉字也不多，他每天往返于家和图书馆之间，在深夜他勤奋的身影依然清晰。他日复一日地坚持写作。汗水与泪水铸就了他的成功。他就是著名的童话大王郑渊洁。试想一下，当所有人都对他表示不屑时，他没有退却，依然坚定，他只是很单纯的爱写作而已，他所做的一切，只为了心中那个作家梦。为了实现心中的梦想，他付出了多少努力，一个人，一本杂志，十三年。他笔下的贝克与舒塔给了无数孩子童年的快乐。

邰丽华两岁那年，因高烧失去了听力，难以想象她当时的寂寞与痛苦，在她婀娜的舞姿背后，她付出了比常人多好几倍的辛苦。台上一分钟，台下十年功。她说她爱舞蹈，虽然没有音乐，但是她用自己的心去伴奏。她是舞台上一株美丽的奇葩。她从不叫苦叫累，只是默默坚持着。她所做的一切，只为了心中那个舞蹈梦。她成功了。《千手观音》给了观众艺术的美感，她们优美的舞姿震慑了所有人的眼睛。

靠自己的力量，走好自己的人生，郑渊洁能，邰丽华能，相信你也能！

原文

　　孔子问于老聃曰:"今日晏闲①,敢问至道。"

　　老聃曰:"汝齐戒②,疏瀹而心③,澡雪而精神④,掊击而知⑤!夫道,窅然难言哉⑥!将为汝言其崖略⑦。"

　　"夫昭昭生于冥冥⑧,有伦生于无形⑨,精神生于道,形本生于精⑩,而万物以形相生,故九窍者胎生⑪,八窍者卵生⑫。其来无迹,其往无崖,无门无房⑬,四达之皇皇也⑭。邀于此者⑮,四肢彊⑯。思虑恂达⑰,耳目聪明⑱,其用心不劳,其应物无方。天不得不高⑲,地不得不广,日月不得不行,万物不得不昌,此其道与!"

　　"且夫博之不必知⑳,辩之不必慧,圣人以断之矣。若夫益之而不加益㉑,损之而不加损者,圣人之所保也。渊渊乎其若海㉒,魏魏乎其终则复始也㉓,运量万物而不匮㉔。则君子之道,彼其外与!万物皆往资焉而不匮㉕,此其道与!"

　　"中国有人焉㉖,非阴非阳㉗,处于天地之间,直且为人㉘,将反于宗㉙。自本观之㉚,生者,喑醷物也㉛。虽有寿夭,相去几何?须臾之说也。奚足以为尧桀之是非!果蓏有理㉜,人伦虽难,所以相齿㉝。圣人遭之而不违,过之而不守。调而应之,德也;偶而应之㉞,道也。帝之所兴,王之所起也。"

　　"人生天地之间,若白驹之过郤㉟,忽然而已。注然勃然㊱,莫

纪连海谈 庄子

不出焉；油然渗然㊲，莫之入焉。已化而生，又化而死，生物哀之，人类悲之。解其天弢㊳，堕其天帙㊴，纷乎宛乎㊵，魂魄将往，乃身从之，乃大归乎！不形之形㊶，形之不形㊷，是人之所同知也，非将至之所务也㊸，此众人之所同论也。彼至则不论，论则不至。明见无值㊹，辩不若默。道不可闻，闻不若塞，此之谓大得㊺。"

注释

①晏闲：安居闲暇。

②齐：通"斋"，斋戒。

③疏：疏导。而：你。以下两句同此解。

④澡雪：洗涤、清洁。

⑤掊（pǒu）击：打破。知：智。

⑥窅（yǎo）然：深远的样子。

⑦崖略：大概。

⑧昭昭：这里指明亮的东西。冥冥：昏暗，这里指昏暗的东西。

⑨伦：理；有伦：有形。

⑩精：这里指精微之气。

⑪九窍：指人与各种兽类。

⑫八窍：指禽、鱼之类。

⑬门、房：喻指门径与居止，是说大道十分神妙，不知从哪儿进出，不知在哪儿停留。

⑭皇皇：广大的样子。

⑮邀：同"徼"，遵循的意思。

⑯彊：同"强"。

⑰恂（xún）达：通达。

⑱聪：听觉灵敏。明：视力敏锐。

⑲这句语意有所隐含，"不得"是说不能得于道，不能从道那里获得什么。

⑳博：指博读经典。知：指了解真知。

㉑益：增加。

㉒渊渊：深邃的样子。

㉓魏魏：亦作"巍巍"，高大的样子。

㉔运：周而复始的运动。量：度量，权衡。匮：匮乏，这里是缺少什么的意思。

㉕资：资助，用如动词，指寻求资助。

㉖中国：中原各国。

㉗"非阴非阳"是说不偏于阴或阳。

㉘直且：只不过、姑且。

㉙宗：本原。

㉚本：指道。

㉛喑（yīn）醷（yì）：气聚合的样子。

㉜蓏（luǒ）：瓜。有理：有规律。

㉝齿：年龄。

㉞偶：随意地，无心地。

㉟白驹：骏马；郤：通作"隙"，空隙。

㊱注然、勃然：顺应、蓬勃而生的样子。

㊲油然、滲（shèn）然：顺应变化而死去的样子。

㊳弢（tāo）：弓袋。天：自然。

㊴堕：通"隳"，毁坏的意思。袠（zhì）：箭囊。

㊵纷乎宛乎：纷纷绕绕。

㊶"不形之形"是说人本不具有形体逐步发展到具有形体。

㊷"形之不形"是说具有形体又逐步发展变化而消失了形体。

㊸本句语意有所隐含，"将至"指即将得道的人。务：求。

㊹值：会遇，指体悟到真知。

㊺大得：真正懂得了玄妙的大道。

纪老师说

孔子向老聃咨询大道。老聃是个学识渊博的好老师，他非常喜欢这个谦虚上进的青年。于是他给孔子讲述大道至理说，道没有行迹，没有边际，没有固定的通道和居所，人得之体健目明耳聪，天得之而高，地得之而广，日月得之运行，万物得之昌盛。它深远渊博，世俗君子所谈论的大道，都是些皮毛而已。调和而顺应，这就是德；无心却适应，这就是道；而德与道便是帝业兴盛的凭藉，王侯兴起的规律。人的死亡，也不过是解脱了自然的捆束，毁坏了自然的拘束，这就是最终归向宗本。体悟大道的人就不会去议论，议论的人就没有真正体悟大道。显明昭露地寻找不会真正有所体察，宏辞巧辩不如闭口不言。道不可能通过传言而听到，希望传闻不如塞耳不听，这就称作是真正懂得了玄妙之道。

依照老聃的说法，人生的道路是可以寻求而得到的，但是人生的道路有时是很难把持的，仅仅使用自己的智慧是不行的。道是从人的内心得到的。

庄子的观点，提炼成今天的说法，仿佛可以套用这样一句话来说：

一个人，要想走好自己的人生之路，就必须树立起一个正确的人生观、价值观和世界观，还要有坚定的信念。

只有树立正确的人生观、价值观和世界观，一个人的人生旅途才有远处的灯塔，手中的指明灯和脚下延伸的路以及披荆斩棘的勇气，才有可能成为一个高尚的、脱离了低级趣味的、有益于人民的人。

在现实生活中，我们可以看到大量的例子。雷锋坚持为人民服务的人生观，尽管他的人生历程不长，但他始终把人民利益作为自己言行的出发点和归宿，实现了自己崇高的价值目标。同样，王进喜、时传祥、焦裕禄、孔繁森、李素丽、李国安、徐虎等一批英雄模范人物都是为人民服务的典型，他们在自己平凡的工作岗位上，回答了"人为什么活着""人怎样活着"这样人生观的命题，同时为社会、为人民做出了伟大的贡献。而近些年抓的那些"大老虎"，多是因经不起资产阶级腐朽人生观的考验，经不起金钱美女的诱惑，而最后沦为人民的罪人，给社会带来极大的危害。从这些事例可以看出，不同的世界观、人生观、价值观，给人们和社会带来的影响是截然不同的。

怎样才能树立好正确的人生观、价值观和世界观呢？一是要认真学习，有正确的价值取向。二是要学会改造自己的思想，对照他人，检点自己，择其善者而从之，其不善者而改之。三是要善于区分观念的正确与否，把握好自己的言行，自觉抵制扭曲的思想观念带来的冲击和诱惑。四是要树立为他人服务的思想。

纪连海谈 庄子

原文

东郭子问于庄子曰①:"所谓道,恶乎在②?"庄子曰:"无所不在。"东郭子曰:"期而后可③。"庄子曰:"在蝼蚁。"曰:"何其下邪?"曰:"在稊稗④。"曰:"何其愈下邪?"曰:"在瓦甓⑤。"曰:"何其愈甚邪?"曰:"在屎溺⑥。"东郭子不应。

庄子曰:"夫子之问也,固不及质⑦。正获之问于监市履狶也⑧,每下愈况⑨。汝唯莫必⑩,无乎逃物⑪。至道若是,大言亦然。周徧咸三者⑫,异名同实,其指一也⑬。尝相与游乎无何有之宫⑭,同合而论⑮,无所终穷乎!尝相与无为乎!澹而静乎⑯!漠而清乎!调而闲乎!寥已吾志⑰,无往焉而不知其所至,去而来而不知其所止,吾已往来焉而不知其所终;彷徨乎冯闳⑱,大知入焉而不知其所穷⑲。物物者与物无际⑳,而物有际者,所谓物际者也;不际之际,际之不际者也。谓盈虚衰杀㉑,彼为盈虚非盈虚,彼为衰杀非衰杀,彼为本末非本末,彼为积散非积散也。"

注释

①东郭子:人名。

②恶乎在:存在于什么地方。

③期:必。

④稊（tí）稗：稻田里类似禾苗的杂草。

⑤甓（pì）：砖。

⑥溺：小便。

⑦质：实。

⑧正获：管理市场的官吏。监市：屠夫。豨大猪。

⑨每下愈况：每况愈下；今成语"每况愈下"源出于此。

⑩必：固执、限定。"莫必"是说不应限定在某一事物里寻找道。

⑪本句颇费解。"无"宜讲作"莫"，"逃物"即"逃于物"。

⑫偏："遍"字的异体。咸：全。

⑬指：通作"旨"，意旨。一：归于同一。

⑭无何有之宫：什么也没有的处所。

⑮同合而论：用混同、合一的观点来谈论。

⑯澹：同"淡"。

⑰寥：虚空宁寂的样子。

⑱彷徨：纵放。冯（píng）闳（háng）：虚旷的样子。

⑲知：智。入焉：指与大道交融相契。

⑳物物者：使物成其为物的。际：界线，区别。

㉑衰杀：衰退与减损。

纪老师说

东郭子向庄子请教道在于什么地方。庄子说："大道无所不在。"东郭子说："你说的具体一点。"庄子说，"道就在在蝼蚁之中，在稻田的稗草里，在瓦块砖头中，在大小便里。"东郭子听了一声不吭，哑口无言。

庄子说，"你的提问，本来就没有触及道的本质。你不要只是在某一事物里寻找道，万物没有什么东西可以逃离开它。至道是这样，最伟大的言论也是这样。万物、言论和大道遍及各个角落，它们名称各异而实质却是相同，它们的意旨是归于同一的。我们应该用混同合一的观点来加以讨论，宇宙万物的变化没有穷尽，我们要顺应变化无为而处。造就万物的道跟万物本身并无界域之分，而事物之间的界线，就是所谓具体事物的差异；没有差异的区别，也就是表面存在差异而实质并非有什么区别。人们所说的盈满、空虚、衰退、减损，可能都不是真正的盈满、空虚、衰退、减损。

庄子是个真正的玄学大家，他把道分析的玄而又玄，让东郭子直接找不到北。不过，仔细考虑庄子的话，总能弄明白一点，那就是世间万物都有自己的道，盈满、空虚、衰退、减损都是万物的道。不管你身处何地，道总是客观存在的，没有任何变化。道无所不在，既在万物中，又支配万物的运动变化过程。

有人通过庄子的观点，联想到做人的道理。无论身处何地，处在什么样的境遇之中，都要抱元守一，安在当下，做一个真人。

活在当下，首先要抛开过往。

项羽自矜功伐，自以为已取得别人永远无法超越的成功，沉溺在过去辉煌的战绩之中，最后却被刘邦逼得自刎乌江。拿破仑这位枭雄，也是因为沉溺于自己以前取得的荣耀，不知顺时而变，最后被反法联盟俘获。所以，总是活在过去的阳光下，不仅没有突破，反而会贻害无穷。人们要关注现在，不仅是要告别过去的辉煌，也要告别过去的低谷。因为如果一味流连于过去的阴影而颓废失落，是认不清现在的情势，看不到未来的前途的。这样的人，不仅会错过现在满天的星光，也会错过明天灿烂的阳光。

　　历史上有大成就的科学家，往往是那些分秒必争、专注现在的人。爱因斯坦如果沉溺于梦想，而不珍惜现在，不踏实钻研，他能有令人瞩目的科学成就吗？霍金如果沉溺不幸，消沉自弃，而不正视现实，不努力探索，他能有令人敬慕的《时间简史》吗？成功就是由一分一秒的无数个当下组成的。活在当下，就是要珍惜一分一秒，珍惜现在的生活，珍惜现在拥有的一切。

　　一个人抱着开放的心态，觉察周围发生的一切时，就会发现上天不停地在给他送礼物，帮助他能够看到真相，于是心中就会充满了感恩，就会感谢生活中发生的每一件事，遇到的每一个人。

纪连海谈 庄子

原文

婀荷甘与神农同学于老龙吉①。神农隐几，阖户昼瞑②，婀荷甘日中奓户而入曰③："老龙死矣！"神农隐几拥杖而起④，嚗然放杖而笑⑤，曰："天知予僻陋慢訑⑥，故弃予而死。已矣！夫子无所发予之狂言而死矣夫⑦！"

弇堈吊闻之，曰："夫体道者，天下之君子所系焉⑧。今于道，秋豪之端万分未得处一焉⑨，而犹知藏其狂言而死，又况夫体道者乎！视之无形，听之无声，于人之论者，谓之冥冥⑩，所以论道，而非道也。"

于是泰清问乎无穷曰："子知道乎？"无穷曰："吾不知。"又问乎无为。无为曰："吾知道。"曰："子之知道，亦有数乎⑪？"曰："有。"曰："其数若何？"无为曰："吾知道之可以贵，可以贱，可以约⑫，可以散，此吾所以知道之数也。"

泰清以之言也问乎无始曰⑬："若是，则无穷之弗知与无为之知，孰是而孰非乎？"无始曰："不知深矣，知之浅矣；弗知内矣⑭，知之外矣。"于是泰清中而叹曰⑮："弗知乃知乎！知乃不知乎！孰知不知之知？"

无始曰："道不可闻，闻而非也；道不可见，见而非也；道不可言，言而非也。知形形之不形乎⑯！道不当名。"

无始曰:"有问道而应之者,不知道也。虽问道者,亦未闻道。道无问,问无应。无问问之,是问穷也⑰;无应应之,是无内也⑱。以无内待问穷,若是者,外不观乎宇宙,内不知乎大初⑲,是以不过乎昆仑⑳,不游乎太虚㉑。"

注释

①妸(ē)荷甘、神农、老龙青狄及本段中所提到的弇(yǎn)堈(gāng)吊、泰清、无穷、无为、无始等,均为寓托的人名,至于名字所包含的其他寓意,可以不必去深究。同学:一同学习。

②阖户:关着门。瞑:通"眠",小睡、假寐。

③厇(zhà):开。"厇户"即好开门。

④从"拥杖"和"起"的连续动作看,"隐几"似不可能。

⑤曝(bò)然:放下拐杖的声响。

⑥僻陋:见识短浅。慢訑:旧注指心思不能专一。

⑦发:启发。狂言:指非世俗人所能理解的至言。

⑧系:依附,归结。

⑨万分未得处一:万分里未能得到一分。

⑩冥冥:昏昧晦暗的样子。

⑪数:名目。

⑫约:缠束,聚合。

⑬之:此,指代上述对答的言论。

⑭内:处于大道之内,即合于大道的意思。

⑮中:指说话的间隙。

⑯形形:使有形的事物能够具有形体。

⑰穷：空；"问穷"是说询问没有具体形象的东西。

⑱无内：对于大道内心并无所得。

⑲大（tài）初：宇宙万物之初，这里指包括自身在内的万物的源起。

⑳昆仑：高远之山，象征高大深远的圣洁之境。

㉑太虚：清虚宁寂之境，这里用指深邃玄妙之道。

纪老师说

婀荷甘与神农一同就学于老龙吉。神农凭靠小几，关起门昼寝。婀荷甘中午时候推门而入，说："老龙死了！"神农凭几抱持手杖立起，随即又嘭的一声放下手杖笑着说："上天知道我孤陋寡闻散漫而又洋洋自得，所以先生弃我而死。完了，先生没有留下启发我的至言而死去了！"

弇堈吊听后，说："能体悟道的人，是天下君子心中所系念之人。如今他对于道路，连秋毫末端万分之一都未得到，还知道怀藏其至言而死去，又何况那些体悟道的人呐！道路看起来无形，听起来无声，人们对它的种种议论，叫作暗昧不明，他们所论述之道并不是真道。"

当时的人们都不知道万物都有各自的道路，而能领悟到万物都有自己的道路的人，也只有少数人，所以他们对于老龙吉的死非常惋惜。万物都有各自的道路，这个话说起来很容易，可是这个道理却是人们摸索了好几千年才弄懂的，就如现代人，还是有不懂的。

接下来，泰清问无穷说："您懂得道吗？"无穷说："我不懂。"又问于无为，无为说："我懂得道。"又问："先生所懂得之道，也有什么方法吗？"回答说："有。"又问："它的方法是什么？"无为说：" 我懂得道可处富贵，可处贫贱，可以约束，可以分散，这就是我所懂得的方法。"

泰清把这话来问无始，说："如果是这样，那么无穷之不知道与无为之知道，究竟谁是谁非呢？"无始说："不知是对道知之甚深，还是对道所知极浅；不知是内心悟道，还是只了解一点道的外在形式。"于是泰清仰天而叹说："不知就是知吗？知就是不知吗？谁能知道不用名言相状表述之知是什么？"无始说："道不可闻知，所闻知的都不是道；道不可见，所见者都不是道；道不可言说，被言说出来的都不是道。需知创生有形万物的东西是无形的呀！道与它的名是不相应的。"

无始说："有人问道而给予应答的，就是不知道；就是那个问道之人，也是没听说过道。道是不能问的，有问也不应回答。本不可问又要问，这种问是空的；本不应回答而回答，这种回答是没有内容的。以没有真实内容的回答去对空问，如果这样，对外不能观察宇宙之无限，对内不能了解道之根本。因此他不能超越有形之界域，不能逍遥于广漠之虚空。"

有人认为，无为和无始都是对的，走在自己的人生道路上，可以选择富贵，可以选择贫贱，可以选择约束，也可以选择分散，关键是看自己的信念。所以，只说道，是任何人都说不清楚的，能说出来的，也就不是道了。比如你说你的道是什么，那只是你个人的道，而不能成为我的道。如果你说你的信念、观念，那么我才能弄懂你走的是一条什么样的人生道路。

人生路上，总会遇到许多的艰难险阻，我们要学会的其实有很多很多。也许你会因为路上的荆棘太多，鲜花太少；陡坡太多，平路太少；泪水太多，欢笑太少。但是，任何一个人都没有理由沮丧，也没有理由

放弃，每个人都应该坚持继续走下去。或许，终点就在不远处等着，我们要做的，仅仅是去灌注辛勤的汗水。

席慕容说过这样一句话"在这个世间有些路是非要单独一个人去面对，单独一个人去跋涉，路再长、再远，夜再黑、再暗也得独自默默地走下去。"说明自己的路得自己走，自己的人生要自己主宰，因为你的人生路不关别人什么事，别人也帮不了你。面对人生路上的不如意，必须得坚强，因为你若不坚强，没人替你扛。你自己选择了什么道路，就得脚踏实地、勇往直前。

原文

　　光曜问乎无有曰①："夫子有乎？其无有乎？"光曜不得问②，而孰视其状貌③，窅然空然④，终日视之而不见，听之而不闻，搏之而不得也。

　　光曜曰："至矣，其孰能至此乎！予能有无矣，而未能无无也；及为无有矣，何从至此哉！"

注释

①光曜、无有：均为人名。
②光曜问无有，无有不吭声，光曜才得不到回答。
③孰视：仔细地观察。
④窅然：深远的样子。

原文

　　大马之捶钩者①，年八十矣，而不失豪芒②。大马曰："子巧与，有道与？"曰："臣有守也③。臣之年二十而好捶钩，于物无视也，非钩无察也。是用之者，假不用者也以长得其用④，而况乎无不用者乎！物孰不资焉！"

注释

①大马：大司马。捶：锻打。鉤："钩"字的古体，衣服腰部的带钩。

②豪：通"毫"。芒：禾芒。毫、芒均为极细小之物。

③有守：有所持守，即遵循着道。

④假：凭借。

原文

冉求问于仲尼曰①："未有天地可知邪？"仲尼曰："可。古犹今也。"冉求失问而退②，明日复见，曰："昔者吾问'未有天地可知乎？'夫子曰：'可。古犹今也。'昔日吾昭然③，今日吾昧然④，敢问何谓也？"仲尼曰："昔之昭然也，神者先受之⑤；今之昧然也，且又为不神者求邪⑥！无古无今，无始无终。未有子孙而有子孙；可乎？"冉求未对。

仲尼曰："已矣，未应矣⑦！不以生生死⑧，不以死死生⑨。死生有待邪⑩？皆有所一体。有先天地生者物邪⑪？物物者非物⑫。物出不得先物也，犹其有物也⑬。犹其有物也无已⑭。圣人之爱人也终无已者，亦乃取于是者也⑮。"

注释

①冉求：冉有，孔子的学生。

②失问：没有得到满意的答复。

③昭然：明亮的样子，这里指心里明白。

④昧然，昏暗的样子，这里指心里胡涂。

⑤神者：内心世界。受：领会、接受。

⑥不神者：指具有具体形象的东西。

⑦未：无。

⑧生死：使死者复生。

⑨死生：使生者死。

⑩有待：相互有所依赖。

⑪者：用与"之"字同。

⑫物者非物：使物成其为物的不是具有形体之物。

⑬犹：通"由"，从的意思。

⑭已：止。

⑮取：取法，仿效。

纪老师说

光曜问无有："先生你是存在呢？还是不存在呢？"无有不吭声，光曜得不到回答，便仔细地观察它的形状和容貌，是那么深远那么空虚，整天看它看不见，整天听它听不到，整天捕捉它却摸不着。

光曜说："最高的境界啊，谁能够达到这种境界呢！我能够做到'无'，却未能达到'无无'，等到做到了'无'却仍然是在基于'有'，从哪儿能够达到这种境界啊！"

光曜和无有的对话表明，如果你心中没有信念、观念，那么你永远找不到自己的人生道路。因为这个道路是看不见、听不到、谋取不着的。只有树立起自己的信念、观念，才能找到自己的人生道路。

走好自己的人生道路，总要有一个明确的目标。有了目标，人生走起来不会很茫然，至少很有成就感，还可以不断地改进一些你的大方

向。那样，当每五年或者十年回头一看，你会觉得，如果你达到百分之八十，你的目标你的人生可能会过得很踏实，可能在八十岁、九十岁的时候回头看，你会觉的没有白走这一生。

1984年，在东京国际马拉松邀请赛中，名不见经传的日本选手山田本一出人意外地夺得了世界冠军。当记者问他凭什么取得如此惊人的成绩时，他说了这么一句话："凭智慧战胜对手。"当时许多人都认为这个偶然跑到前面的矮个子选手是在故弄玄虚。马拉松赛是需要体力和耐力的运动，只要身体素质好又有耐性就有望夺冠，爆发力和速度都排在其次，说用智慧取胜确实有点勉强。

两年后，意大利国际马拉松邀请赛在意大利北部城市米兰举行，山田本一代表日本参加比赛。这一次，他又获得了世界冠军。记者又请他谈经验。

山田本一性情木讷，不善言谈，回答的仍是上次那句话：用智慧战胜对手。这回记者在报纸上没再挖苦他，但对他所谓的智慧迷惑不解。

10年后，这个谜终于被解开了，他在他的自传中是这么说的："每次比赛之前，我都要乘车把比赛的线路仔细地看一遍，并把沿途比较醒目的标志画下来，比如第一个标志是银行；第二个标志是一棵大树；第三个标志是一座红房子……这样一直画到赛程的终点。比赛开始后，我就以跑百米的速度奋力地向第一个目标冲去，等到达第一个目标后，我又以同样的速度向第二个目标冲去。40多公里的赛程，就被我分解成这么几个小目标轻松地跑完了。起初，我并不懂这样的道理，我把我的目标定在40多公里外终点线上的那面旗帜上，结果我跑到十几公里时就疲惫不堪了，我被前面那段遥远的路程给吓到了。

山田本一给了我们什么样的启示？一个人最重要的是要知道自己

的大方向是想做什么，因为大方向定下来以后，你可以慢慢地定一些短期、中短期的目标，小目标定好了，那就朝着这些小目标一步一步前行。总有一天，回过头来，你会被自己的成就和成功吓一大跳的！

大司马家锻制带钩的人，年纪虽然已经八十，却不会出现一点误差。大司马说："你是特别灵巧呢，还是有什么门道呀？"锻制带钩的老人说："我遵循着道。我二十岁时就喜好锻制带钩，对于其他外在的事物我什么也看不见，不是带钩就不会引起我的专注。锻制带钩这是得用心专一的事，借助这一工作便不再分散自己的用心，而且锻制出的带钩得以长期使用，更何况对于那些无可用心之事啊！能够这样，外物有什么不会予以资助呢？"

老工匠走的就是自己的人生道路，他的信念就是做好自己应该做的工作，即使是锻造一个小小的带钩，他也毫不含糊，由于这个信念的支撑，他就能顺利走完自己的人生道路。

记起这样一个故事：

父亲带着三个儿子到草原上猎杀野兔。在到达目的地，一切准备得当、开始行动之前，父亲向三个儿子提出了一个问题："你看到了什么呢？"

老大回答道："我看到了我们手里的猎枪、在草原上奔跑的野兔、还有一望无际的草原。"父亲摇摇头说："不对。"老二的回答是："我看到了爸爸、大哥、弟弟、猎枪、野兔，还有茫茫无际的草原。"父亲又摇摇头说："不对。" 而老三的回答只有一句话："我只看到了野兔。" 这时父亲才说："你答对了。"

有了明确的目标，才会为行动指出正确的方向，才会在实现目标的道路上少走弯路。事实上，漫无目标或目标过多都会阻碍我们前进，要

纪连海谈 庄子

实现自己的心中所想，还是要有明确的目标的，如果不切实际，最终可能是一事无成。

冉求问孔子说："未有天地以前的情形是咋个样子？"孔子说："古代和现今相同。"

冉求无话再问而退去。第二天又来相见，说："昨天我问'没有天地以前的情形可以知道吗？'先生说：'古代和今天相同。'昨天我明白了，今天我又糊涂了。请问这是为什么呢？"

孔子说："昨天你明白了，是用空虚之心神先加接受和领会它；今天又糊涂了，则是向外界事物道理寻求验证的缘故啊！没有古也没有今，没有开始也没有终结。如果说以前没有子孙而今天有了子孙，这样说可以吗？"

冉求没有回答。孔子说："算了，先不要应答！不会因为新生的要生而决定旧的生死，也不会因为旧的死去而决定新生的死生。死亡和新生可以等待吗？它们都是一体的。有先于天地就生成之物吗？生成物的那个东西一定不是物自身，被生成之物不得先于生成它的物而存在，生成物上面仍然还有生成者，生成者上面仍然有生成者，是没有止境的呀！圣人的爱人类没有止境，也就是取法于此之理。"

冉求没有弄懂万物各有各的道路，万物都是各走各的道，互相不干涉其他生物的道，所以古代和现在是一样的。新生的生物并不会说，我要生了，旧的必须腾开道让我出生，道并不是共有的，万物都有自己的道。

不知咋的，我想到的反而是父母对子女的过度干涉，甚至还有隔代的过度干涉。干涉的领域很广，比如学习、婚姻、爱情、生活、工作等，老人好像总有一种至高无上的审视权威，有方方面面要对子女负责到底的倾向。

可能，大多数父母都没有办法把子女当成一个独立的人。总是觉得经验主义才能获胜。以为孩子好的名义进行了很多对子女人生的干涉和绑架。

"你必须怎样怎样，你要怎样怎样才能怎样。"这样的语调在踏入社会前尚可理解，但是工作几年之后还是常常看到有父母对自己的孩子进行如此干涉。

面对孩子，大多数情况不是怕没人管，而是怕太多人管，家庭与企业一样，也需要有相对的分工，各自做好分内的事。孩子的教育，理所应当是由父母承担主要责任，比如价值观的引导，各种习惯的培养，尽量由父母直接承担，而其他成员则明确职责，在日常生活上照顾好孩子即可。

管得过多，肯定不是好事。

俞敏洪在对待子女的教育问题上，主张"不强求、不干涉"，尊重孩子的意愿，让孩子自己领悟教育对他们成长的意义和快乐。我觉得是很有道理的。

父母有父母的道，孩子有孩子的道。

当然，作为子女，也要学会尊重父母的人生经验，不要因为他们的落伍思想，不要因为他们干涉你的人生道路，就把他们的人生经验全盘否定。

纪连海谈 庄子

原文

颜渊问乎仲尼曰："回尝闻诸夫子曰：'无有所将①，无有所迎。'回敢问其游②。"

仲尼曰："古之人，外化而内不化③，今之人，内化而外不化。与物化者，一不化者也④。安化安不化⑤，安与之相靡⑥，必与之莫多。狶韦氏之囿⑦，黄帝之圃⑧，有虞氏之宫⑨，汤武之室⑩。君子之人，若儒墨者师⑪，故以是非相赍也，而况今之人乎！圣人处物不伤物。不伤物者，物亦不能伤也。唯无所伤者，为能与人相将迎。山林与，皋壤与⑫，使我欣欣然而乐与！乐未毕也，哀又继之。哀乐之来，吾不能御，其去弗能止。悲夫，世人直为物逆旅耳！夫知遇而不知所不遇，知能能而不能所不能⑬。无知无能者，固人之所不免也。夫务免乎人之所不免者，岂不亦悲哉！至言去言，至为去为。齐知之所知⑭，则浅矣。"

注释

①将：送。

②游：游处。

③"外化"指适应外部环境与物一道变化，"外不化"则恰好相反。"不化"指内心持守凝聚，"内化"则恰好相反。

④一：这里指内心虚寂保持纯一。

⑤安：索然听任；下句同此解。

⑥靡：顺。

⑦狶韦氏：传说时代的圣君。囿（yòu）：古代帝王畜养禽兽的园林。

⑧圃：果园。

⑨有虞氏：虞舜。

⑩汤武：商汤、周武王。

⑪者：用法同于"之"。

⑫皋壤：山岗、平地。

⑬知：衍文，宜删去。能能：意思是能够做自身能力所能做到的。

⑭齐：齐一，等同。

纪老师说

颜渊问孔子说："我曾经听老师说'不要有所顺从，不要有所相逢。'我请问如何行动的问题。"

孔子说："古之人随顺物化而内心安定不变，如今之人内心游移不定而又执滞外物不能顺应其变化。能随顺外物变化的，一定是内心淡漠安定之人。怎么变化怎么不变化？怎么与它们互相接触？必然要恰如其分。狶韦氏去到园林，黄帝去到园囿，虞舜去到宫殿，汤武去到宫室。君子去到人民中间，像儒、墨者那样效法，也能使其是非相互调和，何况是对待今人之争论呢！圣人与物相处而不伤害物。不伤害物的人，物也不能伤害他。只有无所伤害的人，才能与人互相顺从相逢。山林乎，沼泽乎，都能使我欣然快乐乎！快乐还没有完毕，悲哀又继之而来，悲

纪连海谈 庄子

哀与快乐的到来，我不能抗拒，其离去我也不能阻止。多么可悲，世人之心只是为悲哀欢乐提供的旅舍罢了！他们只知所遭遇到的，不知所未曾遭遇到的；只能做到力所能及的，不能做到力所不及的。有所不知有所不能，本来就是人所不能避免的。那些人强求避免人所不能避免的方面，岂不也是可悲的吗！至道之言去掉言说，至道之为去掉有为。想平等人们的所知，那么就是浅陋的。

互相顺从相逢，即互相顺应，你走你的道路，我走我的道路，互不干涉，你不能因为你的利益而干涉破坏我的道，我也不能因为我的利益而干涉破坏你的道，这就是颜渊所不懂的如何行动的问题。不伤害物的人，物也不能伤害他。只有无所伤害的人，才能与人互相顺从相逢。孔子还说过"己所不欲，勿施于人"。自己不想做的，非要强加给别人，自己有所不知，有所不能的，非要强迫别人能知能干，当然就是悲哀了。所以，顺应其实就是互不强加给别人。